社会工作作为专业力量参与脱贫攻坚，
将专业队伍、专业方法、专业力量运用到脱贫攻坚的工作中，
发挥了不可替代的专业优势和人才优势，
提升了反贫困工作的专业性。

国家出版基金项目
NATIONAL PUBLICATION FOUNDATION

大国攻坚·反贫困社会工作丛书
丛书主编　向德平

儿童反贫困社会工作

吴　帆　等　著

華東理工大學出版社
EAST CHINA UNIVERSITY OF SCIENCE AND TECHNOLOGY PRESS
·上海·

图书在版编目(CIP)数据

儿童反贫困社会工作 / 吴帆等著. — 上海：华东理工大学出版社，2022.10(2024.12 重印)
(大国攻坚·反贫困社会工作丛书 / 向德平主编)
ISBN 978-7-5628-6327-4

Ⅰ.①儿… Ⅱ.①吴… Ⅲ.①儿童—贫困问题—研究—中国 Ⅳ.①F126

中国版本图书馆 CIP 数据核字(2022)第 185466 号

策划编辑 / 刘　军
责任编辑 / 孟媛利
责任校对 / 章斯纯
装帧设计 / 王　翔
出版发行 / 华东理工大学出版社有限公司
地址：上海市梅陇路 130 号，200237
电话：021-64250306
网址：www.ecustpress.cn
邮箱：zongbianban@ecustpress.cn
印　　刷 / 上海中华商务联合印刷有限公司
开　　本 / 710 mm×1000 mm　1/16
印　　张 / 21.25
字　　数 / 239 千字
版　　次 / 2022 年 10 月第 1 版
印　　次 / 2024 年 12 月第 2 次
定　　价 / 98.00 元

编委会名单

丛书总序

我国以脱贫攻坚为标志的国家级重大反贫困行动，于2020年年底取得了预期成果，绝对贫困总体上被消除。脱贫攻坚可以说是中国乃至世界反贫困史上的一件大事，值得书写一笔。社会工作作为一种专业力量参与其中，并发挥了重要作用，其实践和经验值得总结。由向德平教授主编的“大国攻坚·反贫困社会工作丛书”在这方面做了开创性的工作，值得我们称赞。

一、社会工作参与反贫困是一项重大的专业实践

（一）反贫困是社会工作的一项核心任务

社会工作自产生之日起，就与反贫困结下了不解之缘。不是社会工作“贪恋”反贫困，而是贫困给贫困群体带来了巨大的痛苦。社会工作作为一种以帮助困难群体缓解困难、追求社会公正与社会进步为己任的专业，理应把反贫困的责任放在自己的肩上。在世界社会工作反贫困历史上，发达国家的社会工作参与反贫困基本上是通过实施社会救助和社会慈善的方式进行的，并形成了社会工作的著名模式。第二次世界大战以后，发展中国家的反贫困主要面向农村展开，经济开发、社区发展成为其主要模式，20世纪50年代联合国倡导的社区发展原则正是社会工作参与反贫困所应遵循的。20世纪80年代以后出现的发展型社会工作，一方面与发展中国家的政府、社会工作者、发展工作者的实践有关，另一方面也受产生于发达国家的社会投资

等理论的影响。这些实践取得了一定的成绩,也为后来发展中国家的反贫困提供了借鉴和参照。

我国作为经济社会政策和发展项目的反贫困工作是从20世纪80年代中期开始的,最初是经济开发,接着是扶贫攻坚,主要是发展经济,由政府部门、国有大中型企业和贫困农户承担主要责任。2015年,我国开始实施脱贫攻坚工程,中央明确要求形成由专项扶贫、行业扶贫和社会扶贫互为补充的大扶贫格局,做到扶贫开发与经济社会发展相互促进,不但注重产业脱贫,而且加强教育等多层面脱贫;要求坚持群众主体,激发内生动力,注重扶贫扶智,增强贫困人口自我发展的能力,同时实施扶贫志愿者行动计划和社会工作专业人才服务贫困地区计划。这样,社会工作力量作为脱贫攻坚的有机组成部分,有了"特殊"的实践机会,也能够更有针对性地参与反贫困行动。2017年,《民政部 财政部 国务院扶贫办关于支持社会工作专业力量参与脱贫攻坚的指导意见》(以下简称《意见》)要求中国社会工作教育协会发挥推动作用,进行教育扶贫。同时,我国开始实施社会工作服务机构"牵手计划",从发达地区选择专业性强的社会工作服务机构,与贫困地区社会工作服务机构等进行结对。社会工作教育界积极响应政府部门的号召,组织、动员和支持各社会工作院系参与这一具有历史意义的反贫困行动。各类群体参与脱贫攻坚成为中国社会工作重建以来,规模最大、时间较长、有组织、有目标要求的集体性行动。

(二)社会工作参与脱贫攻坚取得了积极成果

按照民政部等部门的《意见》,中国社会工作教育协会参与脱贫攻坚是教育扶贫,其主要任务如下:高校社会工作专业院系要与贫困地区合作建立社会工作专业培训、教师实践和学生实习实训基地，帮助贫困地区培养社会工作专业人才；高校社会工作专业教师到贫困地区开展专业督导，引导社会工作专业在校生到贫困地区进行社会实践；支持鼓励社会工作专业毕业生到贫困地区就业。在中国社会工作教育协会的组织动员下，各社会工作院系秉持专业精神、发挥主观能动性，组织师生、链接资源、深入贫困地区，开展了多项服务，较好地完成了《意见》提出的任务，并尽己所能地为贫困地区的居民做贡献，在脱贫攻坚中取得了不少开创性成果。社会工作教育界支持了贫困地区的脱贫工作，促进了贫困地区社会工作人才和专业力量的发展，也获得了参与反贫困的直接经验，使我们感受到了当地干部群众和派驻的扶贫干部在反贫困中表现出来的坚韧不拔的精神。同时，参与脱贫攻坚也成为各社会工作院系坚持理论联系实际、开展实践教学、在实践中培养学生、在比较中进行研究的重要场域，因而参与者的收获是丰硕的。

对于参与脱贫攻坚，中国社会工作教育协会领导班子给予了高度重视，设计行动计划、动员组织力量，推动了整个工作向前发展。中国社会工作教育协会还建立了反贫困社会工作专业委员会，在贯彻落实协会的总体部署、推动整个活动发展方面发挥了积极作用。作为反贫困社会工作专业委员会的负责人，向德平教授和他主持的反贫困研究机构积极配合、主动工作，有力地推动了中国社会工作教育协会工作的开展。

二、社会工作界参与反贫困是理论与实践比较、互动和提升的过程

（一）社会工作教育界参与反贫困是理论与服务实践的互动过程

社会工作教育界参与反贫困的特点是，一批批具有深厚社会工作理论

与知识积累的高校教师和研究生、高年级本科生开展实践活动，这同时也是他们走出课堂和校门开展社会工作服务的过程。在一定意义上，它是理论指导实践的过程，也是实践检验书本知识和理论的过程。反贫困工作是在自然环境复杂、文化传统多样的贫困地区展开的，社会文化因素深深地影响着反贫困行动的开展。在上述经济、政治、社会、文化背景下开展的反贫困，必然比书本上介绍的复杂得多。社会工作界参与反贫困，必然会遇到上述复杂因素的影响，会遇到许多亟待解决的“中国式”问题。这是一个不断比较、选择、实践和反思的过程。对社会工作教育界来说，这是一系列挑战，也是在克服困难中不断成长的过程。

（二）书写经验是反贫困理论和实践成果的延伸

社会工作者的基本品格是奉献和共享发展成果，同时社会工作教育界又有改进教育、传播知识、贡献社会的责任。从这个角度来说，将参与反贫困的经验和思考写出来，是十分有意义的事情。向德平教授主编的这套书正是此种努力的体现。该丛书组织了国内社会工作界 20 多位专家学者，基于社会工作实践，总结反贫困的相关模式和经验，生产社会工作知识，价值显而易见。

该丛书以实践为基础，兼顾了反贫困知识和实践的完整性。它是多视角、全方位和具有整体性的。其主要视角包括社区为本视角、抗逆力视角、内生动力视角、资产建设视角、金融服务视角、可行能力建设视角、赋权视角、贫困治理视角、心理弹性和生涯辅导视角等。它关注的服务对象主要包括儿童、老年、妇女、残疾人及西部农村中的弱势群体。该丛书既介绍既有的社会工作理论，也介绍中国特色的社会工作实践。基于本土实践，它介绍了社会工作参与反贫困模式的多样化和经验的多元化,反映了中国反贫困的经验及社会工作参与反贫困的机制,阐明了专业社会工作是如何发挥专业优势、实现服务效能的。

该丛书也是系列教材,体现了从理论到实践、从实践到知识的转化过程。这里包含了对反贫困知识和理论的选择,包括在实践中对社会工作知识的运用和反思,也包括基于实践的知识建构,还包括不同类型和不同层次的建议。该丛书内容丰富,有借鉴、有创新,可指导实践,也为反贫困研究提供了参考框架,是反贫困领域的学术力作,是社会工作本土化的重要成果。

三、在乡村振兴中更好地运用和发展社会工作参与反贫困的经验

到2020年年底,我国在总体上消灭了绝对贫困,但是相对贫困还会长期存在。中国共产党第十九届中央委员会第五次全体会议提出“实现巩固拓展脱贫攻坚成果同乡村振兴有效衔接”,我国巩固脱贫成果和反贫困的任务依然是十分繁重的。在走向乡村振兴、实现共同富裕的进程中,已经取得的反贫困经验在一定程度上依然有效,这与相对贫困现象在地域、群体、经济状况、社会生态和文化上的连续性密切相关。当然,相对贫困也有自身的特点,贫困群体有了以往反贫困的经验,有了相对好的经济基础和社会生活条件,他们摆脱贫困的内在动力和能力也有所增强。但是我们也要看到,在新的国际国内形势下,面对不断加剧的市场化竞争,相对贫困群体的生存压力不会减少,反贫困的发展性要求会更加突出。我国已经进入社会主义现代化建设的新阶段,要贯彻新的发展理念,构建以国内大循环为主体、国内国

际双循环相互促进的新发展格局，其中乡村全面振兴、遏制返贫现象发生、实现共同富裕任务艰巨。在这种背景下，社会工作者在参与脱贫攻坚中获得的经验仍然有重要的参考价值。我们也期待社会工作者群体在参与乡村振兴和解决相对贫困问题方面取得新的成果。

把论文写在祖国大地上，中国社会工作教育界以自己的实际行动在认真践行。

王思斌
北京大学社会学系

主　编　序

打赢脱贫攻坚战，是实现中华民族伟大复兴的底线要求，是贫困地区与全国一起全面建成小康社会的关键之举，是实现国家长治久安的重要保障。

我国扶贫开发进入精准扶贫、精准脱贫的新阶段。精准扶贫战略贵在精准，精准与专业具有同构性，只有调动专业的力量参与精准扶贫，才能进一步提升精准识别、精准帮扶、精准管理的精准度，才能更专业地解决贫困人口在脱贫过程中的个性问题与发展问题。社会工作参与脱贫攻坚具有重要的意义，在反贫困工作中扮演着重要的角色。

社会工作作为专业力量参与脱贫攻坚，将专业队伍、专业方法、专业力量运用到脱贫攻坚的工作中，发挥了不可替代的专业优势和人才优势，提升了反贫困工作的专业性。事实上，社会工作起源于贫民救济或慈善事业，其发展的历史就是人们与贫困做斗争的历史。社会工作的专业方法、理念正是人们在与贫困及相关社会问题做斗争的实践中逐步形成和发展起来的，因此，社会工作参与脱贫攻坚具有深厚的历史基础和重大的现实意义。社会工作参与脱贫攻坚是社会扶贫的重要组成部分。作为精准扶贫的专业力量，社会工作通过需求评估，精准识别贫困人口及其致贫原因；通过资源整合，动员与协调各方扶贫力量和扶贫资源；通过提升扶贫对象的能力，激发和提升扶贫对象的内生动力和可行能力。社会工作参与脱贫攻坚，有助于提高反贫困工作的精准性和可持续性，实现由“输血型”扶贫向“造血型”扶贫、救助型扶贫向发展型扶贫的转变。

党中央、国务院十分重视社会工作专业人才服务贫困地区的工作,《中共中央 国务院关于打赢脱贫攻坚战的决定》(中发〔2015〕34 号)、《中华人民共和国国民经济和社会发展第十三个五年规划纲要》和《国务院关于印发"十三五"脱贫攻坚规划的通知》(国发〔2016〕64 号)对实施社会工作专业人才服务贫困地区计划、支持专业社会工作和志愿服务力量参与脱贫攻坚提出了明确的要求。为贯彻落实党中央、国务院的决策部署,支持社会工作专业力量参与脱贫攻坚工作,《民政部 财政部 国务院扶贫办关于支持社会工作专业力量参与脱贫攻坚的指导意见》发布,民政部办公厅、国务院扶贫办综合司出台了《社会工作教育对口扶贫计划实施方案》。

为落实《民政部 财政部 国务院扶贫办关于支持社会工作专业力量参与脱贫攻坚的指导意见》的精神,贯彻实施民政部、国务院扶贫办联合制定的《社会工作教育对口扶贫计划实施方案》,深入推进教育扶贫工作,全国社会工作专业学位研究生教育指导委员会和中国社会工作教育协会积极实施"社会工作教育对口扶贫计划",组织全国 200 多所高校参与社会工作教育对口扶贫工作。在反贫困社会工作实践中,社会工作教育和实践工作者积极探索,积累了较丰富的实务经验,总结了一批典型案例,产出了一系列理论成果。本丛书是中国社会工作参与反贫困成果的系统呈现。

2019 年 3 月 16 日,中国社会工作教育协会反贫困社会工作专业委员会与华东理工大学出版社在武汉举行"大国攻坚·反贫困社会工作丛书"启动仪式。来自十几所高校的 20 余名作者代表参加了会议。会议研讨、确定了本套丛书的写作框架和主要内容。

本丛书是在全国社会工作专业学位研究生教育指导委员会、中国社会工作教育协会的指导下，由中国社会工作教育协会反贫困社会工作专业委员会具体组织完成的。王思斌教授、阮曾媛琪教授、谢立中教授、蔡禾教授、关信平教授、马凤芝教授、彭华民教授全力支持反贫困社会工作专业委员会的工作，指导本丛书的编写。

中国社会工作教育协会前任会长徐永祥教授高度重视本丛书的编写工作，为丛书的编写和出版提供了巨大的支持。本丛书寄托了全体社会工作同仁对徐永祥教授的深沉怀念！

感谢所有关心、支持本丛书的专家和同仁！

向德平
华中科技大学社会学系

前　言

世界银行的数据显示，全球极端贫困人口数量大幅减少，每天生活费不足1.90美元的极端贫困率由1990年的36%降至2015年的10%。但是，世界上仍有相当数量的人口既缺乏生活物资保障，又缺乏实现个人发展和向上流动的机会。联合国开发计划署（UNDP）在2019年发布的《人类发展报告》（以下简称《报告》）中指出，目前处于极端贫困中的人口为6亿，如果以多维贫困标准来衡量，那么贫困人口则有13亿之多，其中亚太地区占了6.61亿。《报告》还显示，在全球6亿极端贫困人口中，儿童群体占比高达64.2%，儿童生活在极端贫困中的可能性是成年人的2倍。同一年，国际劳工组织（ILO）和联合国儿童基金会（UNICEF）发布的《儿童社会保护联合报告》显示，全球尚有五分之一的儿童生活在每天生活费不足1.90美元的极端贫困之中，而每两个儿童中就有一人处于每天生活费不足3.20美元的中度贫困中。并且，全球仅有35%的儿童获得了社会保护福利，且存在明显的地区差异，亚洲的这一比例为28%，非洲仅为16%，这说明陷入贫困的绝大多数儿童普遍缺乏有效的社会保护。

联合国儿童基金会将贫困儿童界定为那些遭受着生存、发展与成长所必需的物质、精神及情感资源剥夺的儿童。贫困可能导致儿童无法充分享有生存发展所需的各项基本权利，使其难以发挥潜能或作为平等的社会成员充分参与社会生活。由于儿童处于生命周期的脆弱阶段，贫困给儿童带来的不利影响是持续而深远的。这些负面影响既有生理上的，也有环境上的，既表现为物质条件和生活资料的匮乏，也反映在安全、教育等基本权利被剥夺，以及个人发展机会和社会参与机会的缺乏上。其中，最严重的长期影响是营养不良和缺乏教育。联合国儿童基金会在2019年发布的《世界儿童状况报告》中指出，儿童贫困严重威胁着儿童和青年的生存与成长，2018年近2亿5岁以下的儿童因发育迟缓或消瘦而导致生长不良，至少有3.4亿儿童遭受缺乏维生素和其他必需营养素的隐性饥饿。生活资料的匮乏和发展机会的缺失对儿童大脑、身体和心理所造成的伤害往往是持久且不可逆的，会造成儿童早期及其之后不同生命发展周期的劣势积累，阻碍其未来在家庭、社区和职场中的角色实现和自我发展，导致成年后生活质量的低下。此外，儿童贫困也制约着一个国家或地区经济和社会的发展。贫困会剥夺儿童健康成长所必需的各种资源，削弱他们在儿童时期的人力资本发展潜力。营养不良、缺乏必要的医疗保健、受教育机会受限，以及过早地进入劳动力市场，都增加了儿童进入成年期后生产力降低的风险。这种结果不仅会导致个人收入下降、生活质量降低，还会削弱整个国家与地区社会经济发展的潜力。

联合国儿童基金会于2000年提出“减贫始于儿童”的倡议，解决儿童贫困问题由此成为许多国家和地区减贫政策和政府行动中的优先事项。各国一贯采用收入再分配等方式改善贫困儿童的物质生活条件，以此解决儿童的贫困问题。长期以来，贫困被视为一个经济问题，消除经济不平等的思路长期主导着全球减贫政策的制定和实施方向，政府转移支付构成了减贫策略的主要内容。而实际上，收入不平等不断转化为健康、教育、尊严以及社会参与等方面的不平等，这些不平等交织在一起，造成了儿童贫困形成和持续原因的复杂性和多维性。一方面，儿童贫困是由社会、经济、政治和文化等结构性因素所导致的;另一方面,贫困的代际传递现象也十分严重,贫困家庭的儿童陷入贫困的概率往往更大。这就要求决策者不仅要关注经济不平等,也要关注除经济要素之外的原因,从多维视角理解贫困的成因,制定相应的减贫政策;不仅要注重支持儿童,更要注重对儿童所在家庭的支持和功能的恢复;不仅要重视对儿童的经济与社会支持,更要重视对儿童个人能力的建设,提升儿童抗逆力及其在逆境中主动寻求发展的能力。

实际上,当前的反贫困政策和社会行动已经开始发生转向。在贫困评估上,已超越对经济收入层次的传统聚焦,转向更全面地从多维贫困的视角来衡量个人和家庭的发展状况。在政策应对上,除了继续扩大现金转移和支持外,还进一步加强儿童社会保护制度体系的完善,使贫困儿童及其家庭能够普遍获得医疗、教育等社会福利资源及发展机会,同时加强对儿童保护、教育、认知发展、营养和健康等方面的投资。联合国儿童基金会针对贫困儿童所提出的"全球社会保护项目框架"正是这一政策导向转变的典型代表。这一项目框架倡导通过提供一系列相互协调的干预措施,来解决多维贫困问题,降低整个生命周期的脆弱性,确保各代人的累积利益。在社会保护系统中,各个部门之间需要加强合作,对个体整个生命周期中的多维脆弱性作出协调一致的反应,帮助社区、家庭和儿童增强复原力,并保证公平和增加机会。此外,社会保护系统强调系统性、全方位的干预,不仅要着眼于对解决短期贫困问题的及时干预,同时还应致力于长期的结构脆弱性改善,以解决整个生命周期中儿童贫困、剥夺和排斥的不断演变及其复杂和多方面的问题。由此,儿童反贫困的政策实践和社会行动超越了经济问题,需要多部门和专业人员的通力合作,通过不同层次的干预措施介入儿童贫困的多维方面，系统性、整体性地改善贫困儿童的不利处境，增加他们的发展机会。这一政策理念和行动方向的转变，为社会工作专业进一步介入儿童反贫困实践提供了更大的空间，也提出了更高的要求。

社会工作专业自诞生起便致力于帮困扶贫，保护与维系儿童的权利和福祉，在促进儿童健康成长方面发挥着日益重要的作用。2014 年世界社会工作联合大会修订了社会工作的概念，将其定义为以实践为基础的职业，是促进社会改变和发展、提高社会凝聚力、赋权并解放人类的一门学科。社会工作的核心准则是追求社会正义、人权、集体责任和尊重多样性。基于社会工作、社会学、人类学和本土化知识的理论基础，社会工作帮助人们解决生活中的挑战，提升生活幸福感。因此，社会工作具有鲜明的实践性和专业性特质。实践性主要表现为社会工作寻求解决问题的行动策略，致力于助人自助的专业服务，而专业性则体现在社会工作以专业的知识、价值和技能助人。社会工作积极投身于儿童反贫困工作，通过专业知识和技术改善贫困儿童的物质生活条件和环境，恢复家庭和社区的功能，以满足贫困儿童发展所需的资源和情感支持。在儿童反贫困的社会工作实践中，社会工作发挥了资源提供与链接、情感和心理支持、个人及家庭能力建设、跨部门合作协调、政策倡导等不同的功能，尤其是在赋能导向的儿童反贫困实践中，社会工作通过科学的干预策略，降低儿童的风险性因素、提升保护性因素，增强儿童及其家庭的抗逆力，提升儿童的主体能动性，在打破儿童贫困的恶性循环中发挥着关键的作用。经济援助、实物补贴、替代性资源支持以及社会支持网络等外部资源能够为贫困儿童构筑起一道社会安全网，但是在诸多影响儿童成长的因素中，儿童自身的能动性具有不可替代的积极作用。事实证明，如果个人能够得到良好的赋能，未来的发展也会更加顺利。儿童反贫困的政策从单纯的收入支持转变为向个人和家庭提供系统性支持，增加了儿童和家庭自身的能力建设与发展，能够更有效地应对外部环境的变化及各种风险。因此，面向贫困儿童的赋能与抗逆力提升，应该成为新时代背景下儿童反贫困社会工作干预策略的发展方向。基于社会工作的专业优势，社会工作者不仅能够准确把握儿童贫困的本质及成因、识别贫困儿童的多维需求及儿童所处情境中的不利条件，而且能够根据科学的理论框架发展出有针对性的干预方案与处遇策略，通过科学的干预技巧和方法有效地帮助贫困儿童及其家庭摆脱贫困。

儿童是一个国家的未来，是推动未来经济和社会发展的重要人力资本。因此投资儿童，就是投资未来。对儿童权利的保护和赋能是实现社会公正和可持续发展的基本保障。为实现减少儿童贫困这一使命，对未来儿童反贫困工作的系统规划，既离不开社会工作的理论框架和实践经验，也离不开基于社会工作实践的政策倡导。欧美等发达国家的社会工作在儿童反贫困工作中遵循以儿童权利为本的原则，展开积极的政策倡导，采用社区为本的多维度扶贫介入策略，较为有效地协助贫困家庭进行资产建设，致力于减少代际贫困现象。中国的社会工作在儿童反贫困方面也开展了卓有成效的工作，如在中国凉山等地区为贫困儿童提供专业服务，这一实践在打破贫困的代际传递方面发挥了积极的作用。

社会工作介入不应完全基于社会工作者主观经验层面的实践知识，更需要专业的理论分析框架和实践路径来指导实际工作的有序开展。在儿童反贫困社会工作实践中，社会工作者需要依靠专业的服务方法和技巧实现目标，通过批判性反思和科学评估不断完善服务内容和提升服务的成效。

因此，系统性地梳理和呈现儿童反贫困社会工作的理论框架、实践路径和具体方法就显得至关重要。本书的意义就在于通过探讨社会工作介入儿童反贫困的理论框架和实践研究，进一步理解和厘清社会工作在儿童反贫困中的功能、介入策略和发展方向，增强社会工作专业在儿童反贫困实践中的科学性和有效性。由此，本书有两个具体的目标：其一，构建儿童反贫困社会工作的理论视角及其分析框架，为儿童反贫困社会工作的实践提供理论指导，提升儿童反贫困社会工作实践的科学性和有效性；其二，基于实际案例探讨儿童反贫困社会工作的实践路径，进一步理解和掌握儿童反贫困实践中社会工作的功能和具体作用，明确社会工作干预策略制定和具体实施过程中的重点、难点，以及应该秉承的理念、方法和技术。

本书的主要内容分为三个板块。第一个板块涉及第一章，旨在从现实出发，呈现当前中国儿童贫困的现状，主要包括贫困儿童的规模、分布、主要贫困类型，反思当前中国儿童反贫困实践及有关工作的成果与主要问题，探讨社会工作参与儿童反贫困实践的必要性、合理性与发展空间。第二个板块涵盖第二章至第六章，集中讨论儿童反贫困社会工作的理论框架和实践路径。这些理论框架既涉及宏观层面的社会发展视角、社会融入视角、生态系统理论，也涵盖微观层面的生命历程理论和抗逆力理论。在实践路径方面，这一板块既从实践框架、介入路径、工作程序和具体方法上呈现了一般意义上儿童反贫困社会工作的实践路径，同时也以凉山困境儿童服务和河北贫困村儿童社会工作干预为例，探讨社会工作介入儿童反贫困的具体策略及方法，基于中国实践经验，从政策和实务操作两个层面探讨儿童反贫困社会工作实践中的难点及其应对策略。第三个板块包括第七章和第八章，希望通过儿童反贫困社会工作的国际经验与借鉴，结合中国本土地区实践，明确中国儿童反贫困社会工作未来的发展方向和优先领域。

儿童反贫困的实践任重道远。在这项事业中，社会工作者应秉承强烈的人文关怀，以儿童为本，在儿童优先的价值导向下基于扎实的专业能力系统性地介入儿童贫困的各个层面。我们撰写本书的目的，正是希望为儿童反贫困社会工作的有效介入提供理论、实践路径和方法上的支持。

本书各部分的作者分别为：

吴帆，负责全书策划、拟订写作大纲以及全书统稿和修订，撰写前言、第三章（第一节、第四节）、第五章、第八章（第二节）。

黄晓燕，社会学博士，南开大学社会工作与社会政策系副教授，硕士生导师，系副主任，美国芝加哥大学社会服务管理学院访问学者。长期从事中国儿童福利政策研究，对贫困地区儿童福利服务的设计、执行和督导有着丰富的经验。撰写第四章和第六章。

郑飞北，南开大学社会工作与社会政策系讲师、博士，长期从事儿童服务政策、儿童干预项目的研究。撰写第一章和第八章（第三节）。

柳静虹，社会学博士，南开大学社会工作与社会政策系讲师，比利时法语布鲁塞尔自由大学政治社会学博士，长期从事国际比较社会保障、性别研究和在职贫困研究。撰写第二章、第七章、第八章（第一节）。

付聪，南开大学社会工作与社会政策专业博士生，主要从事社会工作理论、社会工作干预研究。撰写第三章（第二节、第三节）。

吴 帆

目　录

CONTENTS

第一章　中国儿童贫困的现状、问题与挑战

中国并没有设定一个全国统一的贫困线，也缺乏测量儿童贫困的标准，但我们仍然可以基于不同数据对儿童贫困率作出推断。从整体上看，中国的儿童反贫困工作取得了瞩目的成就，大幅降低了儿童贫困的发生率，但儿童贫困形势仍然比较严峻，儿童能力贫困问题凸显，专业服务能力明显不足。因此，儿童的能力发展应被视为整个反贫困政策的核心，这也对社会工作介入儿童反贫困提出了更高的要求。

第一节　儿童贫困的概念与测量

掌握儿童贫困的概念、操作化及其测量，是理解儿童贫困的现状与提出有效应对措施的主要途径。不同的机构和学者对儿童贫困的内涵和外延的认识有所不同，但我们仍然可以从中找到一些共性，为分析和理解儿童贫困提供一个具有共识的概念框架。

一、儿童贫困的界定

在儿童贫困的不同概念框架下，不同学者对儿童贫困的分类及其操作化也有所不同。儿童贫困的概念及其测量的不断发展反映出决策者和学界对儿童贫困的成因和影响的认识不断深入。对于儿童贫困的内涵和外延，不同的国际组织和机构有不同的理解。

联合国大会2007年通过的《儿童权益年度决议案》指出，生活在贫困中的儿童缺乏营养、水和卫生设施，无法获得基本的医疗服务，被剥夺了受教育权、居住权、参与权和受保护权；食品和服务的极度匮乏对儿童的影响尤甚，会导致生活在贫困中的儿童无法享有其权利，不能充分发挥其潜能，难以充分参与社会生活。①

联合国儿童基金会将儿童贫困界定为社会服务的剥夺。生活在贫困中的儿童指的是那些遭受物质、精神和情感等资源剥夺的儿童。由于缺乏身心健康发展所需的资源，儿童难以充分发挥其潜能或难以作为平等的一员充分参与社会生活。② 这一定义表明，儿童所经历的贫困是多维的、相互关联的。因此，对儿童贫困的测量不能套用常规的单纯测量收入贫困的做法，而应考虑儿童获得基本社会服务的情况，特别是营养、水、卫生设施、住所、教育和信息。

联合国开发计划署的倡导对贫困有着更宽泛的理解，它对贫困的定义

---

① UNGA (United Nations General Assembly). *Promotion and protection of the rights of children, Report of the Third Committee*. New York: United Nations, 2006.

② UNICEF (United Nations Children's Fund). *The state of the world's children 2005 — Childhood under threat*. New York: UNICEF, 2005.

不是绝大多数文献所强调的传统的收入剥夺，而是指出要打破儿童贫困的循环，使儿童有食物保障、住所、水和卫生的生活环境，所有这些都是促进儿童福祉所必需的。①

加拿大国际发展署指出，贫困使儿童不能充分发挥潜能，它剥夺了儿童的权利，如受教育、健康、获取营养和参与决定的权利，使儿童遭受虐待、剥削和歧视，影响了儿童的生活。②

还有一些研究机构对儿童贫困进行了界定，其中影响较大的是"童年贫困研究与政策中心"（Childhood Poverty Research and Policy Center，CPRPC）提出的。这一定义指出，儿童贫困意味着儿童和年轻人成长时缺乏各种对其福祉和发挥其充分潜能而言至关重要的资源，包括经济、社会、文化、物质、环境和政治资源等。具体而言，儿童贫困意味着儿童成长时：(1) 缺乏足够的生活资料，无法满足生存发展所需；(2) 缺乏发展的机会，即缺乏成为能充分发挥其潜能的健康人的机会，包括接受优质教育和技能培训的机会、获得水和卫生服务的机会；(3) 缺乏能呵护他们的家庭和社区，缺乏有时间或有能力及意愿照看他们的父母或监护人，或其父母不在身边时，缺乏能呵护他们的扩展家庭或社区；(4) 缺乏表达的机会。③ 与联合国儿童基金会的界定类似，这一定义也是多面向的，强调了儿童贫困的不同面向是相互关联的。CPRPC 主张采取全面的减贫战略，以应对儿童贫困的不同方面。

---

① UNDP: "Children and poverty", (2004-03-10)[2019-08-19], http://www.ipc-undp.org/pub/IPCPovertyInFocus2.pdf.

② CIDA (Canadian International Development Agency). *Child protection*. Quebec: Canadian International Development Agency, 2004.

③ CPRPC (Childhood Poverty Research and Policy Center). *CHIP briefing 1: children and poverty*. London: Childhood Poverty Research and Policy Center, 2004.

尽管上述机构对儿童贫困的界定有所不同，但这些定义具有一些共性①：(1) 都是从儿童的基本权益出发；(2) 不仅涉及经济、物质上的贫困，还包括心理、精神层面的内容，换言之，这些定义都突破了传统以低收入或低消费水平来定义贫困的做法；(3) 聚焦基本需要的剥夺，强调了物质剥夺、社会服务及其他有助于儿童生存、发展和社会参与的基本因素。

二、儿童贫困的多维测量

对儿童贫困的测量，不仅涉及对儿童贫困规模的测算，也影响贫困儿童范畴的确定，进而影响对儿童贫困的成因、后果等问题的讨论。从政策角度看，儿童贫困的测量方法决定了哪些儿童属于政策干预的目标人群，测量方法的信度和效度对精准识别儿童贫困具有重要的影响。

(一) 收入法

收入法是界定儿童贫困的传统方法。据此方法，识别儿童是否贫困的关键在于儿童所在家庭的人均收入是否低于贫困线。如果低于贫困线，则该儿童为贫困儿童。但是单纯运用收入法来测量儿童贫困，会存在明显的问题，主要表现为以下几个方面。

首先，收入法忽视了家庭的结构、家庭成员的性别和年龄等不同特征。有学者认为，由于人与人之间存在巨大差异，收入水平不能准确反映一个家庭的可行能力，比如性别、年龄、健康状况及生存环境等方面的差别，会影响

① UNICEF (United Nations Children's Fund). *The state of the world's children 2005 — Childhood under threat*. New York: UNICEF, 2005.

人们将资源转化为可行能力的水平。因此，即使两个家庭的收入水平相当，生活在这两个家庭的儿童能实现的功能及儿童的状况和作为，却可能大不相同。[①] 所以，判断一名儿童是否处于贫困状态主要应该审视儿童的可行能力是否受到限制。

其次，收入法忽视了家庭内部的资源再分配问题。在家庭内部，贫困包袱的分担是不平等的，有年龄和性别偏向，尤其会对儿童和妇女有负面影响。[②] 不同家庭的父母为孩子的付出也不一样。在一些家庭中，儿童可能遭受歧视或不被重视，导致其可享有的家庭收入比例偏低。相反，在另一些家庭中，父母省吃俭用，让孩子拥有跟其他家庭的孩子一样的机会。因此，有必要将儿童剥夺、缺乏父母的关爱等有关儿童福祉的多个维度考虑进来。

最后，收入法忽视了儿童贫困的多维性。越来越多的研究者认为，儿童贫困是多维的。联合国 1995 年召开的社会发展世界峰会通过的《哥本哈根宣言和行动计划》提出，儿童贫困涉及食物、安全的饮用水、卫生设施、健康、住所、教育和信息（的匮乏）。[③] 2006 年，联合国大会对儿童贫困的界定则涉及营养、水和卫生设施、基本健康照料服务、住所、教育、参与和保护等方面。[④] 因此，在测量儿童贫困时，应将收入、消费、获得基本服务的情况、社会

---

① SEN A. "Well-being, capability and public policy", *Giornale degli Economisti e Annali di Economia, Nuova Serie*, 1994, Vol. 53, No. 7/9, pp. 333 - 347.

② FEENY T, BOYDEN J. *Children and poverty: a review of contemporary literature and thought on children and poverty*. Edited in Children and poverty series, Part I. Richmond: Christian Children's Fund, 2003.

③ MINUJIN A, NANDY S. *Global child poverty and well-being: measurement, concepts, policy and action*. Bristol: The Policy Press, 2012.

④ UNGA (United Nations General Assembly). *Promotion and protection of the rights of children, Report of the Third Committee*. New York: United Nations, 2006.

参与能力等多个重要维度考虑进来。①

（二）物质剥夺法

测量儿童贫困的另一种思路是审视儿童在基本需要和公共服务方面是否遭受剥夺，根据儿童遭受剥夺的状况来测量儿童贫困。剥夺的概念使人们将注意力聚焦于儿童成长的生活环境，将贫困视为儿童成长生活环境的一个特征。② 从理论上讲，剥夺状况可以反映贫困的程度③，而且剥夺"是一种看得见的逆境"④，比收入更易测量，因此能更有效地识别贫困儿童。

剥夺法的操作方法是列出与儿童成长密切相关的指标，包括营养、衣物、燃料、照明、家具、家庭环境、安全、家庭支持、娱乐、教育、卫生、社会关系等，基于这些指标判断儿童是否能得到最基本的需要的满足。例如，联合国儿童基金会列出的儿童成长所需的基本必需品包括 14 项：一日三餐，每天至少吃一次鱼或肉，每天吃水果、蔬菜，有适合儿童年龄和知识水平的书籍，有自行车、滑板车等户外休闲器材，有规律的休闲活动（如游泳、玩乐器等），可以玩室内游戏，有钱参与学校组织的旅游等集体活动，有能安心做家庭作业的场所，有网络，有新衣服，有两双合脚的鞋，可以时不时地邀请朋友到家里做客，能过生日等。布里斯托大学和伦敦政治经济学院的研究团队所开

---

① NOLAN B, WHELAN C T. "Using non-monetary deprivation indicators to analyze poverty and social exclusion: lessons from Europe?", *Journal of Policy Analysis and Management*, 2010, Vol. 29, No. 2, pp. 305 - 325.

② UNICEF (United Nations Children's Fund). *The state of the world's children 2005 — Childhood under threat*. New York: UNICEF, 2005.

③ PANTAZIS C, GORDON D, LEVITAS R. *Poverty and social exclusion in Britain: the millennium survey*. Bristol: The Policy Press, 2006.

④ TOWNSEND P. "Deprivation", *Journal of Social Policy*, 1987, Vol. 16, No. 2, pp. 125 - 146.

展的一项经验研究基于绝对贫困的理念将儿童的基本需要归为7类，并分别将食物、饮用水、卫生设施、健康、住所、教育和信息等构成对儿童遭受严重剥夺的情形列了出来(见表1-1)，看儿童是否遭受此种剥夺。如果一名儿童遭受两项及以上的剥夺，则该儿童就生活在绝对贫困即重度剥夺之中。

表1-1　严重剥夺的界定

指　标	严重剥夺的操作定义
食物剥夺	儿童的身高、体重低于同龄儿童中位数的3个标准差
饮用水剥夺	儿童只能喝地表水(河水)，或其住所距水源地的距离超过15分钟
卫生设施剥夺	在住所附近没有冲水厕所(或卫生厕所)
健康剥夺	儿童未接种过任何疫苗，或最近患严重呼吸道感染或腹泻却未去治疗
住所剥夺	每个卧室居住人数超过5人，或是所在住所的地面没有地板
教育剥夺	7—17岁学龄儿童未上过学且未在学校
信息剥夺	3—17岁儿童的家里没有电视、收音机、电话或报纸

资料来源：GORDON D, NANDY S, PANTAZIS C, et al. *Child poverty in the developing world*. Bristol: The Policy Press, 2003.

儿童遭受的剥夺可以分为物质剥夺和社会剥夺两类(见表1-2)，物质剥夺强调对儿童基本生存需要的影响，而社会剥夺更强调对儿童社会参与的影响。马加迪(Magadi)根据调查，认为儿童必需品包括[①]：(1) 每年至少在外旅行1周；(2) 每个10岁以上的儿童，都有自己的卧室(尤其是既有男孩又有女孩时)；(3) 有娱乐或运动器材，如自行车；(4) 在特定节日(如生日、圣诞节等)可以举行庆祝活动；(5) 每个月游泳1次；(6) 至少有1项兴趣

① MAGADI, MONICA. “Risk factors for severe child poverty in the UK”, *Journal of Social Policy*, 2010, Vol. 39, No. 2, pp. 297-316.

爱好；(7) 每两周跟朋友喝1次茶；(8) 未上学的儿童每周跟小伙伴们玩1次；(9) 上学的儿童有条件参加学校组织的旅游。相对而言，以上这些指标更强调儿童社会参与的机会。

表1-2 儿童剥夺的分类

物质剥夺	社会剥夺
饮食	就业权
衣服	家庭活动
住房	融入社区
家用设施	参与社会机构的活动
环境	休闲
区位	教育
工作	

资料来源：TOWNSEND P. "Deprivation", *Journal of Social Policy*, 1987, Vol. 16, No. 2, pp. 125-146.

如何根据不同剥夺维度的状况判断儿童的贫困程度？理论上通常有两种做法。一是统计加权，根据各个维度对儿童的影响程度来确定每个维度的权重，然后再进行相加。但是这种方法比较复杂，在实践中不易操作。二是直接相加，把儿童遭受剥夺的数量加起来，得出总分。从贫困识别的角度看，用简单相加的办法识别出来的贫困人口与用统计加权识别出来的贫困人口非常接近。① 简言之，可以用直接相加的方法确认儿童在多少个维度上遭受的剥夺，由此来判断儿童的贫困程度。

① FILMER D, SCOTT K. *Assessing asset indices*, *Policy Research Working Paper*. Washington, DC: The World Bank, 2008.

那么如何确定儿童重度贫困物质剥夺的临界值？马加迪提出：一个家庭如果有1项无力购买的儿童必需品或成年人必需品，表明该家庭面临某种程度的剥夺；如果一个家庭无力购买的儿童必需品或成年人必需品达到2项或以上，则表明该家庭遭受更严重的物质剥夺。由此，可将儿童贫困的临界值设定为：家庭缺少1项必需品为轻度剥夺，缺少2项及以上必需品为重度剥夺。① 遭受严重剥夺的儿童就很有可能是生活在绝对贫困中的儿童。② 对儿童来说，严重剥夺会对其生活机会产生全方位的影响，严重限制其未来的能力发展和生活机会。

然而，收入法和物质剥夺法仍属于对个体层次上的儿童贫困的测量，回答的是某个儿童是否贫困的问题。除此之外，还有一些监测儿童贫困的指标，如儿童营养不良率、5岁以下儿童死亡率、学龄儿童辍学率等。这类监测指标呈现的是某个国家或地区儿童贫困在某一维度的状况和变动趋势，其可为国家或地区出台有针对性的干预政策提供数据支撑。尽管个体层次上的测量和监测指标之间存在某种联系，但两者的取向是不一样的。从研究的角度看，若要考虑贫困对儿童个体及其家庭的影响，个体层次上的贫困测量就显得尤为关键。

第二节　中国儿童贫困的现状

中国当前并没有统一的儿童贫困界定标准，因此难以准确测算出儿童贫困的规模。但是，我们仍然可以通过一些公开的部门数据，大体估算出中

① MAGADI, MONICA. "Risk factors for severe child poverty in the UK", *Journal of Social Policy*, 2010, Vol. 39, No. 2, pp. 297 - 316.

② GORDON D, NANDY S, PANTAZIS C, et al.. *Child poverty in the developing world*. Bristol: The Policy Press, 2003.

国儿童贫困的规模、分布等总体状况，进而明确中国儿童贫困的一些主要特征与问题。

一、规模与分布

有关儿童贫困的公开数据主要涉及健康、教育、收入等维度。

首先是健康维度。国家统计局公布的《2018 年〈中国儿童发展纲要(2011—2020 年)〉统计监测报告》的数据[①]显示：2018 年全国婴儿死亡率为 6.1‰，5 岁以下儿童死亡率为 8.4‰；全国儿童低出生体重发生率为 3.13%；0—6 个月的婴儿纯母乳喂养率达 74.9%；5 岁以下儿童贫血患病率、生长迟缓率及低体重率分别为 5.44%、1.11%和 1.43%。根据 2014—2018 年新生儿童数进行粗略推算，这意味着在 5 岁以下儿童中，贫血儿童有 400 多万，约 100 万儿童生长发育迟缓。如果将 6—17 岁的贫血或生长迟缓儿童纳入计算，贫血、生长迟缓的儿童数量会更多。

其次是教育维度。《2018 年〈中国儿童发展纲要(2011—2020 年)〉统计监测报告》的数据显示：2018 年全国九年义务教育巩固率达 94.2%，全国学前教育毛入园率为 81.7%。这意味着每届学生中有超过 5%的儿童未能顺利完成九年制义务教育；在 3—5 岁的儿童中，有近 2 成的儿童未能入园。如果按每年有 1 600 万新生儿童来推算，每年未入园的儿童约有 320 万，其中包括相当比例在入学前从未入园的儿童。这些儿童由于缺乏足够的入学准备，在入学后可能会出现学习适应问题。

---

① 国家统计局：《2018 年〈中国儿童发展纲要(2011—2020 年)〉统计监测报告》，(2019 - 12 - 06)[2020 - 01 - 20]，http://www.stats.gov.cn/tjsj/zxfb/201912/t20191206_1715751.html。

最后是收入维度。与其他维度相比，从收入维度来界定儿童贫困是一种普遍的做法，主要出于几个现实原因的影响。其一，遭受收入贫困的儿童自然属于儿童贫困的范畴。其二，收入贫困往往与其他维度的贫困有直接的联系，因此使用收入贫困这一指标可以在相当大的程度上反映儿童贫困的其他维度的状况。尤其是在绝对贫困的环境中，收入贫困往往与儿童贫困的其他维度交织在一起。其三，儿童贫困的规模等在其他维度上的数据较少，而且标准较难统一，不具有可比性。

中国尚未设立全国统一的贫困线，也缺乏测量儿童贫困的具体标准。在政策实践中，与贫困认定相关的标准主要有两个：一是各地的城乡低保线，通常是由各地市人民政府根据本地的实际情况确定的；二是由国家统一确定的农村扶贫开发线。农村扶贫开发线的现行标准是 2010 年确定的，即农村家庭人均纯收入低于每年 2 300 元。而且每年会根据物价指数的变动情况对这一标准进行调整。不论是低保标准还是扶贫开发标准，总体上都更接近绝对贫困的概念。

从低保标准看，我国仍然有不少儿童生活在绝对贫困中。民政部的统计数据①显示，2017 年 3 季度全国领取城乡低保的家庭中，城市低保儿童约 220 万人，农村低保儿童约 496 万人，两者合计共 710 余万人。从分布上看，农村低保儿童集中的省份覆盖贵州、广西和甘肃，分别有 51.8 万、51.1 万和 48.7 万，三个省(市、自治区)合计 151.6 万，占全国总数的 3 成。如果将四川 36.9 万、新疆 36.3 万、云南 33.6 万的农村低保儿童计算进来，6 个省

---

① 民政部：《2017 年 3 季度各省社会服务统计数据》，(2017 - 11 - 02)[2019 - 09 - 05]，http://www.mca.gov.cn/article/sj/tjjb/sjsj/201711/201711241654.html。

（市、自治区）的农村低保儿童近260万，占全国农村低保儿童的一半多。尽管各地的农村低保标准不同，但基本上都维持在温饱线的水平，因此各省（市、自治区）低保儿童的数量大体能够反映出各省（市、自治区）处于极端贫困状态的儿童的规模。

从相对贫困的角度看，《2018年〈中国儿童发展纲要（2011—2020年）〉统计监测报告》的数据①显示，按照年人均纯收入2 300元的农村扶贫标准计算，2018年农村贫困发生率为1.7%，总体上处于较低水平。但需要注意的是：第一，儿童贫困的比例会更高一些，因为在同一个农村社区中，成年人的资源条件、机会结构是大体接近的，每个家庭的总体收入大体接近，而未成年子女会拉低家庭的人均收入水平；第二，儿童贫困存在地区差异，这意味着在某些地区尤其是集中连片贫困地区，遭受贫困的儿童比例无疑会更高。

调查数据也证实了这一点。“中国健康与营养调查”2015年的数据显示，若以家庭年人均纯收入2 800元作为贫困线，那么仍有相当比例的农村儿童生活在贫困线以下。表1-3显示了12个省（市、自治区）的所有参与调查的对象中收入低于贫困线的儿童所占的比例。

表1-3　调查省（市、自治区）农村儿童贫困率

省（市、自治区）	贫困儿童占比/%
北京	3.5
辽宁	8.9

① 国家统计局：《2018年〈中国儿童发展纲要（2011—2020年）〉统计监测报告》，（2019-12-06）[2020-01-20]，http://www.stats.gov.cn/tjsj/zxfb/201912/t20191206_1715751.html。

续　表

省(市、自治区)	贫困儿童占比/%
黑龙江	8.1
上海	0.4
江苏	9.7
山东	20.8
河南	32.5
湖北	9.3
湖南	17.9
广西	17.3
贵州	16.1
重庆	18.8

表1-3表明不同省(市、自治区)的农村儿童贫困率存在较大的差异，总体上呈现东低西高的趋势，东部农村儿童贫困率较低，中西部省份相对较高。其中，上海和北京的农村贫困儿童共占比不到4%，黑龙江、辽宁、湖北、江苏的农村儿童贫困率均为8%～10%。除山东外，儿童贫困率在16%以上的省(市、自治区)都位于中西部，具体包括湖南、广西、贵州、重庆和河南等。尽管这些数据是抽样调查数据，不能轻易推广到总体，但仅从调查样本看，我国仍有相当数量的农村儿童遭受着收入贫困。

需要注意的是，如果将儿童贫困的其他维度考虑进去，遭受各类剥夺的儿童无疑会更多。换言之，即使消除了大规模的绝对贫困，仍然需要采取有效的方法来应对相对贫困，尤其是以收入以外的维度来衡量的儿童贫困。

二、现阶段的主要特点

从整体上看，我国现阶段的儿童贫困有两个突出特点，一是空间上的聚集性，二是家庭能力剥夺与社区能力建设滞后相交织。儿童贫困在空间上的聚集性表现为当前我国的儿童贫困聚集在集中连片贫困地区，大多数贫困儿童都是深度贫困儿童，大多数深度贫困儿童又属于长期贫困。

第一，大多数儿童贫困聚集在集中连片贫困地区。在集中连片贫困地区，贫困儿童占比高，儿童贫困具有普遍性。相反，在其他地区，特别是经济发达地区，儿童贫困呈现出一个个分散的点，贫穷的孩子是少数，即在空间分布上表现为贫困地区的儿童贫困发生率更高。《2018 年〈中国儿童发展纲要(2011—2020 年)〉统计监测报告》的数据①显示，在儿童健康方面，城乡和区域间存在较大的差距。2018 年，全国城市婴儿死亡率为 3.6‰，农村婴儿死亡率为 7.3‰，农村高于城市 1 倍多；5 岁以下儿童死亡率，城市为 4.4‰，农村为 10.2‰，农村高于城市 1.3 倍多；5 岁以下儿童死亡率区域间的差距也较大，东部地区为 4.2‰，中部地区为 7.2‰，西部地区为 12.7‰，西部地区高于东部地区 2 倍多。

第二，大多数儿童贫困都属于深度贫困、长期贫困。在一个经济持续增长的丰裕社会中，儿童贫困的发生率与贫困的深度和持续时间高度相关。②

① 国家统计局：《2018 年〈中国儿童发展纲要(2011—2020 年)〉统计监测报告》，(2019-12-06)[2020-01-20]，http://www.stats.gov.cn/tjsj/zxfb/201912/t20191206_1715751.html。

② ROYCE E. *Poverty and power: the problem of structural inequality* (*2nd edition*). Lanham: Rowman & Littlefield, 2015.

越是儿童贫困率高的地区，儿童贫困的程度越深、持续愈久。从个体角度看，这意味着现阶段的贫困儿童大多数属于深度贫困和长期贫困，从群体分布上又呈现出典型的集中连片的特征，这表明，绝大多数贫困儿童都聚居在对儿童能力发展而言环境较差的社区。

儿童贫困在空间上的聚集性形成了儿童贫困的另一个特征，即家庭能力剥夺与社区能力建设滞后相互交织，这使得贫困儿童陷入能力剥夺的风险倍增。

首先，贫困在空间上的聚集性导致儿童能力发展所需的基础设施不足、公共服务严重滞后，意味着深度贫困地区的儿童生活在较差的社区环境中，好的学校、图书馆、儿童照料、课外活动项目等公共服务严重短缺，儿童难以从社区中获得必要的发展支持，从而使得他们无法提高自己的学习技能和社会交往技能，进而使得儿童难以更好地实现社会化。[①]

其次，深度贫困地区的“集体效能”很低，使社区的问题解决能力低下，从而严重影响儿童的发展。[②] 哈灵顿在其著作《另一个美国》中特别强调了志向的重要性。他认为，如果一个群体生机盎然、富有活力、有坚定的意志，那么即使他们身居陋室、饥寒交迫、生活拮据，也不会山穷水尽；相反，如果缺乏闯劲，没有开拓精神，那贫困就将成为阻碍这些人发展的铜墙铁壁。[③]

---

① PEBLY A R, SASTRY N: “Neighborhoods, poverty and children's well-being: a review”, (2003-02-21)[2020-01-22], https://www.russellsage.org/sites/all/files/Pebley%26Sastry.pdf.

② SAMPSON R J, MORENOFF J D, EARLS F. “Beyond social capital: spatial dynamics of collective efficacy for children”, *American Sociological Review*, 1999, Vol. 64, pp. 633-660.

③ [美]迈克尔·哈灵顿：《另一个美国》，郑飞北译，中国青年出版社2012年版，第18页。

而对于贫困儿童来说，贫困社区的文化意味着贫困儿童身边缺乏成功人士，尤其缺乏小时候努力学习、长大后功成名就的人士作为榜样[①]，这使得他们不仅难以树立奋发向上的远大志向，而且面临着被贫困文化传染的高风险。

儿童贫困聚集在集中连片贫困地区对贫困儿童的生活机会影响很大，因为社区的不平等会放大个体的不平等。例如，贫困地区的学校往往条件较差，公共设施不足、居住环境欠佳，导致贫困儿童的能力难以得到足够的培养与发展，造成其生活机会与居住于富裕地区的儿童差距甚远。换言之，贫困儿童若出生在贫困家庭，再加上住在贫困社区，其生活机会很难好转。[②]

基于40多年的收入追踪调查，笔者发现，那些最终能够跳出贫困的儿童具有三个突出的特征[③]：(1) 经历贫困的时间短；(2) 父母学历相对较高；(3) 社区环境好。从这个角度看，我国大多数贫困儿童的父母文化水平普遍较低，家庭长期遭受贫困，社区环境也相对较差，公共服务严重滞后。这些风险因素的叠加，导致贫困地区的儿童面临能力剥夺的风险非常高。因此，政府和社会应该给予集中连片贫困地区的儿童更多的重视和支持。

三、儿童贫困的影响

儿童贫困对儿童福祉的影响主要包括对儿童个体和对社会两个层面。

---

① JENSON J M, FRASER M W. *Social policy for children and families: a risk and resilience perspective*. Los Angeles & London: Sage Publications, 2016.

② ROYCE E. *Poverty and power: the problem of structural inequality* (*2nd edition*). Lanham: Rowman & Littlefield, 2015.

③ RATCLIFFE C: "What affects the future success of poor children", (2015-09-09) [2020-01-18], https://www.urban.org/urban-wire/what-affects-future-success-poor-children.

（一）儿童贫困对儿童个体的影响

贫困尤其是幼年时的贫困会阻碍儿童的发展，使儿童无法发挥自身的潜能，严重影响、限制儿童未来的生活机会，给儿童带来永久性的伤害，影响儿童的一生。具体表现为以下几个方面。

1. 贫困限制儿童的能力发展

贫困会给儿童带来全方位的影响。首先，贫困会影响儿童的身心发展，导致儿童出现营养不良和疾病。贫困儿童往往身材矮小、体重偏轻、体弱多病，进而影响儿童的认知能力、语言能力、问题解决能力和社会技能，导致他们智商偏低、学习成绩不佳、辍学的风险更高。由于缺乏足够的成长刺激，贫困儿童的语言能力往往不及普通儿童。此外，贫困还会影响儿童的社会技能，导致他们沟通能力欠佳，不适应学校生活，不善于与同伴相处，他们出现情绪困扰和行为问题的可能性也比普通儿童高得多。①

2. 贫困影响儿童成年后的生活机会

生活机会是特定个体拥有的机会丛，是社会结构提供给个体发展的机遇，代表着"社会经济流动的可能性"。②在西方社会，贫困对儿童生活机会的影响，一方面表现为贫困儿童在青少年阶段更有可能出现吸毒、暴力犯罪等越轨行为，被贴上问题青少年的社会标签甚至被捕入狱，使其成年后难以融

---

① FIELD F. *The foundation years: preventing poor children from becoming poor adults*. London: HM Government, 2010.

② DAHRENDORF R. *Life chances: approaches to social and political theory*. Chicago: University of Chicago Press, 1979.

入主流社会。① 另一方面，由于学历水平低，贫困儿童长大成年后在就业市场上处于不利地位，他们失业的可能性会更大，即使找到了工作，收入也不高，因此更可能陷入贫困甚至长期贫困，成为下一代贫困儿童的父母。美国的一项研究表明，贫困家庭的孩子成年后也陷入贫困的可能性高达42%。②另一项对比研究则显示，底层家庭的孩子成年后仍处于底层的可能性是32.5%，进入上层的可能性只有1.3%；相反，上层家庭的孩子成年后仍处于上层的可能性为29.6%，掉入底层的可能性只有1.5%。③ 从家庭的角度来看，这意味着贫困儿童的生活机会与其父辈、祖辈并没有显著的差别，即《恒流》一书中所揭示的现象：社会出身决定着儿童长大后的生活机会。④

从收入的角度看，贫困对我国儿童成年后的生活机会也存在显著的影响。“中国健康与营养调查”1989—2015年的追踪调查数据中以受访者所在省份当年的城乡年人均收入中位数的50%为贫困线，将受访家庭分为普通家庭和贫困家庭，把这些家庭的儿童相应地分为普通家庭儿童和贫困家庭儿童两类。从追踪调查数据看，贫困家庭的儿童成年后的收入水平显著低

---

① BAKER-HENNINGHAM H, BOO F L. “Early childhood stimulation interventions in developing countries: a comprehensive literature review”, *IZA Discussion Paper*, 2010, p. 5282.

② JANTTI M, BRATSBERG B, RED K, et al.. “American exceptionalism in a new light: a comparison of intergenerational earnings mobility in the Nordic countries, the United Kingdom, and the United States”, *IZA Discussion Paper*, 2006, p. 1938.

③ BOWLES S, GINTIS H, GROVES O M. *Unequal chances: family background and economic success*. New York: Russell Sage, 2005.

④ ERIKSON R, GOLDTHORPE J. *The constant flux*. Oxford: Clarendon Press, 1992.

于普通家庭的儿童。图 1－1 显示了 1989 年接受调查的城镇儿童成年后的家庭年人均收入变动情况。从图中不难看出，除 2004 年和 2009 年等少数调查年份外，贫困家庭儿童成年后的家庭年人均收入要远低于普通家庭儿童，且随着年龄的增长，两者之间的收入差距越来越大。

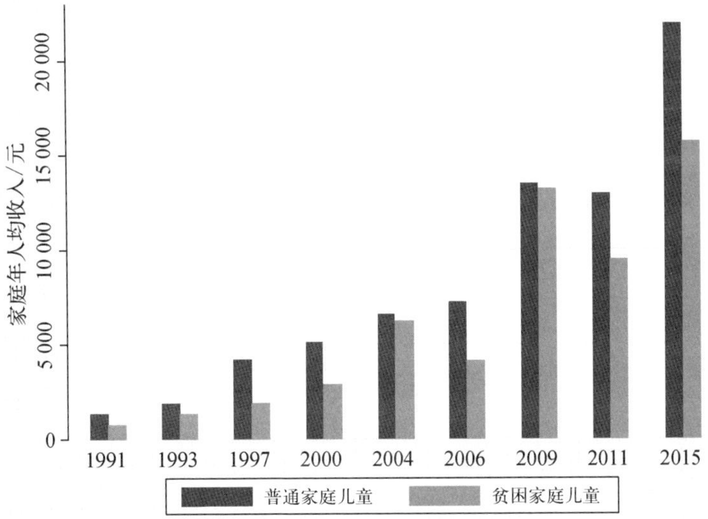

图 1－1　城镇儿童成年后的收入变动

相应地，贫困儿童成年后陷入贫困的可能性也要大得多。图 1－2 显示：在 1991—2015 年的 9 次调查中，1989 年接受调查的农村家庭儿童在成年后其家庭年人均收入低于当地农村年人均收入中位数的 50％。陷入相对贫困的次数为：普通家庭的儿童成年后，有四分之一的儿童从未陷入过贫困，而陷入 3 次及以上贫困的比例仅为 3 成；与此相对，贫困家庭的儿童成年后，从未陷入过贫困的比例仅为 1 成，而陷入多次贫困(3 次及收上)的比例则高达 50％。收入低于贫困线的次数越多，说明其贫困持续的时间越长，贫困深度越深，长期贫困的风险就越大。这意味着童年时期的贫困经历会大大提高儿童成年后陷入长期贫困、深度贫困的风险。

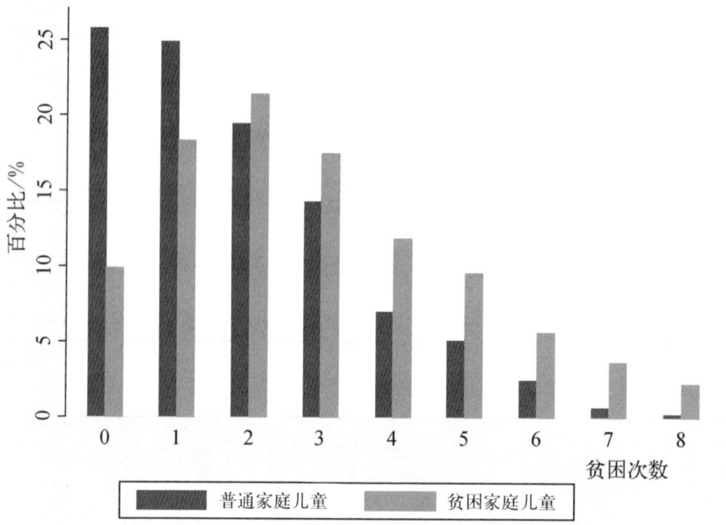

图 1－2　农村儿童成年后经历的贫困次数

(二) 儿童贫困对社会发展的影响

1. 儿童贫困会加剧贫困的代际传递

童年贫困是成年贫困的根源。在贫困环境中长大的儿童，长大后陷入贫困的可能性会更大。缺乏教育、营养不良的贫困儿童长大成年后往往会成为贫困儿童的父母。[①] 由于缺少发展机会，他们更有可能悲观绝望、精神萎靡，衍生出贫困文化。他们的子女跟着他们一起生活在贫困文化中，便容

① UNDP："Children and Poverty"，(2004－03－10)[2019－08－19]，http://www.ipc-undp.org/pub/IPCPovertyInFocus2.pdf.

易陷入贫困陷阱，导致贫困的代际传递。①

需要注意的是，即使是在社会经济持续发展时期，贫困的代际传递依然很明显。即使成长在社会物质财富日渐丰裕的时代，贫困儿童长大后的生活机会与其父母的生活机会很可能并无显著差异。图 1－3 显示了基于"中国健康与营养调查"历年数据计算的城市儿童成年后曾陷入相对贫困的比率。在历年的调查中，城市儿童成年后因各种原因曾遭受相对贫困的比例，普通家庭儿童为 17.3%，而贫困家庭儿童则高达 36.7%。在这个意义上，减少儿童贫困不仅能够减少儿童遭受的困苦和剥夺，更能防止贫困的代际传递。要阻断贫困的代际传递，就需要给儿童提供恰当的食物、住所、卫生保

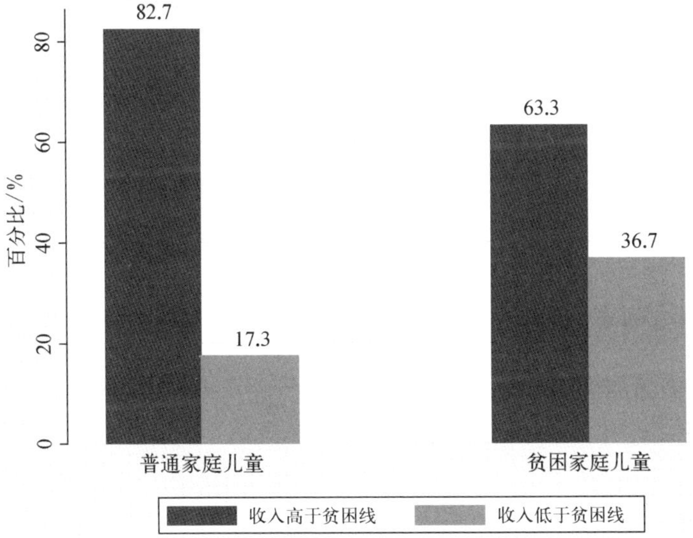

图 1－3　城市儿童成年后的相对贫困率

① ［美］迈克尔·哈灵顿：《另一个美国》，郑飞北译，中国青年出版社 2012 年版，第 111—115 页。

健、教育、水和卫生设施等公共服务①，提升儿童的福祉，为其提供摆脱贫困的基本工具。

2. 儿童贫困会增加政府的公共支出

儿童贫困带来的支出主要有以下几类。一是救济支出。贫困儿童长大后更容易失业，只能获得低收入或是形成单亲家庭，陷入贫困的比例高，因而他们需要得到来自政府的救济。二是因为儿童贫困导致的犯罪等反社会行为带来的更高的治安成本。三是因为儿童贫困导致的健康问题而增加的医疗卫生支出。对美国儿童贫困的研究表明，儿童贫困所产生的成本，包括收入的损失(贫困儿童长大后的收入水平与普通儿童长大后的收入水平的差距)、因犯罪而形成的成本、因健康不良而形成的成本等，总计约占其国内生产总值的4%。②

3. 儿童贫困会影响经济增长

基于贫困儿童的规模及贫困对儿童能力发展的影响，儿童贫困造成的人力资源损失和经济增长损失是相当大的。在人口加速老龄化的背景下，劳动力日渐成为稀缺元素。因此，国家更应从建设人力资源强国的战略高度出发，以切实有力的措施来促进贫困儿童的能力发展，让更多的贫困儿童成长为有用之才，为经济发展输送更多、更优秀的劳动者，为国民经济的长期可持续增长提供强大动力。

---

① UNDP: "Children and Poverty", (2004-03-10)[2019-08-19], http://www.ipc-undp.org/pub/IPCPovertyInFocus2.pdf.

② HOLZER H J, SCHANZENBACH D W, DUNCAN G J, et al.. "The economic costs of poverty in the United States: subsequent effects of children growing up poor", *Institute for Research on Poverty*, 2007, Vol. 1105, No. 6, p. 32.

第三节　中国儿童反贫困的成果与主要问题

我国儿童反贫困工作取得了瞩目的成就，为贫困儿童构筑了一张社会安全网，为保障他们的物质生活和发展提供了基本的支持。但在儿童反贫困方面，我国仍面临着一些问题与挑战，主要表现在儿童的能力贫困问题凸显，同时有关人员的专业服务能力明显不足等方面。因此，应将儿童的能力发展作为整个反贫困政策的核心，以更有效的专业服务来促进儿童的能力发展。

一、主要成果

过去几十年来，我国在消除儿童贫困方面取得了明显的成效：大幅度地减少了儿童贫困的发生率，并初步建立了涵盖普惠型、定向普惠型和补缺型等不同政策类型在内的儿童反贫困政策体系。这些举措为贫困儿童提供了必不可少的支持，使贫困儿童的能力发展有了相对可靠的基础。

（一）儿童贫困从普遍现象变为小概率事件

从收入维度看，我国的儿童贫困已经基本消除。国家统计局于 2018 年 9 月发布的《扶贫开发成就举世瞩目 脱贫攻坚取得决定性进展》[①]中指出，从 1978 年到 2017 年，我国农村贫困人口减少了 7.4 亿，其中摆脱贫困的人口中有相当一部分是曾经的贫困儿童，或者是当年的贫困儿童长大成年之后

① 国家统计局：《扶贫开发成就举世瞩目 脱贫攻坚取得决定性进展》，(2018 - 09 - 03) [2020 - 01 - 25]，http://www.stats.gov.cn/ztjc/ztfx/ggkf40n/201809/t20180903_1620407.html。

的子女或孙子女。近四十年的改革开放,在家庭层面有效遏制了贫困的代际传递,基本消除了"三代贫农"现象,使得贫困越来越成为暂时的过渡现象。

随着社会整体贫困规模的显著下降,包括儿童贫困在内的各种贫困逐渐从普遍贫困转变为个别贫困。按当年价现行农村贫困标准衡量,1978 年年末,农村贫困发生率约 97.5%,不贫困的人口只是极少数。到 2018 年年末,农村贫困发生率仅为 1.7%,贫困已经成为极少数的现象。即使在集中连片贫困地区,区域性整体贫困也已明显缓解,农村贫困发生率在 2017 年年末已降至 3.1%。

从物质剥夺的角度看,越来越多的儿童摆脱了物质剥夺的困境。在住房质量上,2017 年,居住在钢筋混凝土房或砖混材料房的农户比重为 58.1%,贫困地区农村居民独用厕所的农户比重为 94.5%,使用卫生厕所的农户比重为 33.2%,使用清洁能源的农户比重为 35.3%。在饮水安全方面,2017 年,贫困地区农村饮水无困难的农户比重为 89.2%,使用管道供水的农户比重为 70.1%,使用经过净化处理自来水的农户比重为 43.7%。在家庭耐用消费品上,2017 年,贫困地区农村每百户拥有的电冰箱、洗衣机、彩电数量分别为 78.9 台、83.5 台和 108.9 台,接近全国农村平均水平。

在社会服务领域,儿童减贫的成果也相当突出。健康方面,《中国统计年鉴 2019》的数据①显示,监测地区儿童的新生儿死亡率、婴儿死亡率、5 岁以下儿童死亡率,分别从 1991 年的 33.1‰、50.2‰和 61.0‰,降至 2018 年的

① 国家统计局:《中国统计年鉴 2019》,(2019-11-20)[2020-01-26],http://www.stats.gov.cn/tjsj/ndsj/2019/indexch.htm。

3.9‰、6.1‰和8.4‰。教育方面，我国已经普及了九年制义务教育，实现了高等教育大众化。1985年至2018年，小学升学率从68.4%上升到了99.1%，初中升学率从41.7%上升到了95.2%。与此同时，高等教育毛入学率在1978年只有1.55%，2019年已达到48.1%，这意味着接近一半的儿童都有机会接受高等教育。相应地，新增劳动力的平均受教育年限也达到了13.6年。

（二）初步建立了儿童反贫困的政策体系

为了保障儿童健康成长，国家先后出台了一系列政策，我国逐渐形成了儿童反贫困政策体系。这些政策大体可分为普惠型福利项目、定向普惠型政策和补缺型如社会救助等三类。

1. 普惠型福利项目

我国现有的针对儿童的普惠型福利项目，主要涵盖九年制义务教育、基本公共卫生服务以及城乡居民基本医疗保险等，具体内容参见表1-4。

表1-4　我国有关儿童的普惠型福利项目

项　　目	政策内容	满足的需要
义务教育	九年免费基础教育	教育
基本公共卫生服务	按每人每年69元的标准，向儿童提供预防接种服务，进行查体和疾病筛查	预防保健
城乡居民基本医疗保险	按每人每年520元的标准补助儿童参保	大病、住院医疗
大病保险	对城乡居民医保参保人的大病医疗支出提供补充保障	大病保障

九年制义务教育在提升儿童的受教育水平、预防儿童能力剥夺方面成效显著。在健康方面，《2018年〈中国儿童发展纲要（2011—2020年）〉统计

监测报告》显示：2018 年，适龄儿童国家免疫规划疫苗报告接种率超过 95%，全国 3 岁以下儿童系统管理率为 91.2%，7 岁以下儿童保健管理率为 92.7%。城乡居民医保方面，国家医疗保障局《2018 年全国基本医疗保障事业发展统计公报》的数据显示，有 2.13 亿中小学生参加了城乡居民医保。

2. 定向普惠型政策

定向普惠型政策主要面向集中连片特殊困难地区 680 个县的从出生到义务教育阶段结束的农村儿童，具体内容包括以下几个方面。

促进新生儿出生健康。通过国家免费孕前优生健康检查项目，推进增补叶酸预防神经管缺陷等项目，加强孕产妇营养补充，预防和治疗孕产妇贫血等疾病，加强出生缺陷综合防治。

改善儿童营养。倡导 0—6 个月婴儿纯母乳喂养，加强母乳喂养宣传及相关知识培训。扩大贫困地区困难家庭婴幼儿营养改善试点范围，预防儿童营养不良和贫血。完善农村义务教育阶段学生营养改善工作机制，新建或改扩建农村义务教育学校伙房或食堂等设施，逐步以学校供餐替代校外供餐。

加强儿童医疗卫生保健。对儿童生理状况、营养状况和常见病进行常规检查，建立儿童体检档案，定期对身高、体重、贫血状况等进行监测分析。加强儿童疾病预防控制，为适龄儿童免费提供国家免疫规划疫苗接种服务，开展针对重点地区的重点人群脊髓灰质炎、麻疹等国家免疫规划疫苗补充免疫或查漏补种工作。加强儿童视力、听力和口腔保健工作，预防和控制视力不良、听力损失、龋齿等疾病的发生。落实碘缺乏病、地方性氟中毒、大骨节病防治措施，有效控制地方病对儿童健康的危害。加大儿童医疗救助力度，提高儿童先天性心脏病、白血病、唇腭裂、尿道下裂、苯丙酮尿症、血友病等重大疾病救治费用保障水平。

保障学生饮水安全和学校环境卫生。结合实施国家农村饮水安全工程，优先解决集中连片特殊困难地区农村学校饮水问题，实现供水入校。定期检测学校饮用水，保证水质达标。加强农村学校卫生厕所、浴室等生活设施建设，为学生提供健康的生活环境。

加强体育和心理健康教育。加强学校体育设施建设和体育器材配备，建立健全儿童心理健康教育制度，加强班主任和专业教师心理健康教育能力建设，在每一所学校配备专职或兼职的心理健康教育教师，重点加强对留守儿童和孤儿、残疾儿童、孤独症儿童的心理辅导。

加强儿童教育保障。开展婴幼儿早期保教，推进学前教育。依托幼儿园和支教点，为3岁以下儿童及其家庭提供早期保育和教育指导服务。加大中央财政学前教育发展重大项目、农村学前教育推进工程和省级学前教育项目对集中连片特殊困难地区的倾斜支持力度，以多种形式扩大贫困地区普惠性学前教育资源。完善学前教育资助制度，帮助家庭经济困难儿童、孤儿和残疾儿童接受普惠性学前教育。办好农村义务教育，解决农村义务教育中寄宿条件不足、大班额、上下学交通困难、基本教学仪器和图书不达标等突出问题。推进农村学校信息化建设，为贫困地区中小学接入宽带网络。

健全留守儿童关爱服务体系。加强农村寄宿制学校建设，优先满足留守儿童就学、生活和安全需要。学校对留守儿童教育实施全程管理，注重留守儿童心理健康教育和亲情关爱，及早发现和纠正个别留守儿童的不良行为。强化父母和其他监护人的监护责任并提高其监护能力，加强家庭教育指导服务，引导外出务工家长以各种方式关心留守儿童。

此外，国家层面推行了贫困儿童相关项目——贫困地区专项计划。2012 年 3 月，教育部、国家发展改革委、财政部、人力资源社会保障部、国务院扶贫办五部门联合发布了《关于实施面向贫困地区定向招生专项计划的通知》(教学〔2012〕2 号)，决定自 2012 年起每年在本科一批高校中专门安排适量招生计划，面向具有贫困地区户籍和当地高中三年学籍的生源，采取单列计划、单设批次、单填志愿、单独划线的办法，实行定向招生。该计划旨在增加贫困地区学生接受高等教育的机会，为贫困地区发展提供人才和智力支撑。

3. 社会救助

与儿童贫困密切相关的项目涉及城乡低保、医疗救助、教育救助、住房救助、特困人员供养等(见表 1－5)。

表 1－5　社会救助项目与儿童的需要

项　目	对　　象	内　　容	保障的需要
城乡低保	人均收入低于当地低保线的家庭	补齐差额，使其收入达到当地低保线	基本生存
医疗救助	低收入家庭	资助参加城乡居民医保 对家庭无力承担的自费医疗费用进行适当补助	基本医疗服务
教育救助	家庭经济困难学生	小学初中阶段：补助寄宿生活费 高中阶段：现金救助	教育
住房救助	城镇住房困难的低收入家庭	提供廉租房或租房补贴	住房
特困人员供养	孤儿	社会散居的孤儿 机构供养的孤儿	基本生存

这些救助措施基本保障了贫困家庭儿童的基本生活需要，为贫困儿童提供了必要的支持，让贫困家庭儿童在平时基本上无衣食之忧，患病时能获得基本医疗服务，保障了适龄儿童、少年不失学、不辍学，有学上、上得起学，为贫困儿童的能力发展提供了相对可靠的基础保障。

二、面临的问题与挑战

虽然取得了长足的进步，但我国在儿童反贫困方面仍面临着两大突出的挑战：一是儿童贫困性质的变化，能力贫困问题凸显；二是儿童贫困干预方面，专业服务能力薄弱。

（一）能力贫困问题凸显

我国过去几十年儿童反贫困能够取得如此巨大的成就，在很大程度上得益于国民经济长期的高速增长为广大新成长劳动力提供了充足的就业机会。在经济增速放缓的条件下，就业压力加大，对就业者能力的要求无疑会水涨船高，能力贫困问题会进一步凸显，具体表现为：

一是在农村人口加速向城市转移的情况下，儿童的能力发展呈现两极分化的趋势，加大了农村儿童能力剥夺的风险。一方面，在农村，大量青壮年劳动力逐步向城市转移，越来越多的父母选择将孩子送到县城或乡镇就学，导致“空心村”“空心房”问题更加突出。留在农村上学的儿童，大多是低收入家庭的儿童。这些儿童既面临着家庭对子女教育投资不足的问题，又面临着在学校缺少同学、在社区缺乏同伴的困境，因而很难从同辈群体中获得成长的资源，进而限制其能力尤其是社会技能的发展。另一方面，在农村儿童大量向城市转移的过程中，城市面向儿童的基本公共服务，尤其是基础教育的服务能力却未得到相应提升,导致城市的基础教育资源更加紧张,表现为大班额、超大班额现象普遍存在,加重了家长对子女教育的心理负担。在这种情况下,大量校外教育培训机构兴起,各种强化班、特长班应运而生,客观上使得在城市学习的儿童获得了更多的市场化教育资源。相比而言,留在农村学习的儿童,市场化的教育资源非常有限,学校和社区环境提供的学习机会也不足。这无疑会进一步拉大农村儿童相对于城市儿童的能力发展差距,使其陷入能力被相对剥夺的境地。

二是儿童的心理和行为问题日趋增多,限制了儿童的能力发展。一方面,在社会经济生活越来越复杂的情况下,儿童需要掌握足够的社会技能去面对全新的环境。然而,对低收入家庭的儿童来说,他们难以拥有普通家庭的孩子可能习以为常的服装、食品、娱乐设施和居住条件,他们的自尊心受到伤害的可能性更大,缺乏自信的可能性也更高。与普通家庭的孩子相比,贫困儿童在生活中充满了更多的不确定性和不安全感,他们更有可能陷入焦虑、无助、害怕甚至抑郁,或是愤懑、好斗。[①] 贫困尤其是长期贫困会给儿童的心灵带来难以承受的巨大压力,从而影响儿童的心理健康。另一方面,这些家庭的父母受限于其认知水平和干预能力,很可能难以给孩子提供足够的支持。研究表明,父母的情绪、夫妻关系、亲子互动等家庭过程,对儿童的心理健康有着重要影响。例如,如果孩子觉得母亲经常不在家或在家里时很少理会自己,会给孩子的心理健康带来不利的影响。[②] 然而,母亲的教

① DEARING E. "Psychological costs of growing up poor", *Annals of the New York Academy of Sciences*, 2008, Vol. 1136, No. 1, pp. 324 - 332.

② GOVENDER K, MOODLEY K. "Maternal support and adolescent self-esteem", *Journal of Children and Poverty*, 2004, Vol. 10, No. 1, pp. 37 - 52.

养方式未必符合孩子的预期或利于孩子的健康成长，一是母亲本人可能就存在人格缺陷①，二是母亲习得的教养方式可能未必符合孩子的需要。简言之，在社会快速变迁的环境中，儿童的心理和行为问题可能更加突出，而很多家庭却缺乏足够的应对能力。

因此，要发展儿童的能力，一方面有赖于教育、医疗卫生等社会服务的有效供给，确保这些社会服务对贫困儿童的可及性，让儿童有机会提升自己的受教育程度和健康水平（其在知识经济时代构成了人的可行能力的重要元素）等；另一方面，要发展自身的可行能力，也需要儿童及其家庭付出努力。当贫困家庭的父母缺乏这些能力时，如何以专业服务的方式为这些家庭的儿童提供所需的支持，直接关系到儿童的能力发展。面对儿童能力剥夺风险加大的现实，政策的重点应是防止贫困儿童的能力剥夺，并将贫困人群尤其是贫困儿童的能力发展作为整个发展政策的核心。② 理性的政策回应无疑是积极进行调整，以更有效的专业服务来促进儿童的能力发展。

（二）专业服务能力薄弱

预防和消除儿童的能力剥夺需要更多专业服务的投入，需要有专业能力的社会工作者。然而，在儿童发展领域，专业服务能力却显著不足。《2018 年民政事业发展统计公报》显示，截至 2018 年年底，我国持证社会工作者共计 43.9 万人，其中社会工作师 10.7 万人，助理社会工作师 33.2 万人。在机构层面，我国共有 65 万个居委会、村委会，81.7 万个社会组织中有

① MCLEOD J D, SHANAHAN M J. "Poverty, parenting, and children's mental health", *American Sociological Review*, 1993, Vol. 58, No. 3, pp. 351 - 366.
② SEN A. *Development as Freedom*. Oxford: Oxford University Press, 1999.

44.4 万个民办非企业单位。[①] 这意味着，即使将全国的持证社会工作者分配到上述任何一类机构，都无法平均分到 1 名社会工作者：平均每 3 个居委会或村委会才有 2 名社会工作者，每 2 个社会组织才有 1 名持证社会工作者。即使将持证社会工作者全部分配到专门提供社会服务的民办非企业单位，仍会有 5 000 个机构没有社会工作者。如果考虑到有不少持证但并不从事实际社会工作的人员，上述数据所反映的比例还会更低。

此外，在目前专业服务力量非常有限的情况下，专业人才也因种种原因在流失。由于专业社会工作者的待遇较低，大量社会工作专业的学生在就业时选择了其他行业，不少持证社会工作者也转向了其他行业。在不少社区，以及在社区层面承接政府购买服务的专业服务机构，即使从业人员中有社会工作者，也因种种原因实际承担着并非社会工作专业的工作，这进一步削弱了他们服务儿童的能力。这也就不难理解某些社区中存在的一些怪象了：有些社区有儿童之家，但无儿童方面的专业服务人员；有些社区有儿童心理咨询室，但无专业的咨询师，无法及时回应儿童的需要。

因此，要进一步壮大服务儿童的专业力量，一方面，要鼓励、支持与儿童相关的专业服务机构的发展，放宽准入门槛，争取吸引更多的大学生尤其是社会工作相关专业的毕业生进入儿童服务领域；另一方面，要提升从事社会服务的专业社会工作者的薪酬待遇，减少专业人才的流失，使机构能够留住人才。同时，在社区服务方面，需要改变过去重硬件轻软件的做法，需更加

---

① 民政部：《2018 年民政事业发展统计公报》，(2019－08－15)[2020－02－01]，http://www.mca.gov.cn/article/sj/tjgb/。

重视社区工作者的队伍建设。首先，在人员配备方面，有重点地强化儿童发展相关领域的人员配备，尤其是在儿童贫困问题突出的地区，可以设立儿童福利专干，专门负责儿童发展、儿童服务的相关事务。其次，在工作内容方面，尽力提高专门化程度，减少身兼多职、一人多任的情形，保证儿童服务相关人员专司其职，专心做好本职工作，确保儿童的需求能够得到及时的回应，同时也提高专业人员的工作满意度和职业认同感。在服务能力方面，鉴于短期内难以在大多数社区普及持证社会工作者的现实，可以采取短期培训的方式，大力提高专业服务能力薄弱的社区工作者的专业化水平，增强其服务儿童的能力。

要实现上述目标，就需要继续加大对儿童有关服务的投入，在社区建设中向专业工作队伍建设倾斜。特别是在与贫困儿童的需求直接相关的社会救助领域，需要改变过去单纯重物质帮扶、轻专业服务的倾向，增加对专业服务的支持力度，充实专业服务力量，确保贫困家庭的儿童能够获得及时有效的专业服务，突破贫困儿童能力发展的瓶颈，更好地促进其能力发展。而这都需要大力提升社会工作对儿童反贫困的参与程度。

第二章　儿童反贫困社会工作的理论框架

消除贫困是社会工作专业的核心使命，儿童反贫困社会工作的实践需要理论框架的支撑与引领。理论维度提供了获取或产生不同类型知识的不同途径。不同理论视角的产生再现了不同类型的知识，给予实践和应用以不同的指导。理论视角不是独立出现的，而是嵌入在特定的社会和知识背景之中的。每一种理论都以社会现实（本体论）的"基本形象"开始，并在此基础上建立一个理论上层建筑，包括已建立的知识收集方式（认识论）。与此同时，不同的视角在表达和利用特定的框架与概念工具时也是不同的。

具体而言，有许多理论视角有助于理解和阐明儿童与贫困之间的关系：社会发展视角、社会融入视角、生命历程理论与生态系统理论等。通过理论视角，政策决策者及社会工作者可以更好地理解贫困及它在人们一生中（特别是童年时期）对个人产生的影响。本章所讨论的所有理论都与贫困有关，并且各理论从不同的角度关注儿童贫困的不同维度。本章将主要介绍关于贫困儿童问题的理论观点，在实际研究与具体的儿童反贫困社会工作实践中，我们需要综合运用不同的观点来全面理解生活在贫困中的儿童。

第一节　社会发展视角下的儿童反贫困社会工作

社会发展视角重申社会工作介入的宏观导向，强调儿童贫困问题的"社会性"，为儿童反贫困社会工作的开展提供了一个更为广阔的视角。基于对早期传统主流反贫困实践的反思，社会发展视角被视作儿童反贫困社会工作介入的一种"发展转向"。

一、贫困救助社会工作与发展性社会工作

社会发展视角强调社会工作的发展功能，即社会工作须具有旨在促进人民福祉和更广泛社会状况改善的社会变革功能。[①] 尤其是在提升儿童福祉方面，社会工作发挥着至关重要的作用。在社会一体化进程中，儿童贫困问题的"社会性"考量日益得到重视，而社会工作实践在儿童反贫困领域通常与社会发展以及社会政策紧密相关。具体而言，儿童反贫困是一个发展性议题，它涉及儿童生命阶段的全面发展，涉及家庭与社区的网络资源联系，并强调综合性运用经济与社会政策来解决实际贫困问题。

就儿童反贫困而言，"主流"的贫困救助社会工作与发展性社会工作的

---

① MIDGLEY J. *The theory and practice of developmental social work*. Edited by MIDDLEY J and CONLEY A, Social work and social development: theories and skills for developmental social work. Oxford: Oxford University Press, 2010, pp. 3 - 28.

关键区别在于：前者主要针对贫困儿童开展救助式社会工作服务，个别化的个案工作色彩浓厚，如依托专门的实践机构提供医疗保健、儿童保育及心理健康等服务；后者则致力于“宏观实践”，超越传统的补救工作，旨在帮助贫困家庭脱贫或自立发展，更能体现开发式扶贫和精准扶贫的发展性特征。发展性社会工作致力于推动社会变革，主张在中宏观层面积极参与社会政策和福利项目的计划与实施。社会工作在第二次世界大战后的广泛兴起，恰恰印证了其应对日益严重的社会问题的有效性和专业性，如早期针对困境儿童、被忽视儿童、流浪儿童、孤儿等提供的个案工作和有效的社会援助服务。

作为社会工作重要的理论视角之一，社会发展理论成熟于 20 世纪 70 年代和 80 年代。美国中西部大学的社会工作教育者联合成立的国际社会发展联盟(International Consortium for Social Development，ICSD)促进了社会发展理论的发展，通过召开会议和出版《社会发展问题》期刊，致力于向美国社会工作者介绍社会发展的理论及方法。早期以霍利斯特(Hollister)等为代表的学者将社会发展实践定位于宏观社会工作实践，指出社会发展须结合社区组织、政策分析、规划、管理、项目和项目评估。后来以米奇利(Midgley)为代表的一派学者系统地阐述了社会发展视角，认为社会发展是一个整合了国家主义、社群主义和市场个人主义的综合模型。为应对社会一体化的发展趋势，贫困和不平等等社会问题需要被嵌入一体化的多元格局之中，故而国家、社区和市场的作用应当也是一体化的。对于聚焦儿童的反贫困社会工作，发展性视角强调有必要将儿童贫困纳入经济和社会政策中。

二、金融能力建设的儿童反贫困社会工作

20世纪末期以来，伴随国际援助兴起的社会发展视角对传统福利主义导向的社会政策与社会工作产生了很大的影响。在金融化的现代社会中，资产贫困是儿童及其家庭贫困的重要体现。经济弱势家庭更容易由于缺乏金融参与机会和知识技能而陷入发展困境，陷入贫困循环。在社会发展视角的影响下，西方社会政策与社会工作经历了一种范式的转型，社会工作者日益意识到需要积极地介入贫困与经济不平等问题，从而更有效地实现经济与社会正义。对儿童贫困而言，社会发展视角的社会工作实践是一个整体模型（a holistic model），强调国家、社区和市场的作用是一体化的，因此需将儿童的经济保障与教育、家庭和社区支持、未来就业等相结合。社会工作者除了倡导构建更具包容性和平等性的金融制度环境以外，还可以多层面地协助儿童及其困境家庭应对经济风险，提升金融能力与资产积累，最终脱贫自立，实现终身发展。

发展性社会工作方法的另一位代表人物——美国华盛顿大学的谢若登（Sherraden）将“贫困”的概念与“资产”的意义相结合，提出“资产建设”这一重要概念，主张补充发展以资产为基础的福利政策。① 该政策提供了一种新的反贫困框架，将重点放在穷人的资产建设上，有效利用税收制度，鼓励低收入家庭储蓄。这一理论视角认为，穷人的产生与延续实际上反映了资产传承和积累的不平等，而当前的扶贫救助多遵循传统的收入支持性福利政策，穷人被剥夺了资产积累的制度机会，他们摆脱贫困、实现长期发展的可

① SHERRADEN M. *Can the poor save? Saving and asset building in individual development accounts*. Abingdon: Routledge, 2017.

能性也受到限制。为此,谢若登引入资产视角,认为资产积累具有积极的福利效应,倡导发展以资产为基础的福利政策,通过“儿童发展账户”等政策工具协助儿童及其家庭实现资产建设,有助于促进儿童和家长针对未来发展进行社会投资,也有助于打破贫困的代际传递。基于此,有学者提出了一系列基于资产的社会政策建议,倡导从孩子出生起就设立单独的储蓄或投资账户,实现政府福利转移至(尤其是贫困人口的)个人储蓄账户的目标,具体做法包括:(1)提供普惠型的新生儿福利,设立儿童发展账户,政府将所有新生儿的福利津贴一次性转移到新生儿的儿童发展账户中①;(2)为被锚定的穷人建立额外的储蓄账户,由政府在一定比例和一定程度上投资协助建立个人储蓄。

儿童发展账户是针对儿童实现精准扶贫的一个新举措,储蓄可用于儿童期的教育补充,成年后可用于购买住房、支付教育费用等。儿童发展账户也允许父母和孩子共同参与积累储蓄,以使儿童在成年后更懂得如何有效理财,激励儿童对自己的未来做长期且有效的规划。资产建设视角认为,只要有适当的机会,每个家庭都可以储蓄,都可以建立个人发展账户、子女储蓄账户等。金融知识教育和资产建设服务是发展性社会工作协助贫困儿童及其家庭实现这一目标的重要实践。

三、实践框架

社会发展视角下的儿童反贫困社会工作分别有三个层次的实践框架:个人主义策略、社区重建策略和资产建设策略。

个人主义策略凸显了“能力”的概念。能力是指人们可以选择不同“功

---

① KELLY G, LISSAUER R. *Ownership for all*. London: IPPR, 2000.

能”的自由度，而这些功能则是人们看重的“存在和行为”的不同状态，即自我实现和成就的不同状态。为了最大限度地利用他们的选择来实现不同的功能，个体的能力需要得到加强。① 发展性社会工作者假定经济参与是赋予个体权力的一个主要来源，个人主义策略则聚焦于平衡个体层面的独立性与融入性。其中，独立性强调了个人能力的提升，而融入性则是通过促进就业和自营职业来提升个体享受社会福利的可能性。基于此，更广泛的教育、有效参与经济生产活动所需的知识和技能培训、提供给个体有关经济方面的资讯是这一策略的主要内容。

社区重建策略假定社区内有许多尚未被识别的资产，而社区社会工作者的任务就是识别和锚定贫困社区的潜在资产，引导当地人有效地使用它们。自 20 世纪 70 年代以来，伴随社会工作机构在发达国家或地区的新兴发展，以社区为基础的干预实践变得非常流行。发展性社会工作联合当地的非政府组织，共同寻求通过提升社区能力来建设当地的资产和资源的方法，以期改善儿童及其家庭的贫困现状。例如，在社区设立针对贫困儿童的学前教育中心，实现传统儿童福利服务的重新配置；鼓励发展微型企业，链接社区内外部资源等。这一系列举措旨在提升社区儿童的福祉。值得注意的是，发展性社会工作注重自决和参与的概念，强调在社区建设模式中，社会工作者与其他专业人员一起制订反贫困方案，被服务的对象不仅有权做出决定，而且有权从服务和支持中获益。

资产建设策略是基于政府层面的一个政策框架，基于金融能力建设的社会工作反贫困介入主要聚焦于两个方面：一方面，可以与金融扶贫措施有

① SEN A. *Development as freedom*. Oxford: Oxford University Press, 1999.

效结合，广泛链接和动员不同类型的金融机构主体，使其参与扶贫；另一方面，社会工作的金融能力建设也突破了传统的以市场和经济开发为主体逻辑的金融服务，在个体和家庭层面上更加广泛关注儿童的发展和需要，通过开展金融教育、鼓励储蓄以及为其匹配资金（借助国家或企业贷款），社会工作者可以协助贫困儿童所在的家庭将家庭的财务规划与儿童教育、医疗、购房、未来就业等的发展需要更好地结合起来。此外，通过设立长期渐进性累积的“儿童发展账户”，社会工作者可以协助困境儿童及其家庭正视经济风险，逐步提升资产积累，最终实现脱贫自立。

总体而言，社会发展视角下的资产建设与金融能力培育的相关实践体现了一种积极并更具生产性的儿童反贫困社会工作取向。在微观层面的社会工作实践中，它涉及个人的能力成长。同时，发展性社会工作也认识到个体能力建设与社区经济发展的密切关系，即在宏观社会工作实践中，通过对社区的整体改进，来回应贫困儿童及其家庭所面临的发展机会与能力限制的结构性挑战。其中，发展性视角利用社会投资的概念，充分强调经济发展的必要性，对推动我国社会工作参与儿童反贫困有积极的启示。

第二节　贫困脆弱性与社会融入视角下的儿童社会工作介入

社会发展视角的贫困分析侧重于关注特定福利背景下贫困人群的当下资产建设及未来长远发展，不太注重说明造成所观察到的贫穷水平的基本过程或贫穷持续存在的原因。而社会融入视角强调儿童群体的贫困带有其自身的社会"脆弱性"，尤其需要关注慢性儿童贫困问题。

一、儿童风险与脆弱性：一个分析框架

相比之下，社会融入视角揭示了贫困与脆弱性的动态关系，而风险(risk)[①]和脆弱性(precariousness，vulnerability)成了对长期贫困现象进行分析的重要补充。几乎在世界上的所有国家，无论贫穷或富有，儿童比成人更有可能生活在贫困中，因其所处生命周期阶段使他们更容易受到贫困的破坏性影响。这种复杂的破坏性影响显示了贫困的多维性，即贫困绝不只关乎收入。具体而言，儿童贫困不仅包括较低的家庭收入或资产，也包括来自公共设施和社会项目的不充分，如卫生保健或教育的缺乏。在欠发达地区，儿童暴露于贫困的风险与其所处政策环境的脆弱性息息相关。由于缺乏相应的公共服务和福利资源，为应对当下的危机和风险，家庭可能采取代价高昂的预防措施，如决定不投资高风险但高回报的活动——教育，这反过来又加剧了儿童的慢性贫困。例如，贫穷迫使父母让孩子辍学，这就剥夺了孩子接受教育的权利，放弃了未来的发展机会。社会融入视角的儿童社会工作介入旨在将弱势儿童的利益诉求纳入不断完善的福利制度框架中。

贫困是一个多维度的概念，在社会融入视角中，儿童贫困往往与个体脆弱性相关。基于风险和脆弱性的贫困分析框架一般涉及两个维度。

首先是对贫困儿童的风险和脆弱性分析侧重于风险在贫困动态中的作用及家庭用于处理各种风险来源的战略。就贫困与脆弱性的关系而言，二者是相互交织的。脆弱性是一种直观的情形呈现，指"软弱"或"无防御能

① 风险是根据对负面结果的易感性的统计概率来定义的。

力”，通常用于描述个体、家庭或社区容易遭受一种或多种潜在危害或困难的情况，强调其无法预测、无法承受和难以从不利冲击造成的损害中恢复过来的境遇。① 同时，脆弱性也是一个相对的概念，需要一个划定临界水平的定义。如学者维斯塔（Vasta）认为，当一个人、一个家庭或一个社区的福利水平有可能低于社会接受的阈值时，他们就会被认为是脆弱的②，这里的“社会接受的阈值”可视不同国家或地区的情况而有所不同，而贫困阈值（线、百分比等）往往成为可衡量和比较的主要显性标准之一。需要澄清的是，脆弱不等同于贫困，但慢性贫困与风险暴露之间的关系一定程度上界定了贫困儿童的脆弱性特征：使其暴露于未被充分保障的风险之下，导致其处于社会所无法接受的福利水平之中。这一维度重点分析风险暴露对儿童贫困的影响，但同时也考量了其家庭可获得的减少、减轻和应对风险的非正式与正式机制。

其次是对特定弱势儿童的贫困评估。对弱势群体的困境分析是贫困分析的一部分，然而，在许多情况下，并没有对脆弱群体展开全面的分析。脆弱性分析除了认为风险暴露是造成脆弱性的原因外，还非常关注弱势群体。对尚未陷入贫困的弱势儿童群体而言，其主要特点是避免或预防贫困的能力有限，摆脱长期贫困的机会较少。

基于此，社会融入视角下的儿童反贫困社会工作包括三个层面的介入目标：其一，实现对儿童贫困风险的初步分析，对其所处家庭的社会风险管

① MORRONE A, SCRIVENS K, SMITH C, et al.: “Measuring vulnerability and resilience in OECD countries”, (2011-12-02)[2020-08-18], http://www.iariw.org/papers/2011/MorronePaper.pdf.

② VASTA K S. “Risk, vulnerability, and asset-based approach to disaster risk management”, *International Journal of Sociology and Social Policy*, 2004, Vol. 24, No. 10/11, pp. 1-48.

理能力、思维方法和应对策略进行综合评估；其二，将脆弱性纳入贫困分析并提出可能的介入计划，联合其他专业人员提供相应指导，最终形成有效且可行的反贫困方案，如联合国儿童基金会发展出来的个体儿童脆弱性指标(child vulnerability indicators)；其三，在政策层面，社会工作在实践和研究中批判性地审查方案，使之与现有制度框架建立对话，为儿童反贫困政策的发展完善提供模板(见图 2-1)。

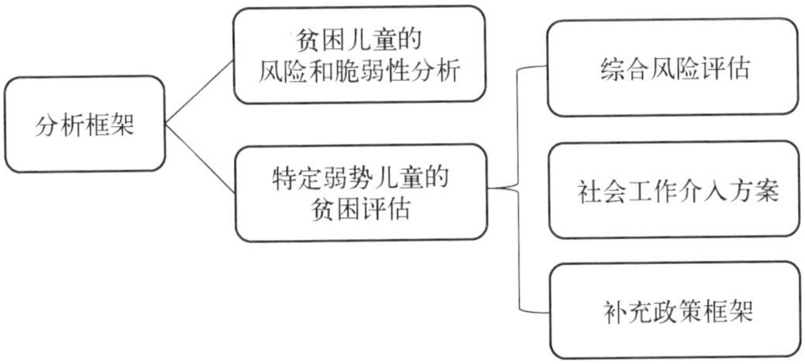

图 2-1 儿童风险与脆弱性：分析框架与介入目标

二、慢性儿童贫困

慢性儿童贫困(chronic childhood poverty)既是贫困高风险的一种状态描述，也是对返贫率居高不下的现状归纳。一般而言，贫困率反映的是某一时间点的贫困水平，而慢性贫困的显著特征是持续时间较长——处于贫困境遇超过 5 年——它反映了贫困的严重程度。[①] 慢性贫困研究中心(Chronic Poverty Research Center, CPRC)在《慢性贫困报告(2014—

① HULME D, MOORE K, SHEPHERD A. "Chronic poverty: meanings and analytical frameworks", *Social Science Electronic Publishing*, 2011, VoL. 106, No. D16, pp. 18015-18027.

2015)》中概述了慢性贫困的含义：持续数年乃至可能一生的极度贫困，并通常在代际传递。报告指出，尽管发展中国家的经济在不断增长，但最贫穷的人群仍可能被社会和经济进步甩在后面，并形成持久的地域性贫困文化。慢性贫困是一个多层面的复杂现象，发展中国家尤其需注意慢性贫困的滋生和返贫率的增长。在对长期贫困和贫困动态的十年研究中，CPRC 确定了解释和衡量慢性贫困的分析框架，并揭示了其产生的可能因素(见图 2-2)。这一理论分析框架主要分为两个层次。框架的左侧是慢性贫困的宏观社会背景，包括政治环境、经济状况和社会规范等。社会规范和价值观念也可被视为相关环境的一部分，因为它们影响着人们的行为。例如，它们影响家庭

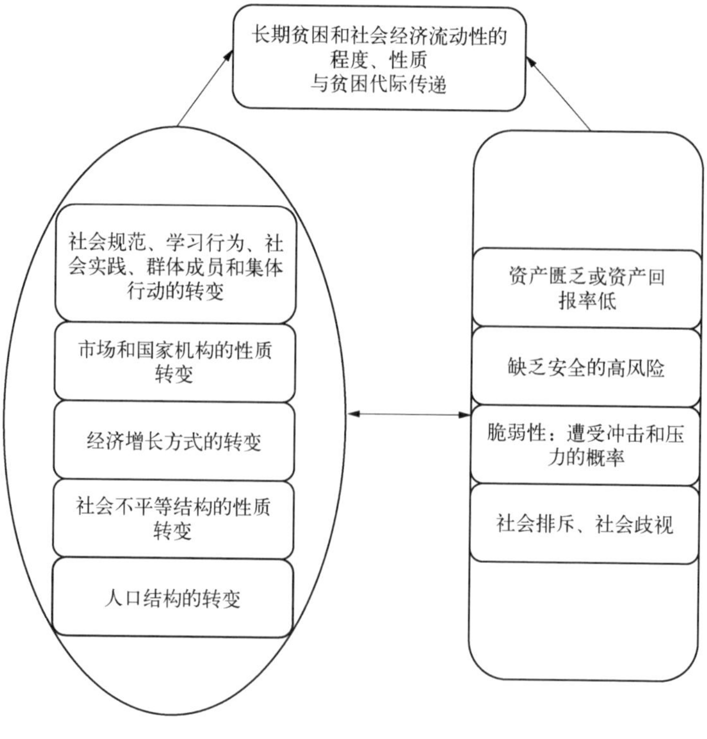

图 2-2　慢性贫困分析框架

决定要几个孩子，影响在资源有限的情况下是否会基于性别来进行有选择的儿童教育投资等。框架的右侧是导致慢性贫困的直接原因，如缺乏资产或较低的资产回报率、不利事件的冲击、社会排斥以及歧视等。

贫困对儿童的影响要比对成人更为深远，该分析框架使得我们对儿童贫困的理解扩展到更广泛和多维度的视角层面，涉及资产的绝对贫困、相对贫困、脆弱性、社会排斥等。儿童群体较易受到长期贫困的影响，由于个体特征的差异及其对家庭等环境的较高依赖性，他们很可能经历多重和重叠的脆弱性。进一步而言，造成慢性儿童贫困的因素不仅仅有经济困难，如家庭资产的缺乏等，更包括教育、健康和营养状况等其他方面被剥夺的并发状况。在这里，我们将形成慢性儿童贫困的原因粗略概括为以下四种：

第一，健康冲击（health shock）或健康危机是造成慢性儿童贫困的一个主要原因，包括导致儿童或其父母死亡的疾病或事故。一般而言，无论是在经济物质还是在生活照顾方面，巨大的健康风险都会导致儿童陷入贫困的较高风险之中。

第二，营养不良是另一个主要原因，贫困地区或贫困家庭的儿童因较频繁地暴露于资源短缺的环境之中而易出现慢性营养不良的问题；反过来，因营养不良导致的身体和智力发育迟缓一定程度上也影响与限制了当地儿童的未来发展。

第三，保健服务的短缺成为导致某些儿童群体陷入贫困高风险的一个诱因。例如，对于残疾儿童而言，医疗保险所能覆盖的费用额度有限，而日常照料费用、药物和辅助器材的高成本（如助听器、轮椅或假肢的修理和保养费用），以及特定疾病的长期治疗费用则不在医疗保险所能保障的范围内。换言之，由于收入有限，个体及家庭若无力支付必要的医疗保健费用，就会使得部分弱势儿童遭受突发贫困的风险增加。

第四，儿童的社会参与。儿童参与家庭决策的权利在一定程度上决定了其未来的发展，如上学的机会。受封建思想的影响，在部分重男轻女思想“死而不僵”的地区，仍然存在着儿童贫困的“性别漏洞”，即女童被排斥在决策领域之外，这使得原本生活在贫困家庭中的女童面临着教育、机会、资源分配等多层面的脆弱性。

需要指出的是，社会融入视角尤其注重儿童的发展权和社会参与权利，前三种原因是基于儿童的发展权所归纳的，第四种原因则更加强调儿童参与的权利。

三、实践框架

如前文所述，社会融入视角下的儿童反贫困社会工作介入将弱势儿童的利益诉求纳入不断完善的福利制度框架之中。社会风险管理框架旨在就与贫困有关的风险脆弱性方面实现这一“融入”。霍尔茨曼（Holzmann）和约根森（Jørgensen）使用术语“社会风险管理”（Social Risk Management，SRM）来描述风险的社会管理，即社会如何管理风险，而不是如何管理社会风险。其主要理念是，所有个人、家庭和社区都面临不同来源的多重风险。穷人更容易受到伤害，因为他们通常更容易受到风险的影响，而且能够让他们处理这些风险的相关管理工具也更少。[①] 因此，社会工作可以做的是提供相关（政策、服务、资源链接等）工具，使贫困儿童及其家庭都能尽量减少暴

① HOLZMANN R，JØRGENSEN J："Gestion du risque social：cadre théorique de la protection sociale"，（2000－02－01）[2019－10－30]，http：//documents.banquemondiale.org/curated/fr/160391468779951687/Gestion-du-risque-social-cadre-theorique-de-la-protection-sociale.

露于风险的影响，并改变他们的行为，以帮助他们摆脱贫困和降低脆弱性。

SRM 框架的一个关键贡献是强调部署事前战略的重要性，而不是提供所谓的“事后”福利补救。不同于社会发展视角下的“儿童发展账户”，社会风险管理并不分析如何优化资产建设，而是提供了可以不断更新的政策工具，并提供应对风险的一系列策略。一是预防策略，即社会工作对潜在的贫困儿童进行风险评估，并通过预防性干预措施降低其陷入不利风险的概率。例如，降低家庭成员在劳动力市场中面临风险的措施，卫生保健举措（接种疫苗、开展保健宣传活动）等。这些风险由个人或家庭应对可能代价高昂，在制度层面进行保障则较为有效率。二是缓解策略，其目的在于帮助个人降低风险事件带来的影响。例如，在社区层面建立正式和非正式的社会支持网络，实现资源链接与整合。三是公共策略，即政府可以为失业、工伤、残疾、丧亡或疾病等导致的贫困风险提供支持或授权相应的社会支持计划，采取一系列帮助家庭应对贫困冲击的措施，比如直接援助、免费医疗以及服务补贴等。社会工作通过提供相关资讯、链接政策资源，实现有效的儿童贫困风险管理。

（一）贫困高风险的追踪评估

基于社会风险管理框架的一个典型案例是联合国儿童基金会在亚洲和太平洋各国办事处制定的以儿童为中心的风险评估方法（child-centered risk assessment）。该项目采用定量和空间方法来评估由危险、脆弱性和暴露所组成的儿童风险，而贫困被视为脆弱性的一部分，与不受管制的土地滥用、低劣的建筑标准、移民、城市化等因素一起加剧了灾害风险。[①] 在该项风险

① UNICEF(United Nations Children's Fund). *Child-centered risk assessment: regional synthesis of UNICEF assessments in Asia*. New York: UNICEF, 2014.

评估中，儿童脆弱性分析(child vulnerability analysis)是其核心。在该情境下，脆弱性一词被定义为使社区、系统或资产容易受到灾害破坏性影响的特征与环境，其往往更能反映出因物质、社会、经济和环境等因素导致的贫困高风险状态，此时，贫困成了儿童脆弱性表现的一个重要表征。基于此，有关儿童个体脆弱性的评估与监测在南亚受调查国家中形成了具体的方法与相应的指标，具体分为 5 至 10 个指标，涵盖了营养、教育、保健、儿童保护等关键因素，而贫困发生率和资产财富指数成为各国的共同指标。在具体实践中，联合国儿童基金会将人道主义救济和发展工作结合起来，与各国政府和非政府组织合作，促进以儿童为中心的风险评估，以加强儿童、家庭和社区应对自然灾害、气候变化、暴力冲突及贫困的恢复能力(复原力)。其中，每个儿童及其家庭都有"风险知情权"，而这也是儿童贫困干预的一个关键切入点。

(二) 慢性儿童贫困的反贫困举措

如上所述，以儿童为中心的风险评估方法是一种社会风险管理，着重于对儿童贫困水平的类似"诊断"以及贫困风险的追踪评估。此外，针对长期儿童贫困的问题，增加教育投资和有效的社会救助成了比较普遍的反贫困举措。接受教育是解决长期儿童贫困的有效途径之一，但仅有小学教育通常是远远不够的，如果希望儿童有足够的机会使他们的家庭摆脱长期贫困状态，初高中教育或有关的职业技能培训是必不可少的。在社会救助方面，需要在未来几年加大公共资源的投入和相关政策的支持倾斜，包括主要向贫困儿童提供奖学金在内的教育资助，提倡将学校与就业联系起来的现代化学徒计划等，以确保最贫困的儿童也能接受高质量的基础教育。同时，培育教育型社会组织，通过项目试点、资金筹措和资源协调的方式，为最贫困的儿童提供足够的教育机会，才能使他们的家庭提高摆脱长期贫困的可能性。

第三节 生命历程理论视角下的儿童反贫困社会工作

生命历程理论关注个体生命历程中不同节点的人际关系、生活事件的顺序以及社会等因素，有助于说明贫困是如何在童年、青春期和成年的不同阶段形成与发展的。

一、生命历程理论视角下的儿童贫困

自20世纪90年代初起，贫困分析便从生命历程范式中汲取灵感，以探析贫困人群的生命发展轨迹。贫困研究的先驱朗特里(Rowntree)曾提出著名的“贫困生命周期理论”，认为个体在生命周期内的贫困风险呈W型曲线变动，其中，儿童期、初为父母期以及老年期是生命周期中贫困风险最高的三个生命阶段，而这与个体所处的各种社会环境(如家庭、社区等)密切相关。20世纪60年代和70年代，生命历程理论(life course theory)由美国学者埃尔德(Elder)提出，并逐渐为学术界所推崇，成为主流研究范式之一。生命历程理论使得贫困跨领域研究成为可能，其融合了社会学、心理学和历史学等学科，兼顾了儿童、老龄化、人类发展、家庭人口学等多个主题。

生命历程研究是一种理论取向，是关于研究对象的“传记、历史和他们的问题的研究”[①]，这为儿童反贫困研究提供了一个纵贯性的动态分析框

① MILLS C W. *The sociological imagination*. Oxford: Oxford University Press, 2000.

架，即将儿童贫困置于儿童生命历程的整体脉络中加以理解。概括而言，该框架包括以下几个方面。

（1）有关贫困研究的问题重塑，侧重于尝试解答以下主要问题：这些贫困儿童及其家庭之前经历了什么样的轨迹而发展到当下的贫困状态？轨迹中致贫的主要原因是什么？在整体生命历程中，个体能动性与社会历史变迁在时间的长河中是如何相互交汇，并塑造了贫困儿童的人生轨迹的？

（2）生命历程模型的建立。通过分析生命周期的角色序列，包括家庭生活中的角色、职场中的角色演变以及社会路径（个体和群体在社会中所遵循的轨迹）等，提供一种思考贫困如何被社会组织的方式。①② 该模型强调了贫困的历程，如儿童贫困既受其所处的更广泛环境的影响，也受特定生命路径的影响。个体选择遵循一定的社会路径，但同时这种选择也会受到社会制度和文化所构建的机会的限制。故而，就反贫困实践而言，大规模的社会力量可以通过有计划的干预，如通过教育资助来改变儿童的贫困现状。

（3）对轨迹（trajectories）、过渡（transitions）和转折点（turning points）的标记。轨迹是个体生活方向的痕迹延续，涉及生活中稳定而长远的变化趋势，可被视为个体角色与经历的序列，而过渡则是指个体角色及经历的转变。③ 个体的生活轨迹中充满各种过渡，这亦使得个体的生命历程具有连续

---

① ELDER G H. "Family history and the life course", *Journal of Family History*, 1977, Vol. 2, No. 4, pp. 279 - 304.

② HAREVEN T, BARKER-BENFIELD G. *Transitions: the family and the life course in historical perspective*. Amsterdam: Elsevier, 2013.

③ ELDER G H, JOHNSON M K, CROSNOE R. "The emergence and development of life course theory", *Handbook of the life course*, Boston: Springer, 2003, pp. 3 - 19.

性与阶段性。转折点包括个体生活方向的重大变化,儿童早期的贫困经历(或关键事件)很大程度上会对其未来一生产生持续性的影响,故而年龄及其与时间的不同联系成了理解生活环境变化的主要线索。

(4) 历史定位。社会变化对连续出生的群体往往产生相对一致的影响,形成时期效应和群体效应。按出生年份将儿童分组,可以提供更精确的"历史定位",将时代和历史时间联系起来。个人的生命历程是由他们一生经历的历史时间和地点所嵌入和塑造的,不同时期的个体及其家庭具有不同的生命经历和资源可及状况。故而,历史的变化往往对不同年龄的个体有不同的含义,即对生活阶段不同的群体有不同的含义。例如,我国20世纪90年代的国企改革和下岗潮从1992年延续到2001年,这场社会改革极大地改变了一些家庭的生活轨迹,而某些下岗家庭中的儿童也因为当时的经历而面临不同程度的贫困风险。这使他们的贫困经历与没有下岗的其他家庭中的儿童或是下岗潮后才出生的儿童区别开来。

(5) 生命历程的解释。德国学者莱塞林(Leisering)与莱布福瑞德(Leibfried)提出了生命历程视角下的贫困分析四项原则——时间化、民主化、行动者和传记化[①],为我们分析儿童贫困提供了较好的解释蓝本。"时间化"强调个体在生命历程中的贫困经历具有多种不同的时间性形态(单次或反复经历短期、中期或长期贫困)。"民主化"和"行动者"则指个体作为积极的能动主体可以采取主动的应对策略来改变自身的生存处境,创造性地调整自己的生命轨迹。儿童、青少年和成人不总是被动地受到社会影响和结

① LEISERING L, LEIBFRIED S. *Time and poverty in Western welfare states: United Germany in perspective*. Cambridge: Cambridge University Press, 2001.

构文化的制约。面对困难，他们往往通过选择其他替代方案进行积极应对。例如，在一些生活困难的家庭里，许多父母仍然努力创造有利于孩子成长的环境，如加大对孩子的教育投资等，使其遭受慢性贫困的风险降到最低。由此，贫困可被视为具有鲜明个体特点的“传记化”生活体验。“传记化”是指个体基于自身生命历程对贫困的主观意义建构。每一个做出改变的个体及家庭都有其处于特定社会背景下的独特反贫困策略，这就需要研究者从个体层面进行质性、微观的分析。

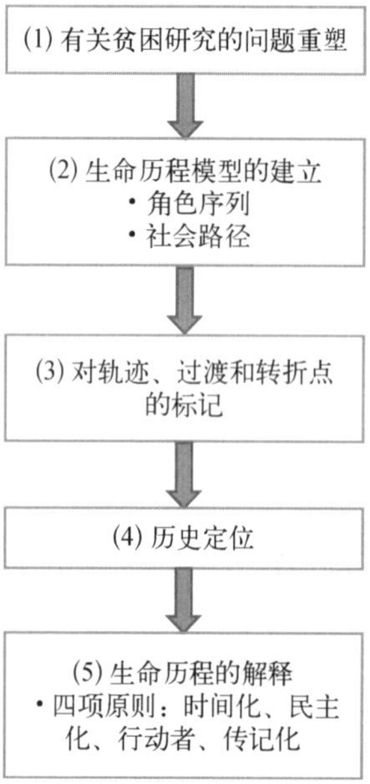

图 2－3　儿童贫困的生命历程分析框架

上述 5 点有助于解释不同时期儿童贫困背后的具体社会和历史含义，即将个体贫困现象既置于更深远的时空之中，促进对更广泛的社会背景和历史的认识，又同时着眼于个体的微观选择和应对决策（见图 2－3）。

二、实践框架

经过不断的发展与演变，生命历程理论已成为当前贫困议题研究的普遍分析框架之一。许多学术研究机构和国际组织也将生命历程理论作为解释、分析和反思贫困现状的重要实践取向。

斯坦福大学贫困与不平等研究中心（Stanford Center on Poverty and Inequality，CPI）成立了生命历程研究小组，致力于推进生命历程理论的研究，评估生命历程理论如何有助于减少贫困。该小组的研究关注儿童早期生命历程对未来贫困风险的影响，其中主要包括：（1）评估贫困干预的最佳时机，即儿童早期干预的长期回报是否大于儿童后期干预的长期回报；（2）评估婴儿健康和贫困的关系，即婴儿阶段的早期不利条件是否会导致后来的不利条件和贫困风险的增加，以及这些在起步阶段造成的差距是否在扩大。[①] 此外，世界卫生组织一直对生命历程理论很感兴趣，认为非传染性疾病是由早年经历的各种因素的累积影响造成的。故而，降低健康不良的高风险系数需要处理早期的危险因素。

生命历程理论为减少儿童贫困提供了三个主要的实践路径。第一，生命历程理论提供了一个分析工具，以考量童年时期的环境对成年贫困处境的可能影响。该理论认为，儿童期是人类发展相对敏感且脆弱的一个人生阶段，儿童陷入贫困的风险也相对较高，并且童年贫困可能对之后的不同人生阶段造成长期影响，故而应当加强对儿童贫困发生率的关注以及早期的反贫困干预。第二，该理论充分认识到，解决儿童贫困问题的办法之一在于确保实施更广泛的发展与包容性的经济和社会政策。儿童的生命历程是多维度的，有多种原因可能导致不同儿童遭遇潜在的贫困风险，如发育不良或不健康的孩子可能无法定期上学，曾遭遇或正经历校园欺凌的儿童可能出现畏缩和厌学情形，这些因素都会使儿童在受教育方面处于不利情形。持久的高质量教育与安全的环境，意味着健康、能力和机会，构成了提升儿童抵御未来贫困高风险能力的关键因素。为此，政策决策者应当正确地采取全面且有针对性的政策（兼顾预防与干预），以确保儿童在人生的早期阶段

① 斯坦福大学贫困与不平等研究中心：《生命历程》，(2018－04－17)[2019－10－30]，https://inequality.stanford.edu/cpi-research/area/life-course.

有一个良好的基础。第三，识别儿童生命历程中的"转折点"或关键事件是儿童贫困干预中缩小风险差距的一个重要方法。发育迟缓、营养不良或考试成绩不佳都有可能成为其生命历程中的重要转折点，生命历程视角有助于厘清个体所经历贫困的个体化原因和变化，它提供了一种具体的分析视角，使得社会保障制度可以更有针对性及更有效地制定政策目标。

第四节 生态系统理论视角下的儿童反贫困社会工作

生态系统理论将贫困问题嵌入不同层面的生态与社会文化环境中，强调个体层面与社会背景之间的相互作用。

一、生态系统理论与"人在情境中"

生态系统理论(ecological systems theory)又称背景发展理论或人际生态理论。其实践模式在社会工作中有着较为悠久的历史，成为跨领域研究的典范。其理论本身可以追溯到不同的知识来源，包括有机生物学、社会工作中的社会调查活动、社会学中的人类生态学、信息论和控制论等。

社会工作注重"人在情境中"，故人与环境之间的相互关系也备受关注。这种"情境理论"的研究取向早在19世纪90年代初对城市贫困人口的需求调查中便得以呈现[①]，并促进了当时社区研究中"生态方法"的发展。此外，

① BURGESS E W. "The social survey a field for constructive service by departments of sociology", *American Journal of Sociology*, 1916, Vol. 21, No. 4, pp. 492 - 500.

此研究倾向在里士满（Richmond）提出的“慈善合作”（charitable cooperation）概念中得以进一步呈现，“慈善合作”强调整合和运用贫困家庭的内部与外部的“力量”和“资源”—— 亲属和朋友、社区、私人和公共慈善机构等。[①] 此后，谢菲尔德（Sheffield）提出了“整体情境”（total situation）的概念，将人与所处物理社会环境的互动作为一种“子情境”涵盖其中。[②] “整体情境”在当时的社会科学领域中非常流行，曾被美国社会学家、符号互动论学者托马斯（Thomas）以及社会心理学家勒温（Lewin）所采纳运用。1937 年美国哥伦比亚大学的汉密尔顿（Hamilton）及 1964 年的霍利斯（Hollis）在个案工作中形成了心理社会治疗模式，系统理论在其中占据了核心地位。20 世纪 50 年代，社会系统理论和帕森斯的结构功能主义模型得到广泛运用，20 世纪 60 年代的通用系统理论也在社会工作和精神病学领域风靡一时。在此基础上，生态系统理论得到进一步发展，被广泛运用于实践过程中，使得社会工作比其他助人职业更受欢迎。

近年来，生态系统理论已成为社会工作众多系统模型中的一种。生态系统模型是关于人与社会的生态模型，强调同时在当前的行为与生态科学以及社会工作中去助人，其属于交互关系中精神—身体—环境的概念系统。不同于之前的相关理论，生态系统理论在通用和社会系统理论中增加了人文维度，它涉及人们在现实生活中、在时间和空间中、在领土范围内的相互作用，使得社会工作重新强调了资源交换、相互补充以及人与情境的子系统之间的相互适应等问题。基于此，生态系统理论关注以下几个层面的问题：

---

① RICHMOND M E. *The Long View*. New York: Russell Sage Foundation, 1930.
② SHEFFIELD A E. “The ‘situation’ as the unit of family case study”, *Social Forces*, 1931, Vol. 9, No. 4, pp. 465 - 474.

人口的流动和分布；土地、技术、能源、社会组织和其他资源在自然投入产出流动中的使用情况；进化、适应、异常、冲突、反馈、自我调节和变化中的生命周期与发展型目标。据此，生态系统理论搭建了一个生命网络模型，其中子系统间相互作用和相互依赖，互为调节和适应，从而使得社会工作有助于提高人与环境之间的互动质量。20 世纪 80 年代，纽约州立大学的教授西波林(Siporin)对生态系统理论做了进一步的阐述与模型构建，认为生态系统主要由人、所处的生活环境以及人与环境交互所产生的行为模式组成。系统的良好运转是子系统间、生态系统及其环境间相互需求满足关系的交互平衡或互惠互助的结果(见图 2－4)。①

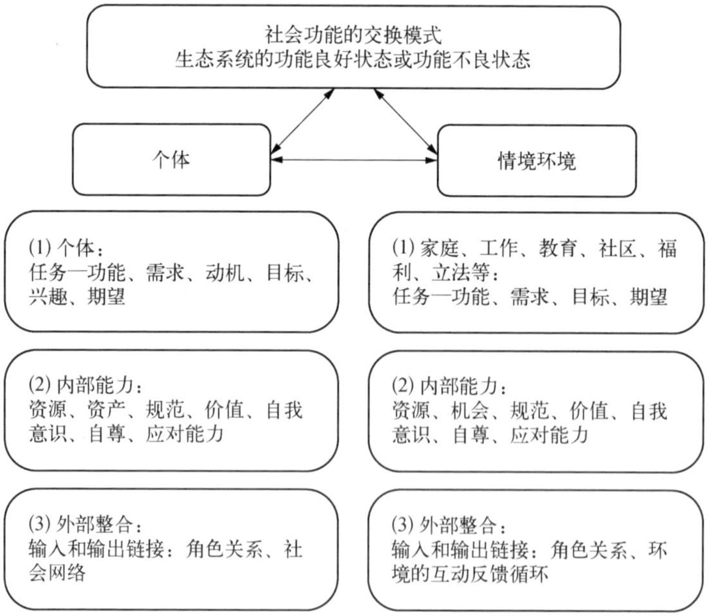

图 2－4　生态系统理论模型

① SIPORIN M, "Ecological systems theory in social work", *Journal of Sociology & Social Welfare*, 1980, No. 7, p. 507.

如图 2 - 4 所示，该模型呈现了生态系统理论的三个行为准则：交换平衡、内在一致、辩证变化。它有助于人们理解人与所处情境是怎样在资源的互惠、互补交换过程中相互作用的，这一过程满足了系统的功能需求，达到了动态平衡和交换平衡，从而发生了辩证变化。首先，生态系统理论模型适用于各种对象层面，社会工作的介入点可以是个人、家庭、社区，也可以是福利服务系统。根据干预的不同层面，情境环境具有不同的特征。就贫困而言，如果落脚点为儿童贫困，那么社会工作关注的问题可能聚焦于家庭、学校、社区及儿童福利服务层面。其次，生态系统理论模型强调人与环境的需要存在内在一致性、连贯性和积极互补性。每个子系统（个人、家庭、组织或社区）都需要能够链接到并运用其内部和外部的“能量”，以达到增长和自我实现的目的。因此，每一个子系统都需要与其他子系统和更大的环境建立充分且良好的投入产出关系，以便进行充分和公平的资源交换。具体而言，在生态系统中，个体具备成熟的内在能力和外部能力，能够以积极的方式获得所需的社会资源。此外，运作良好的家庭需要其成员之间协调互助，以及来自亲属与更广泛的社会结构和机构、社区团体的资源和支持的投入。在社区层面，功能健全的社区需要个人、家庭、团体和组织有能力扮演好公民和邻居等角色，同时拥有充分的文化、制度结构和社会保障。相反，个体脆弱的高风险（作为系统功能不良的一种表现形式）与贫困的处境则被理解为个体缺乏这种内外部交互的能力，以及各系统之间缺乏充分、公平的资源交换。因此，儿童反贫困社会工作介入需考量儿童及其所处环境的内外部能力和资源，致力于贫困儿童的体能、学习能力、教育发展，积极重构其社会关系网络。最后，生态系统理论模型的第三条原则可被概括为变化的辩证原则。一个系统的结构、要素和过程的系统性变化与转变，是由我们之前提到的矛盾、差异和冲突所表现出来的内在辩证力量所引起的，其特别强调了社会机构和相关制度结构负有实现系统间交互平衡的责任。

就反贫困社会工作而言，生态系统理论视角使我们能够更全面和动态地了解贫困群体所处的社会—文化—物质环境，有助于我们理解子系统的共同属性和共同的行为原则。对贫困儿童的社会工作干预，需要从“系统的角度”进行，注重对社会结构、社会阶层、民族、性别、经济因素以及对社会机构组织的全面关注，因为这些组织在儿童的生活中发挥着联动作用，一并有力地影响着他们的生活。

总体而言，生态系统理论视角将个体置于一个动态的多系统情境环境中，这种观点避免了将贫困的责任归咎于个体或其家庭，而是归咎于系统性的关系之中。生态系统理论视角鼓励社会工作者遵循一个新的实践原则，即尊重生态的价值与完整性，尊重人与环境适应彼此需求的平衡和过程。该视角下的反贫困社会工作侧重于将社会文化制度的宏观结构转变为能够影响和干预贫困群体社会状况的一种直接的、可认知的形式，如出台或改善某一项(或某几项)具体的制度政策、福利项目，以及构建和完善某一组织或家庭团体的互动模式等。

二、生态系统理论与儿童贫困

社会工作者有责任去帮助贫困儿童及其家庭，为其提供专业服务。然而，在专业实践中，社会工作对贫困特征的评估与分析相对较少，其中一个主要的原因是没有契合的模型或具体的工具去评估“困难儿童”及其家庭。

生态系统理论提供了一个很好的研究视角，聚焦于环境因素对儿童生活的影响。该理论认为，儿童贫困是特定的社会与经济环境所导致的结果，而这些社会和经济环境往往复杂地交织在一起，所以我们对儿童贫困的关注只有在一系列相互作用的社会系统或环境“层”的背景下才能完全理解。

生态系统理论视角下的儿童反贫困社会工作介入着眼于儿童在形成其所处困境的环境系统背景下的发展。布朗芬布伦纳(Bronfenbrenner)的生态系统理论突出了环境的重要性，关注儿童所处环境中的一切如何影响其成长与发展。他将影响儿童发展的环境分为五个嵌套的、相互关联的环境“层”——微系统、中系统、外系统、宏系统、时间系统①，这五个系统构成了布朗芬布伦纳后来的“过程—人—情境—时间”模型(生物生态模型)中的情境因素。关于儿童贫困，该模型能够帮助社会工作者理解在儿童生活的不同领域中资源的匮乏将如何影响他们的福祉，从而识别一个环境“层”的缺陷与另一个环境“层”缺陷的交互方式是如何加剧单个儿童的贫困的。

微系统是儿童生活的直接环境，包括与之互动的所有直接关系或组织，如直系亲属或看护人，以及学校或托儿环境。这些组织或团体如何与儿童互动将对儿童的成长产生很大影响，如一个孩子的父母可能会影响他的信仰和行为，而家庭的贫困文化则可能“遗传”至孩子的未来生活方式和行为思维中。中系统由直接环境之间的联系所构成，为儿童微系统结构提供了连接，并描述了儿童微系统的不同部分如何为了儿童而协同工作。例如，如果儿童的看护者在儿童的教育上发挥积极的作用，比如家庭陪伴和积极的

① BRONFENBRENNER U. *Discovering what families do*. Edited by BLANKENHORN D, BAYME S, ELSHTAIN J B. Rebuilding the nest：a new commitment to the American family. Milwaukee：Family Service Publication, 1990.

教育投资，这将有助于儿童安全感的建立以及未来的全面成长。相反，如果父母之间出现冲突，在抚养孩子方面矛盾重重，这将阻碍孩子的成长。外系统是指间接发生影响的外部环境条件，包括孩子自己可能不经常与之互动但仍然对他有很大影响的其他人和地方，如父母的工作场所、其他家庭成员、社区等。外系统通过与微系统中的一些结构进行相互作用来影响孩子的发展：如果一个孩子的父母失业，或无经济能力偿还房租、支付日常物资，这可能会对孩子产生负面影响，导致其陷入贫困；相反，如果父母在工作中晋升加薪，这可能会大大降低孩子的贫困风险。宏系统对儿童而言是最大、最遥远的人和事的集合，由国家经济、政治文化、次文化等组成。宏系统仍对儿童产生较大的影响，体现为在与所有其他环境“层”交互中的级联影响。例如，西欧社会中“婚姻”形式的多元化与传统家庭结构的解体，导致越来越多的单亲妈妈独自抚养孩子，从而成为在职贫困群体的主要人群，而这种单亲家庭中的儿童较其他儿童而言有较高的贫困风险。反过来，在孩子的微系统中，父母是否有能力履行对孩子的责任也会受到影响。最后一个环境“层”——时间系统——包含年龄、持续时间和周期性等方面。这个系统中的元素可以是外部的，比如父母死亡的时间，也可以是内部的，比如随着孩子年龄的增长而发生的生理变化。时间系统强调一个事件对儿童有不同程度的影响，并且这种影响随着时间的推移而减小。

生态系统理论的复杂性在于每一个层次都是动态且不断变化的，因而其也成为一个很难被研究证实的理论。尽管如此，贫困的多维性也决定了其不能由任何一个单一的影响因素来主导探索或解释。正像生物学一样，贫困的缘由与“发展历程”应当由一个更多维、更复杂的系统来解释，这构成了生态系统理论的基础。生态系统理论试图考量人类生活的各个方面以及影响儿童发展的复杂互动，而生态（环境）系统类似“一套嵌套的结构，每一个嵌套在另一个里面，就像一套俄罗斯娃娃”[①]。这一视角成了在我国多元文化与多民族社会复杂结构的情况下进行贫困研究的一个突破口，鼓励社会工作从不同系统层面来“拆分”困境儿童所处的情境环境，从而能够具体地提出有效且针对性强的干预建议，从环境层面来改善或降低儿童的贫困风险。贫困儿童的直系家庭、社区环境以及社会环境之间的相互作用，都会直接或间接地影响其抵御现有及未来风险的能力。同时，任何一层中的变化或冲突都会波及其他层。其中，布朗芬布伦纳认为，家庭生活的不稳定性和不可预测性是对孩子发展最具破坏性的力量。如果直接的微系统中的关系破裂，孩子将没有其他途径去探索环境的其他部分，这些缺陷都可能演变为不利于儿童未来发展的风险因素。因此，针对儿童的贫困处境进行干预，社会工作要聚焦儿童及其所处的直接环境，注重开展家庭社会工作，同时还要重视大环境的相互作用。

三、实践框架

生态系统理论视角下的儿童反贫困社会工作实践注重系统属性、系统间关系等因素，引导社会工作者发掘并运用各种强有力的评估工具和有效的干预方式进行介入。

---

① BRONFENBRENNER U, MORRIS P A. *The ecology of developmental processes*. Edited by DAMON W, EISENBERG N. Handbook of Child Psychology. New York: John Wiley & Sons Inc, 1997.

(一)评估工具:儿童贫困的各个环境"层"

生态系统理论模型常被用作一种有效的评估工具。它能够在特定的系统属性及其关系方面识别一致性、优势和互补性,以及个体在情境中的不一致性、差异和冲突。在反贫困社会工作中,生态系统理论模型的运用有助于连接儿童的各个环境"层",能够做出贫困对个体儿童影响的更全面的描述。该模型的评估目的是,辨别具有什么特征的儿童及其家庭,或是其所在的学校或社区具有怎样的特征,会使得其贫困风险较其他儿童偏高。在评估中,社会工作者需要同时考量家庭、邻里社区、组织机构以及更广泛的社会层面的因素。

1. 家庭

评估儿童所在家庭的经济状况,首先要了解家庭的收入和债务情况,以及是否完全有权享受相应税收抵扣和福利减免。其次,家庭层面的评估还应当关注财富如何分配,尤其需要关注在性别差异上的分配与投资。例如,在多子女的贫困家庭中,对男童与女童教育投资的差异可能会对儿童的贫困风险及未来发展产生重大影响。此外,有关儿童福利研究强调的社会支持网络对儿童生活的影响,在贫困问题中显得尤为重要。所以,在评估时应注意,即使是单亲家庭中的儿童,祖父母也可能积极地支持他们,为其提供生活费用和相应物资支持,而这会使他们的生活发生积极变化。相反,在整体收入匮乏的双亲家庭中,孩子也可能面临贫困高风险。

2. 邻里社区

在儿童贫困的评估中,地理位置对儿童贫困经历也会产生一定影响。一方面,虽然身处贫困地区、资源匮乏通常会给儿童的健康带来额外的风险，但一些额外的社区资源可以部分地减轻这些风险，如互助合作社、物与物的交换等都可能对孩子的贫困经历产生积极的影响；另一方面，即便在较富裕的地区，贫困也可能意味着某些家庭无法获得这种社区资源。因此，贫困评估需要了解当地环境对特定儿童及其家庭的影响。

3. 组织机构

在各种组织机构中，学校可能会对儿童的贫困经历产生很大影响。例如，一些学校可能希望家长支付某些额外教育辅导费用或郊游活动的费用，而这对低收入家庭造成的压力尤其大。反过来，学校也可以通过提供免费早餐、组织作业辅导互助组等活动，对孩子的个人成长产生积极的影响。

4. 社会层面

评估应考虑到社会对儿童及其家庭的期望。例如，在一个班级的环境中，孩子们可能会被邀请到别人家中聚会（生日聚会、家庭联谊等）。在收入水平较低的家庭里，孩子很可能会觉得自己在这样的地方文化中被孤立。从更为广泛的同辈群体和社区等层面来看，孩子可能期望拥有较昂贵的品牌商品与最新的手机等，这都提醒我们，在做相应评估时需要注意贫困儿童在生活中经历的这些压力。

在有关儿童贫困的评估中，上述各个层面都需要被充分纳入社会工作对儿童世界的具体理解之中，并展开关于儿童贫困对个别儿童影响的全面叙述。例如，某些评估往往侧重于对儿童贫困的单个方面泛泛而谈，如收入不足、住房条件差或社区资源不足等，而没有强调这些不同方面的影响在儿童的具体实际生活中的联系和相互作用。

（二）干预介入工具

生态系统理论模型提供了一种全面的方法，以分析儿童发展的多层次与互动影响，包含了各个环境“层”的因素，以及它们相互作用的多种途径。鉴于贫困可以通过多种维度（途径）影响儿童发展，生态系统理论模型可以为经历贫困的家庭和儿童提供适当的干预。作为直接的干预介入工具，生态系统理论模型聚焦于改变系统属性和系统间的关系，以建立人与环境之间或子系统与环境之间的最佳“拟合”优度。生态系统理论借鉴了成熟的心理社会治疗模式，体现在儿童反贫困社会工作具体实践中，社会工作者可使用直接的干预技巧，如支持、直接影响，以及链接外部资源、搭建社会支持网络。此外，生态系统理论采用了一种所谓的通用“超级结构”（super-structure）模型，许多不同类型的理论，如结构功能主义、冲突理论等能够与之结合并被综合地应用于不同类型的系统之中，从而使得跨领域研究和实践成为可能。因此，从系统的角度而言，社会工作可以和具有多种不同知识和技能的跨学科团队进行合作，这一趋势促使社会工作能够在儿童反贫困工作中较好地扮演资源筹措者和协调者的角色，以联合技术人员、辅助专业人员等展开扶贫工作。

生态系统理论模型在解决社会经济不平等问题上具有理论优势，能够在提出针对儿童的发展项目与政策方面起到积极作用。与之相匹配的是，作为社会稳定与社会变革的制度工具，社会工作也被赋予了一种至关重要的社会功能，即“在我们人类生态的辩证过程中，在对立的力量之间建立联系，从而促进社会进化、培育社区和个人发展的进步力量”①。在反贫困社会

① SIPORIN M. “Ecological systems theory in social work”, *Journal of Sociology & Social Welfare*, 1980, No. 7, pp. 507－532.

工作中，社会工作者旨在促进社会对穷人等弱势群体的态度与做法的积极改善，增进个人对所处环境的资源可及性，改善各环境层之间的相互关系，以达到最佳和公平的交换平衡。因此，社会工作者既需要了解和利用现有的相关政策法规、福利项目和处遇原则，同时也需要使用生态系统理论来理解和改变现有的社会制度，缩小贫困差距，减少不平等现象，如在公共福利、工业、卫生和其他机构组织与环境中开展一些基于系统的有效扶贫项目。

第五节　聚焦抗逆力的儿童反贫困社会工作

抗逆力理论有助于我们确定减轻贫困风险的保护性因素，并有助于提高儿童及其家庭预防贫困的重要技能。抗逆力导向的儿童反贫困社会工作可培养身处贫困的儿童应对这类逆境的行动力和适应力。

一、抗逆力：应对逆境的韧性

贫困往往可以被描述为个体所需资源的匮乏程度。[①] 以充足的财政资源和收入为基础，当家庭和他们的孩子无法达到使他们充分参与主流社会最低的、体面的生活水平时，他们就会经历贫困。[②] 反过来，贫困又是阻碍儿童健康发展的危险因素。越来越多的证据表明，早年的贫困经历限制了儿

① PAYNE R K. *A framework for understanding poverty* (*4th ed*). Aha Process, 2005.

② CAUTHEN N, FASS S. *Measuring income and poverty in the United States*. New York: Columbia University, 2008.

童的受教育机会和就业机会,使其在未来社会、情感、行为和受教育等方面面临的风险不断增加。此外,贫困也会对儿童的大脑发育产生负面影响。① 与正常发育的儿童相比,残障儿童的家庭可能面临更大的经济压力。英国的一项研究表明,虽然残疾与贫困并无因果联系,但抚养残疾儿童会增加额外的直接和间接成本,这实际上增加了一个家庭陷入贫困的风险,残障儿童确实更有可能在贫困中长大。② 那么,在他们及其家庭遭遇如此多的打击和额外挑战时,应如何增强家庭的适应力?又如何有效地认识到贫困所带来的各种潜在危险因素?

儿童期所经历的贫困使儿童面临负面行为、认知及健康威胁的风险增加,但有些儿童能够克服贫困所带来的障碍,并表现出积极的应对能力与适应力,我们认为,这些儿童具有应对逆境的韧性。应对逆境的韧性是抗逆力塑造的一面镜子。抗逆力(resilience)正成为儿童发展与国际对话中越来越流行的一个关键术语,而贫困儿童的抗逆力则是他们成功战胜逆境的重要能力之一。历史上,抗逆力的概念最初是从应用物理学和工程学引入到健康科学中的,最早是指材料从压力中"反弹"并恢复其原始形态的能力;而在医学上,这个术语则是指病人从诸如手术或事故等身体创伤中康复的能力。后来,抗逆力逐渐被运用于社会科学研究中,以表明一个人从逆境中恢复、

① EVANS G W, SCHAMBERG M A. "Childhood poverty, chronic stress, and adult working memory", *Proceedings of the National Academy of Sciences of the United States of America*, 2009, Vol. 106, No. 16, pp. 6545 - 6549.

② SHAHTAHMASEBI S, EMERSON E, BERRIDGE D, et al.. "Child disability and the dynamics of family poverty hardship and financial strain: evidence from the UK", *Journal of Social Policy*, 2011, Vol. 40, No. 04, pp. 653 - 673.

适应或保持坚强的能力。① 抗逆力首先聚焦于个体面对逆境时的一种行动力，是能够理性地做出正向选择和采取应对策略的能力。②③ 其次，抗逆力更是一种积极的适应力，“即在经历逆境时仍能保持或恢复精神健康的适应力”④。从众多学者的观点来看，行动力、适应力、逆境是抗逆力塑造的核心。抗逆力不是一种普遍的个人特质，部分人可能对逆境表现出积极适应力，但另一部分人则可能并不明显，这就需要塑造个人在逆境中能够识别潜在风险因素，并理性地做出正向选择的能力。

在贫困研究中，贫困本身被视为逆境或风险因素⑤，社会工作不仅仅着眼于防止当下的儿童贫困，并且还需确保儿童及其家庭更有可能以一种可持续的方式摆脱贫困。这意味着，抗逆力的塑造给予了曾经生活在贫困中的儿童避免再次陷入贫困的能力。尽管贫困处境对儿童发展构成了严重威胁，但通过在早期进行有针对性的系统干预和韧性培养，可以保护儿童免受阻碍其发展的众多危险因素的影响，培养儿童积极应对逆境的能力。

二、实践框架

随着抗逆力在研究中日益突出，社会工作者致力于寻求一种实践模式

---

① MASTEN A S. “Ordinary magic: resilience processes in development”, *The American Psychological*, 2001, Vol. 56, No. 3, pp. 227 - 238.

② 田国秀、曾静：《关注抗逆力：社会工作理论与实务领域的新走向》，载《中国青年政治学院学报》2007 年第 1 期。

③ 刘玉兰、彭华民：《儿童抗逆力：一项关于流动儿童社会工作实务的探讨》，载《华东理工大学学报(社会科学版)》2012 年第 3 期。

④ HERRMAN H, STEWART D E, DIAZ-GRANADOS N, et al.. “What is resilience?”, *The Canadian Journal of Psychiatry*, 2011, Vol. 56, No. 5, pp. 258 - 265.

⑤ MASTEN A S. “Ordinary magic: resilience processes in development”, *The American Psychological*, 2001, Vol. 56, No. 3, pp. 227 - 238.

的建立[①]：(1) 基于积极心理学发展，抗逆力侧重于运用优势视角看待问题，强调个体在逆境中仍保留的优势因素，而非过度聚焦问题或不足；(2) 文化、社区与家庭是提升贫困儿童抗逆力的三个中心因素。与结构性社会工作理论相一致，抗逆力视角认为儿童、家庭与社区的适应力是相互依存的。因此，基于早期依恋的家庭干预措施必须与基于社会资本的社区发展方法相结合，以应对儿童贫困的结构性挑战。从这个意义上说，认识到文化、家庭和社区的能力并积极应对挑战贫困的脆弱性本身是有其介入价值的。抗逆力导向的社会工作实务是一种韧性能力的培养，使贫困儿童能够从现有的或可以提供的资源中获益，然后利用这些资源来缓冲逆境所造成的影响。

建立提升贫困儿童抗逆力的社会工作服务机制，关键在于环境因素的评估与跨学科队伍的建设。一方面，聚焦抗逆力的儿童反贫困社会工作介入旨在确定儿童在生活中面临的贫困风险的多重因素，并确定策略和提供政策建议，以预防或减少这些风险。同时，社会工作者也需认识到社会和行为问题在连续几代人中的贫困重现，促使其在实践中更为关注代际传递对儿童行为的影响。基于此，在强调儿童对成人的心理、情感和社会依赖时，需要特别注重培养父母(及其看护者)的价值观和危机应对决策能力。在这个过程中，严厉或疏忽的教养方式、父母出现精神疾病或失业以及家庭分离和离婚等因素，都是需要考量的不利因素。另一方面，以家庭为中心、跨学科的队伍建设以及以能力建设为基础的高质量干预构成了抗逆力社会工作

---

① BLACKSTOCK C, TROCMÉ N. "Community-based child welfare for aboriginal children: supporting resilience through structural change", *Social Policy Journal of New Zealand*, 2005, Vol. 24, No. 12, pp. 12 - 33.

实践的框架。在大脑可塑性强的时期(也就是人们所说的语言发展敏感或关键时期)进行有效的多项干预,会使儿童在早期就具备学习的有利优势,从而较容易克服不利环境带来的影响。加强跨学科的团队建设可以使专业人员既了解贫困的影响,又熟知减少儿童贫困所需的各种技能。故而抗逆力视角的社会工作介入更加侧重于社会工作者与医学和教育等领域的人士进行合作,积极寻找可以提高儿童应对逆境的能力的干预措施。

(一) 基于早期依恋的家庭干预

强化早期依恋是抗逆力塑造的核心。父母(或家庭内的其他照顾成员)往往是幼儿的第一任也是最重要的老师,与幼儿有着亲密的养育关系,并保护他们免受严酷的早期环境的影响。以家庭为中心,是指从照顾者和孩子的关系开始,在一个贫困家庭体系中,社会工作者可以通过加强同理、尊重和支持来协助他们维持家庭结构的稳定。主要干预包括:为家长提供合适的育儿策略,锻炼亲子语言沟通能力,以加强家长和幼儿之间的依恋关系。关系的加强将有助于使发展中的儿童免受贫穷的长期不利影响(见表2-1)。

表2-1　以家庭为中心的抗逆力塑造

以家庭为中心的方面	介入内容	介入的具体行为指导
参与与学习相关的活动	通过开展游戏和提供交流契机,积极促进亲子互动	指导看护者(包括父母和其他照顾成员)进行培育感情的小游戏,如“观察描述我的宝宝”,或教家庭成员如何用家里的材料来开展活动
参与观察与陪伴	以父母参与的方式来引导儿童的行为学习	在日常生活中询问有关儿童听力的问题,并鼓励看护者观察儿童对声音的反应,并在儿童做出反应时给予积极的反馈

续 表

以家庭为中心的方面	介 入 内 容	介入的具体行为指导
参与宽容训练	在适度严格要求的前提下,始终如一地响应孩子的需求	与看护者分享关于积极行为支持方法的信息
加强互动	积极的行为支持、养育和语言交流	对看护者和孩子之间成功的沟通进行观察和评论
做好卫生保健	获得医疗服务和习得适当的卫生习惯,如适当的营养和良好的睡眠习惯	通过指导看护者使用可支付得起的配料制作健康的零食,以促进交流、提供营养膳食等信息
积极参与活动	参与体育、音乐、艺术和文化等活动	指导看护者进行对话式阅读,以增加积极的、以交流为基础的图书共享,并建议看护者和孩子一起分享故事,又或者在社区图书馆开展唱歌活动、手指游戏等
参与降低家庭风险	使家庭意识到并采取行动,以减少危险因素的存在;危险因素包括父母抑郁、吸烟、家庭暴力、严厉的家教和药物滥用等	将有抑郁倾向的家庭成员转介给心理健康服务机构,建立家庭支持小组,以增加父母角色互动与学习

这种依恋关系的培养主要借助于两个策略的使用：注入积极情绪和自我调节。父母和社会工作者在儿童的生活中注入积极情绪,并对这种积极情绪设定较高的期望,从而使儿童逐渐树立恢复活力和克服困难的信心。此外,自我调节在支持关系构建中也很重要,能够促进儿童在未来的发展中进行自我抉择并勇于承担责任。通常,自我调节指一个人能够控制自己的情绪,实现自我控制、自尊等。社会工作者引导父母去鼓励贫困儿童靠自己的能力去做出决定并积极参与其中,这种积极的参与和责任承担不仅有助于自我调节的形成,还有助于加强亲子关系和激发积极性。以联合国儿童

基金会与世界卫生组织的“关爱儿童发展”项目为例，专业人员和志愿者引导家长进行沟通练习，以提升他们对孩子需求的敏锐响应力；或以亲身经历的形式，鼓励家长参与到与早期儿童的玩耍和学习当中；同时赋予家长自我增权的能力，让他们相信自己能够很好地处理亲子关系。实践证明，这些举措对于当时1周岁的弱势儿童的认知能力发展有明显的促进作用。这些举措表明，家庭是早期儿童干预的有效媒介，能对儿童成长和逆境适应力塑造提供有力支撑。

(二) 基于社会资本的社区发展

基于社会资本的社区发展实践衍生于邻里资源理论（neighborhood resource theory）与社会资本理论（social capital theory）。邻里资源理论认为，邻里资源是社区居民及潜在的其他社区（和机构）组成的网络中所固有的资源，其中，儿童在社区层面可获得的社会支持与社会资本的质量越高，儿童的未来成长发展就越好。[①] 而社会资本理论则认为，社区资源本身是一种社区社会资本，在自身缺乏经济资本的情况下，个体成员可以利用群体的集体资源来获取利益与服务。这两种理论都凸显了社区社会网络的存在，强调了网络所拥有的（潜在的或实际的）资源，以及个体居民为了实现各种目标而利用网络获取这些资源的能力。基于社会资本的社区发展强调了对这种获取资源能力的塑造。社交网络中可能用于个人或集体行动的实际或潜在资源，更强调一种非正式的社会关系，而社区工作者则越来越多地支持基于社区的贫困儿童干预计划，以协助他们及其家庭有效地接触社区网络

① CONNOR S, BRINK S: “Understanding the early years: community impacts on child development”, (1999－08)[2020－10－20], http://www.publications.gc.ca/collections/collection_2012/rhdcc-hrsdc/MP32-28-99-6-eng.pdf.

中的资源。

社区社会资本是一个多层次的结构。当考虑社区内的社会资本时，社会工作者需首先了解社区及其周边地区的结构特征(例如，社区间和社区内的整体社会经济状况)，以及它们对社区内可用的社会关系和资源类型强度的影响。一体化模型的社会资本识别将有助于通过基于社区的社会网络来获取资源的整体情况。模型中，社会资本可分为两个层面的识别：社区层面和个人层面(见图 2-5)。

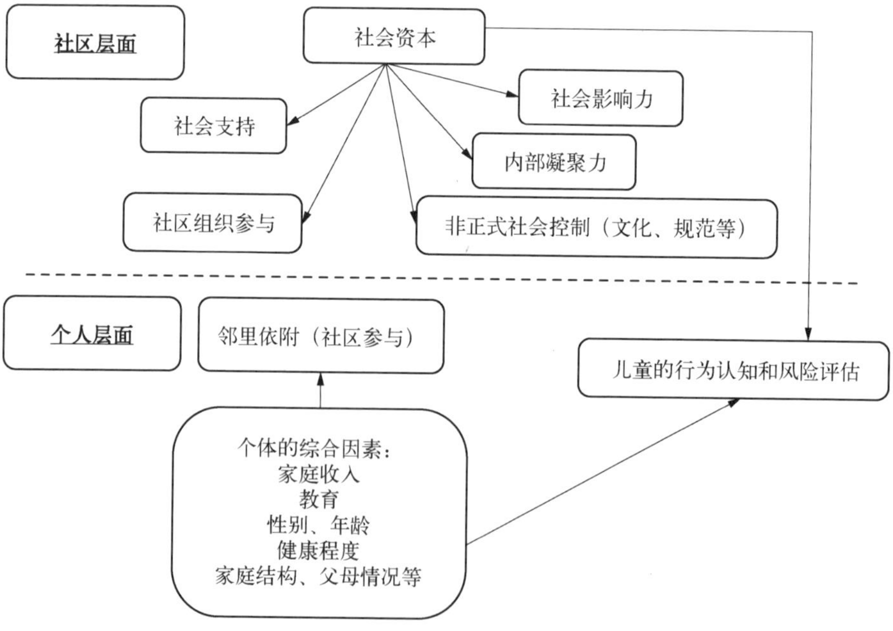

图 2-5 社区社会资本的识别模型

社区层面包括社会支持、社会影响力、社区组织参与、非正式社会控制和内部凝聚力五个维度。社会支持是指个体可以用以处理日常问题的各种社区资源形式，如推荐工作、邻里托幼等，为居民提供信息获取和社会支持。

社会支持所提供的资源通常局限于产生这些资源的网络中的个人，而社会影响力则基于网络资源，可以产生不拘泥于社区内部的辐射效应，即社区间的资源互换，不同社区的成员都可以享受某些福利。因此，社区工作者需要对社会支持和社会影响力进行评估，寻找到有利于儿童发展的优势和条件并加以利用。社区组织参与和非正式社会控制，需充分考虑社区资本流动的可能性以及预估可能遇到的困难。社区组织参与，是指社区居民正式组织的集体活动[①]，如垃圾清理自治、组织社区活动、设立托幼互助组、成立父母网络交流群等。这些活动为居民个人提供了成为团体成员的机会，社区参与的存在有助于培养社区归属感，以及所有居民都能从中受益的社区赋权感。非正式社会控制意味着内部文化和交往规范的形成，往往通过社区组织参与得以实现，旨在对抗潜在的社会混乱。如果非正式社会控制水平高，即使居民不经常与邻居互动，人际冷漠感和被孤立感也较不易增强。具体而言，社区组织参与和非正式社会控制都使得儿童受益于生活在一个相互关心的社区环境中。内部凝聚力可以理解为居民间的熟悉程度、信任程度、价值观和邻里社会交往模式，它充当了社区资源的流动中介，是在社区内建立社会资本的必要基础。简言之，社区居民之间的相互支持与信任会对贫困儿童的生活质量和应对逆境的一系列能力产生有利影响，包括儿童成长过程中参与当地社会活动的决心，与邻居之间互动的诚信塑造，以及学会相互尊重和提升自我调节的能力等。

在个人层面，个体的综合因素是其依附邻里资源网络的重要前提。例

---

① SAEGERT S, THOMPSON J P, WARREN M R. *Social capital and poor communities*. New York: Russell Sage Foundation, 2001.

如，家庭中父母对教育的重视程度会影响儿童应对未来成长的技能获取，父母面对困难的决策模式也会影响儿童应对逆境的惯有思维。

总体而言，识别不同的社区社会资本维度，将有助于社会工作者进一步了解社区社会资源如何影响儿童的资源获取能力塑造，从而找到对应的介入策略，以增强环境的有利因素。一般而言，社会资本水平越高，对贫困儿童获取资源的能力塑造越有利。

（三）运用抗逆力分析工具

抗逆力分析工具可以协助社会工作者进行较为全面的个体或家庭分析，并采取合适的专业社会工作介入计划。在抗逆力实践框架的背景下，抗逆力分析工具提供了一种结构化的评估（包括信息收集与分析）、规划、干预和审查结果的方法，对此，可采用四因素矩阵方式来设计（见图 2－6）。抗逆力矩阵可以确定影响儿童发展的积极因素和消极因素，同时也可以评估贫

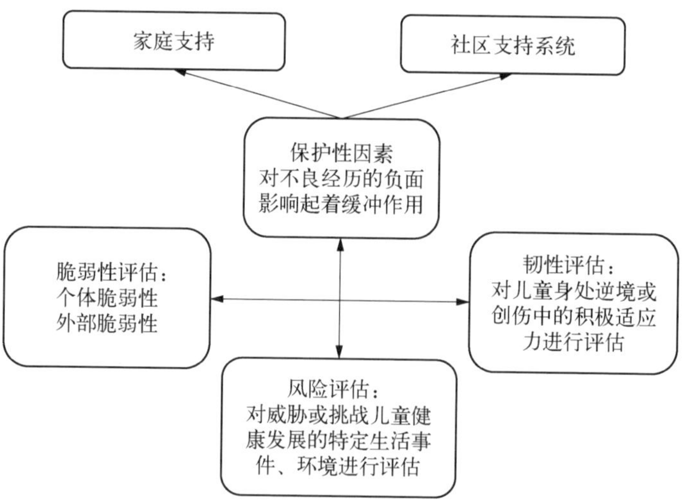

图 2－6　抗逆力四因素矩阵分析

困儿童的家庭微系统，借以理解这些因素是如何相互作用从而形成儿童应对贫困的韧性特质的。

其中，保护性因素对不良经历的负面影响起着缓冲作用。在抗逆力研究中，家庭支持和社区支持系统是有效缓解逆境负面影响的两个关键因素。[①] 有研究也证明了儿童应对逆境的能力水平（如安全感、自尊、适当的自我效能感）与家庭和社区环境密切相关。[②] 因此，在评估保护性因素时，重要的是确定家庭和社区支持系统中的优势和能力，以便最大限度地发挥可获得的潜在支持。

脆弱性评估包括个体脆弱性和外部脆弱性。个体脆弱性指儿童自身的先天特征或不利因素，这些因素可能导致儿童发展受损的风险增加，并且可能限制他们充分利用保护性因素和机会的能力；外部脆弱性则考虑到父母/照顾者和环境因素的不利影响，如父母对儿童的不利看法或期望、父母对儿童的不利影响因素（照顾疏忽、家庭暴力、酗酒赌博、精神问题等）、所居住社区的破旧不堪和混乱环境等。这些不良的社会态度和匮乏的社会支持都会使得原本处于贫困状态的儿童变得更为脆弱，从而妨碍他们在未来成长中的韧性塑造。

逆境与脆弱是紧密相关的。作为抗逆力评估的一个重要因素，逆境评估中的关键因素可能是个体的，也可能是结构性的。这些因素可能与儿童

① FRIBORG O, HJEMDAL O, ROSENVINGE J H, et al.. "A new rating scale for adult resilience. What are the central protective resources behind healthy adjustment?", *International Journal of Methods in Psychiatric Research*, 2003, No. 12, pp. 65 - 76.

② WERNER E, SMITH R. *Overcoming the odds: high risk children from birth to adulthood*. New York: Cornell University Press, 1992.

家庭中的特定生活事件有关，也可能是由受教育机会匮乏等一般性社会因素造成的。生活事件中的不利因素也可能是急性的（包括急性虐待事件造成的直接伤害）或慢性的（包括长期忽视基本需求而导致的不良发展）。逆境是一个相对复杂且微妙的概念，社会工作者需要对每一个儿童个体进行详细的事件梳理。在可能的情况下，社会工作者可以从儿童自己对生活事件的理解以及他们所经历的不利事件的体验入手，进行探索与延伸。韧性评估则是对儿童身处逆境或创伤中的积极适应力进行评估，社会工作者应注意儿童及其家庭应对困难的优势和有利特质。积极的价值观通常被视为韧性的核心，即“有能力以一种乐于助人、负责任和关心他人的方式行事”①。许多研究表明，积极的价值观能使儿童及其家庭拥有能够识别他人情绪的能力，同理心较强的儿童往往表现出更多的亲社会行为，而情绪敏感度较低的儿童则倾向于表现出更多的攻击性行为。这种移情体验是社会能力发展的重要因素之一，能够帮助儿童在未来成长中面对困境时仍保持乐观的态度和积极的社会交往。在干预中，社会工作者可以鼓励儿童在家庭中承担适当的责任，以有助于自尊与自我效能感的培养。

---

① WERNER E, SMITH R. *Overcoming the odds: high risk children from birth to adulthood*. New York: Cornell University Press, 1992.

第三章　儿童反贫困社会工作的实践路径

第二章所探讨的理论框架为儿童反贫困社会工作实践提供了不同的理解基础和行动逻辑，并为实践过程中具体行动的开展提供了理论指导。理论框架帮助社会工作者理解贫困儿童的需求，解释贫困儿童及其相关问题产生的可能原因，为制定服务计划提供了干预思路或具体的干预策略。毋庸置疑，理论框架不同，儿童反贫困社会工作的实践模式也有所不同。文化及制度等情境要素、社会工作者的知识体系与实践经验、贫困儿童及其家庭状况等都会影响社会工作者对理论框架的选择。

解决儿童贫困问题的社会工作实践路径虽然存在诸多差别，但也有一些普遍适用的共同思路。一是加强针对贫困儿童及其家庭的社会工作专业服务，不仅能够有效促进儿童的健康成长及其家庭的发展，也契合将儿童的能力发展视为整个反贫困行动核心的这一转向。二是尽管在不同的理论框架下，实践模式有所不同，但儿童反贫困社会工作的开展需遵循一定的实践路径，才能规范社会工作实务介入的过程和环节，确保介入的质量和效果。

在一般意义上，儿童反贫困社会工作的实践路径通常涵盖实践框架、介入重点与介入路径、工作程序以及具体方法这4个主要环节。在不同的理论框架和情境要求下，社会工作者可根据不同情况调整实践路径的具体内容。

第一节　儿童反贫困社会工作的实践框架

理论是一组经过反复检验以解释或预测事实或现象的假设或原则。儿童反贫困社会工作的实践框架来自理论层面对贫困儿童的形成原因、问题表征及影响因素的阐释，其可为社会工作者提供开展实务的一般逻辑思路和构架，有的理论甚至直接为实务开展提供了一套既定的、具体的介入程序和方法。同时，实践框架也源自对现实各种情境要素的考量，因此必须同时从一个国家或地区的历史文化积淀、社会福利体系、社会现实和公共政策出发，规划介入儿童贫困的社会工作实践框架，以此明确儿童反贫困社会工作实践的核心目标和价值理念。

一、目标：基于专业服务的多维介入

虽然多维贫困视角下的反贫困工作实践仍然比较缺乏，但从多维贫困的认识框架来理解贫困问题已成为学界和实践部门的共识，即必须从物质资源匮乏的单一维度，转向从收入、教育、医疗、文化等多维度来看待贫困儿童所面临的困境。因此，超越仅改变贫困儿童生存困境的单一方法，致力于促进儿童及其家庭的能力发展，并将能力发展视为儿童反贫困社会工作的核心，是新时代背景下儿童反贫困社会工作的题中应有之义。在目标上，儿

童反贫困社会工作必须突破收入贫困的认识框架，从多维贫困视角强调基于专业服务的多维介入，兼顾儿童的生存性需求与发展性需求，通过高质量的社会服务致力于解决儿童的多维贫困，并基于实践的过程和成效来审视和反思社会政策的有效性，进一步推动社会政策的发展；在价值理念上，儿童反贫困社会工作要明确贫困本身就是对儿童权利的侵害和剥夺，社会工作实践必须强调和关注儿童及其家庭的能力建设与发展。

（一）不同的认识框架：收入贫困与多维贫困

理解儿童贫困的真正意义至关重要。收入对贫困儿童的影响是毋庸置疑的，贫困主要表征为物资匮乏，处于贫困的生活状态是儿童遭受剥夺的重要决定因素之一。儿童生活的各个方面，包括营养、健康、水、教育、保护和住房等因素都可能导致儿童陷入贫困。即使没有明显的绝对剥夺，与同龄人相比，生活水平较低或在教育、健康或营养方面的机会更差，也会限制这些儿童未来的生活机会。联合国儿童基金会对 160 个国家的一项调查显示，目前有 65 个国家缺乏对儿童贫困的衡量，在对儿童贫困进行衡量的国家中，约有一半国家同时采用了衡量收入贫困和多维贫困的方法，约三分之一的国家只关注了货币意义上的儿童贫困。[①]

收入贫困主要表现为贫困儿童及其家庭缺乏基本生活所需的物资。一般来说，这些物资构成了儿童的生存性需求，往往涉及安全的住所、免受饥饿、保持成长所需的基本营养、获得清洁的饮用水等。联合国儿童基金会发布的《世界儿童状况报告 2019》中的数据显示，目前全球 5 岁以下的儿童中

① UNICEF："A world free from child poverty"，(2017-03-05)[2020-10-20]，https://sustainabledevelopment.un.org/content/documents/2434Child_Poverty_SDG_GuideCompleteMarch_2017.pdf.

至少有三分之一营养不良或超重，二分之一存在隐性饥饿，这些都削弱了数百万儿童的充分发展和成长的能力。① 虽然儿童的生存需求是最低层次的需求，却是最关键、最基本的要素。过去几十年的科学研究表明，儿童早期是大脑发育和能力形成的敏感期，需要足够的营养和养育刺激。个体 87％的脑重和 80％的能力形成于生命前 1 000 天，早期为儿童提供学习刺激和经验积累，能够促进大脑结构和功能发育，为以后的学习、应对挑战、社会交往和情感发展奠定良好的基础。② 因此，如果儿童的基本生存需求没有得到有效满足，那么对儿童个人和社会所产生的后果既是破坏性的，也是不可逆的，很可能还是终生的。例如，儿童因营养不良而导致的发育不良；因缺少保护或受到虐待而导致的肢体残疾、严重的心理疾病；因无法得到安全的卫生、救助条件和居住环境而出现疾病，甚至导致儿童的死亡。因此，改变贫困儿童及其家庭的经济不平等能够有效打破贫困的恶性循环，而满足贫困儿童最为基本的生存性需要则是儿童反贫困的第一步。

但多维贫困的认识框架更加符合儿童贫困发生与持续的现实，应该成为儿童反贫困社会工作实践的逻辑出发点。仅对以物资匮乏为表征的生存性需求进行满足并不能全面实现贫困儿童的健康成长，必须从多维的视角理解和满足贫困儿童的发展性需求，这主要表现在以下两个方面。其一，除了通过收入再分配来改善贫困儿童的物质生活条件之外，反贫困工作应该

① UNICEF："The state of the world's children 2019：children，food and nutrition growing well in a changing world"，[2019－10－10][2020－10－20]，https://www.unicef.org/media/63016/file/SOWC-2019.pdf.

② 中国发展研究基金会：《中国儿童发展报告 2017——反贫困与儿童早期发展》，中国发展出版社 2017 年版，第 10 页。

进一步考虑贫困儿童在健康、教育、尊严、自主性、兴趣爱好、人格形成、社会参与等各个方面的需求，给予贫困儿童更为公平的资源和发展机会；其二，强调对贫困儿童及其家庭进行能力建设与发展，注重贫困儿童及其所在家庭的抗逆力提升和家庭功能恢复。相应地，社会工作实践也应该以儿童及其家庭的能力发展为导向，通过对贫困儿童潜能的激发、处于逆境的风险识别和应对能力的提升、正确价值观的形成、良好的情绪管理和行为习惯养成、个人兴趣发展等来提升个体及其家庭的抗逆力，促进处于劣势的个人及其家庭的潜能发挥，培养他们积极克服困难、主动寻求发展的能力。

（二）专业服务应致力于解决多维贫困

以贫困儿童及其家庭能力发展为反贫困行动的核心需要有一套系统的、行之有效的方法提供支持。在收入贫困的认识框架下，政府主要通过转移支付为贫困儿童及其家庭提供直接的财政支持，通过支持个人和家庭获得最低收入来解决贫困问题，或者通过降低基本商品和服务的成本，确保财政障碍不会妨碍儿童发挥其潜力。在多维贫困的认识框架中，政府不仅为贫困儿童提供经济支持，也通过一系列的政策和公共服务来改善贫困儿童在营养、教育、健康和保健、居住环境等不同领域的问题，并致力于推动贫困儿童及其家庭的能力建设，激发和提升他们结束贫困循环的潜能。因此，有效解决儿童贫困需要从现金转移方案扩大到改善他们受教育的机会和质量、提升公共服务的可及性，并促进个体与家庭复原力、抗逆力和能力建设的发展。多维贫困认识框架下的反贫困行动不仅为社会工作介入儿童贫困提供了空间，也提出了更高的要求。社会工作者必须通过提供高质量的专业服务来解决多维度、多层面的儿童贫困问题。

目前,在我国大力倡导多元主体参与社会治理的背景下,社会组织正在蓬勃发展,社区的活力也被极大地激发和调动起来。然而,不同组织、机构的专业化水平参差不齐,难以保证社会服务的质量和成效,也可能导致公共资源的低效使用甚至是浪费。一方面,社会组织依然存在公信力较低、信息透明化程度较低、运营体系不成熟、人员准入门槛参差不齐、管理能力低下、服务效率低等多方面的问题;另一方面,正如第一章所呈现的状况,中国的社会服务领域存在专业社会工作者数量不足和质量欠佳的双重困境。缺乏专业力量与专业化水平不足的双重制约,不仅无法有效解决服务对象的现实困境与问题,还很有可能造成他们主观福利水平的损失,甚至降低对政府和公共服务的信任程度。此外,贫困儿童处于个体的早期发展阶段,更加需要社会工作者丰富的专业知识和充分的敏锐度,以有效回应儿童的需求及其发展阶段的特殊性,这对专业服务能力与水平提出了更高的要求。因此,致力于解决多维贫困的社会工作实践,首先应该发展能够提供有效社会服务的专业化力量。

(三)推动儿童福利与社会政策发展

区别于在制度层面上推进儿童福利与有关儿童的社会政策构建,社会工作实践更强调通过专业化的服务来改善儿童的多维贫困,推动儿童的能力建设与发展。但是,儿童反贫困社会工作实践与制度建设之间并不是脱节的。目前我国的儿童福利开始从补缺型向适度普惠型转变,不断扩大受助儿童的范围和福利覆盖的领域,惠及更多处于困境的儿童,并取得了很好的成效。同时,政府作为社会救助的责任主体,以法律法规的形式明确了自身在贫困群体社会救助体系中的职责,对救助的数额、方式、范围等进行了严格的规定和划分，也取得了显著的效果。然而，在制度领域仍然存在不少需要改进和改革的方面。例如，总体上相关政策的规定缺乏对贫困群体的分类，反贫困政策往往将儿童、青少年、老年群体混在一起，未能区别不同年龄段、不同特征的贫困群体，导致相应的政策缺乏针对性；再如，在目前的政策体系中，家庭承担着保障儿童生存与发展的主体责任，政府在家庭功能完全或部分丧失时才会扮演补缺的角色，政策设计缺乏对家庭风险的预防性介入和系统性支持。现代社会的家庭往往面临着更高的风险，如果在制度层面缺乏对风险发生的有效阻断，也难以有效地协助家庭预防贫困的发生，或者难以阻断贫困的代际传递。因此，上述种种情况都需要社会工作者在具体的实践过程中，通过收集一手数据和信息，基于专业化服务的输送过程，反思当前我国社会政策与社会福利体系中存在的问题与不足，有针对性地提出具体的建议和改善措施，这样才能够在更广范围上、更高层次上促进儿童反贫困社会工作实践并提升其效果。

二、价值理念与基本原则

（一）价值理念

贫困是对儿童权利的侵害和剥夺。1989 年联合国大会通过了《儿童权利公约》，详细叙述了任何地方的儿童都拥有的基本人权：生存权；充分发展权；免受有害影响、虐待和剥削权；充分参与家庭、文化和社会生活权。正如《儿童权利公约》所指出的，儿童有权享有适当的生活水平，并在其生活的各个关键方面，如健康、教育、营养、照料和保护等方面免受剥夺。因此，贫困意味着直接侵犯和剥夺了儿童的上述权利，这也被绝大多数社会或国家视为不能容忍的一种社会现象。无论是基于收入贫困还是多维贫困的衡量，贫困对儿童与社会发展都具有严重的破坏性影响。虽然不同的国家或地区有不同的历史文化传统和儿童福利体系，但是在大多数情况下，儿童贫困都被视为一个需要优先关注和解决的社会问题，解决儿童贫困问题往往也被纳入一个国家或地区行动计划的关键领域。因此，《儿童权利公约》所倡导的确保所有儿童都能够得到特别的保护和帮助，获得教育和卫生保健等服务，充分发展个性、能力和才华，能够在快乐、友爱和体谅的环境中成长，能够在积极了解、参与并实现自身权利的同时还不得受到任何形式的歧视等准则，也应该成为儿童反贫困社会工作实践遵循的基本理念。

以推动儿童的能力发展为本。投资儿童，就是投资未来。投资儿童早期发展，是消除贫困的重要途径。努力阻断贫困代际传递的途径，不仅需要促进社会公平，改善贫困儿童及其家庭的物资匮乏和经济不平等问题，更需要促进儿童及其家庭的能力建设与发展，使其具有改变自己及家庭命运的能力。贫困的发生在很大程度上归因于儿童早期发展投资不足所造成的能力剥夺。儿童时期是个人能力形成的关键时期。营养不足、缺少早期激励和良好的学习过程，以及面临生活压力所造成的后果将持续影响儿童的一生。这些不良后果会导致儿童发展能力受限、生活和工作技能低下、成年后的生产效率低下，并且会将贫困传递给后代。总之，儿童所处的环境和早期经历往往决定了他一生的发展轨迹。贫困降低了贫困家庭维持对儿童和其他家庭成员人力资本开发投资的能力。因此，社会工作实践不仅要从收入贫困的角度解决贫困家庭面临的生存问题，更要从能力建设和人力资本投资的角度增强个人与家庭的脱贫能力。

作为儿童的本质，发展意味着儿童拥有充分发展自身的权利。儿童发展的内涵丰富，包含生理、心理、精神及道德的发展，接受多样化形式的教育，参与群体生活和社会生活等。因此，儿童要通过良好的营养水平，接受良好的教育，参与文化活动、休闲活动、社会活动，才能维持身心健康、发展独立的人格，并获得良好的心理支持和情感支持。发展不仅意味着贫困儿童应该获得相应的发展权利，也意味着在开展儿童反贫困社会工作实践的过程中，社会工作者应该主动意识到并注重对儿童发展的促进，充分认识和掌握有效促进贫困儿童发展的知识、方法和技能。

（二）基本原则

普遍性原则。所有儿童工作都应该遵循联合国《儿童权利公约》所提出的指导原则，具体包括无歧视，涉及儿童的一切行为均以儿童的最大利益为首要考虑点，每个儿童均享有固有的生命权，缔约国应最大限度地确保儿童的生存和发展，以及儿童有权对影响儿童的一切事项自由发表自己的意见并得到应有的重视。作为普遍性原则，儿童反贫困社会工作实践也应该坚持儿童优先、儿童最大利益、不歧视和尊重儿童的原则。

儿童优先原则也被中国政府写入“中国儿童发展纲要”中，具体是指国家在制定法律、发展计划、方针政策和资源配置等方面要体现儿童优先的倾向。在儿童反贫困的社会工作实践过程中，从宏观层次上，儿童优先原则要求应该关注儿童群体对一个国家、社会、民族发展的重要性，以及儿童群体自身所具有的特殊性，在公共资源配置方面要优先考虑儿童，确保儿童获得充分的机会和发展资源。从微观层次来看，儿童优先原则要求应尊重儿童的主体地位，明确儿童作为服务对象的优先地位。

儿童最大利益原则意指涉及儿童的一切行为，必须首先考虑儿童的最大利益。在儿童反贫困的社会工作实践中，在出现利益冲突或是遇到不同利益冲突所产生的伦理困境时，应以儿童最大利益为出发点进行评判并采取相应的行动。

不歧视原则是指每一个儿童不应因为本人及其父母的人口经济特征、社会文化背景等情况而遭受歧视或区别对待，他们所享有的权利也不应因其父母、监护人和家庭成员的身份、活动、信仰和观点受到影响。①

尊重儿童原则往往涉及尊重儿童的基本权利和尊重儿童的观点两个方面。前者指所有儿童都享有生存和发展的权利，应该最大限度地确保儿童的生存与发展；而后者是指任何事情涉及儿童，均应该听取儿童的意见。所有的儿童都必须得到充分参与的机会，享有发言权，他们的声音也必须被倾听。

特定原则。去标签化和尊重儿童的主体性是在儿童反贫困社会工作实践中亟须注意的两个原则。社会工作者及相关工作人员在提供服务之前，往往获取了大量的负面信息，涉及贫困儿童及其家庭的劣势处境、面临的各类困境，以及贫困儿童本人的行为问题等。这些负面认识向工作人员传递了如下信息："贫困儿童是悲惨的""贫困儿童的父母是有问题的""贫困儿童会出现各种情绪问题和行为问题"等。因此，在社会工作实践的过程中，这些负面信息往往会给贫困儿童及其家庭贴上弱势标签或问题标签。这些负面认识致使社会工作者在服务开展过程中更强调负面感受，并从消极立场

① United Nations: "Convention on the rights of the child", (1989-11-20)[2020-10-25], https://www.unicef.org/child-rights-convention.

来探讨和规划相应的服务方案，制约了社会工作者从优势视角和赋权目标来有效引导整个服务过程。社会工作者如何理解贫困直接决定了服务的质量与成效。本质上，贫困儿童及其家庭并非生来弱势，这种弱势是不公平的社会环境、制度性缺失及其他外部因素共同导致的客观结果。同时，由于贫困儿童成长环境中的保护性要素（家庭和社会）的缺失，因此他们出现风险和问题的概率往往更大。故而，在社会工作介入贫困儿童的服务实践中，应该树立正确的价值理念，对贫困儿童及其家庭"去标签化"。此外，儿童处于早期发展阶段，身心发展均未成熟，较少拥有独立的话语权，也缺少表达主体利益的途径。在儿童反贫困社会工作实践中，这种状况往往导致儿童的主体性经常被忽略，难以得到社会工作者充分的理解、尊重和保护。因此，在儿童反贫困社会工作实践中，一个不能忽视的环节是社会工作者必须意识到儿童的主体性对儿童发展而言是必不可少的因素，必须重视儿童在服务过程中的自我体验和主观感受。儿童对服务过程体验的表达以及社会工作者对儿童自身体验的理解程度和应对能力，都直接决定了服务的效果以及儿童个人能力的发展水平。社会工作者必须建立一个平等、信任、尊重和积极关注的氛围，鼓励儿童主观体验与积极表达，尊重儿童的主体性，才能最终促进他们自我能力的发展。

三、核心要素

社会工作实践框架的核心要素一般包括服务提供者（实践主体）、服务对象（实践客体）、服务的组织方式（服务如何被组织）和服务输送过程（实施过程）。儿童反贫困社会工作的实践主体涵盖政府、社会组织、社会工作者、社区人员等不同层次的多元主体，其中社会工作者往往是直接服务的提供者，发挥着核心作用，承担了资源链接、协调其他实践主体、提供专业化服务、政策倡导等功能；服务对象（实践客体）主要包括贫困儿童及其家庭，在具体的服务输送过程中也可能涉及贫困儿童所在的社区或学校等系统；服务的组织方式既可以依托社会工作机构展开，也可以通过政府购买社会工作岗位展开；在服务输送过程中，社会工作者要以多维贫困认识框架为出发点，运用系统性的工作方式介入贫困儿童及其家庭的不同层次。

（一）服务提供者

2019年中国共产党第十九届中央委员会第四次全体会议通过的《中共中央关于坚持和完善中国特色社会主义制度 推进国家治理体系和治理能力现代化若干重大问题的决定》提出，坚持和完善共建共治共享的社会治理制度，保持社会稳定、维护国家安全。其中，社会治理是国家治理的重要方面。必须加强和创新社会治理，完善党委领导、政府负责、民主协商、社会协同、公众参与、法治保障、科技支撑的社会治理体系，建设人人有责、人人尽责、人人享有的社会治理共同体，确保人民安居乐业、社会安定有序，建设更高水平的平安中国。这一论述表明了两个趋势：其一，多元主体共同参与社会治理过程所形成的社会治理共同体将成为我国社会治理的基本格局；其二，在社会治理共同体的格局中，社会组织是一个不可或缺的重要参与主体，在健全社区管理和服务机制，实现政府治理和社会调节、居民自治良性互动、提供精准化和精细化服务等方面都发挥着重要的作用。反贫困工作是当前中国社会治理的重要组成部分，因此在儿童反贫困社会工作实践中，也要通过建立一个治理共同体统一部署、彼此协调、共同发挥作用。一方面，在儿童反贫困社会工作实践中，实践主体必须由多元主体构成，相应的治理共同体应涉及政府有关部门、社会组织、社区、学校、社会公众等不同的参与主体。另一方面，政府、社会组织及其社会工作者、社区工作人员均发挥着重要的作用，但所承担的具体职能有所不同。首先，在政府购买服务的背景下，政府从直接服务者转变为资金提供者和项目监管者，其可确保儿童反贫困社会工作的成效及公共责任的实现。政府承担着有关政策的制定与改进、政府购买服务项目评估、资金支持、服务监管等多项任务。作为为贫困儿童提供直接服务的主体，社会组织及其社会工作者在治理共同体的运行中扮演着核心角色，具体包括协调有关部门和机构、链接资源、提供直接服务、跟进服务开展、调动社会公众参与的积极性等。此外，社区工作人员与贫困儿童及其家庭的联系紧密，在社会工作实践过程中，承担着政策落实、数据收集、服务支持、社区文化营造等多重职责。在某些情况下，社区工作人员还要与社会工作者合作，共同为贫困儿童及其家庭提供直接的服务。

（二）服务对象

毋庸置疑，贫困儿童及其家庭是儿童反贫困社会工作实践的主要服务对象。社会工作者基于专业知识与技能为他们提供经济援助以及教育、医疗等公共资源，提升公共服务的可及性，为贫困儿童提供其他各种所需的发展机会与资源，并致力于他们的能力建设与发展。但是除了贫困儿童及其家庭外，贫困儿童所在的学校、社区，贫困儿童所在家庭中的其他家庭成员尤其是其父母等都有可能成为儿童反贫困社会工作实践的服务对象。一方面，从多维贫困的角度看，社会工作要介入贫困儿童及其家庭的不同方面和不同层次，如促进贫困儿童对高质量教育资源的获取就会涉及相关政府部门、学校系统等，社会工作者要介入这些系统链接资源，促进贫困儿童获得受教育的机会和相应的资源；再如，针对贫困儿童社区参与、社会融入方面的专业服务，社会工作者也要进一步与社区以及其他社会力量通力合作，共同促进贫困儿童的社区参与或提升其社会融入程度。在这种情况下，社区也会成为社会工作的服务对象，通过提升社区的硬件环境、增强社区文化的包容性和社区凝聚力等来促进贫困儿童的社区参与。另一方面，以能力为导向的社会工作服务往往不仅涉及贫困儿童本人，致力于儿童个人的健康、良好情绪管理、行为习惯养成以及人格发展等，而且通常也需要对贫困儿童所在家庭的重要成员进行介入，如培训其父母的就业技能、促进父母的良好生活习惯和行为的养成等。总之，社会工作实践的服务对象是一切能够提升儿童个人及其家庭的抗逆力和复原力，能最大限度地阻断贫困代际传递的所有系统。

（三）服务的组织方式

服务的组织方式是指所提供的服务如何被组织起来。在政府购买服务的背景下，目前儿童反贫困社会工作实践的组织方式主要有三种模式。第一种模式是由社会组织通过政府购买服务或公益创投项目，为贫困儿童及其家庭开展相应的服务。在政府购买服务的背景下，政府对面向贫困儿童及其家庭的服务会有一系列的规定或建议，具体包括服务内容、服务周期、服务方式以及资金使用要求。社会组织必须严格按照政府购买服务的规定和监管要求，完成一系列的服务内容，并接受服务成效评估。在服务输送过程中，政府的主要职责是监管和把握公共目标及公共责任的实现程度，而社会组织及其社会工作者的主要职责是基于需求提供专业化的服务，并保证服务的质量和最终成效。总之，社会组织通过政府购买服务或公益创投项目的形式，为以贫困儿童为主的服务对象提供一系列的服务。在政府的有关规定范围内，其服务的内容和方式会根据不同的情况而有所不同。第二种模式是政府直接购买社会工作岗位，即政府通过财政拨款与社会工作人员签订用工协议，签约后的工作人员在固定的岗位开展工作，为贫困儿童提供帮扶。这种方式往往会依托社区、学校或事业单位来实施，并根据社区、学校等主体的实际需要开展相应的专业服务。第三种模式是公益组织或专业机构基于自筹资金（捐款）来开展针对贫困儿童及其家庭的专业化服务。这些服务基于不同地区、不同人群，呈现出较大的差异性，而服务输送的持续性也在很大程度上受到资金筹措情况的影响。相对而言，目前在大力推进政府购买服务的背景下，前两种模式更为常见和普遍，其服务的稳定性和持续性也更好一些。

（四）服务输送过程

针对贫困儿童及其家庭的社会工作服务输送过程有三个关键点。第一，应从多维贫困的认识角度出发，儿童反贫困社会工作实践不仅关注物质帮扶，也要重视教育、健康、个人兴趣、人格形成、社会参与等不同层次，进行基于特定的贫困儿童及其家庭的需求调查和需求分析，提供有针对性的服务内容。在服务的过程中，要注重开发和促进贫困儿童及其家庭的潜能和发展能力。第二，从生态系统理论出发，理解和解释儿童贫困形成的多种原因。社会工作实践具体要从贫困儿童的微系统、中系统、外系统、宏系统和时间系统等不同层次介入贫困儿童的问题。因此，一方面，服务输送过程涉及不同层次的服务介入，社会工作者通常需要与诸如家庭、学校、社区、政府有关部门、传媒等不同系统通力合作，共同致力于改善贫困儿童面临的处境。另一方面，在服务输送过程中，社会工作者必须辨识和关注那些会影响服务的不同利益相关者（stakeholders），尽可能争取不同层次、不同利益相关者的资源，实现他们对服务输送过程的支持。第三，服务输送过程要注重对治理共同体的构建与完善。如前所述，反贫困工作是当前社会治理的重要内容，这就要求我们在社会工作服务实践中建立一个儿童反贫困治理共同体。这一治理共同体应该在党委领导、政府负责的基础上，以贫困儿童为主体、以家庭为中心、以社区为依托，与不同参与主体通力合作，为贫困儿童及其家庭构建全方面、多维度的专业服务体系。在这个治理共同体中，社会组织及社会工作者在建立合作、统筹协调、资源整合以及日常运作等方面发挥着至关重要的作用。

四、一个好的社会工作实践框架

一个儿童反贫困社会工作实践框架被制定以后，要遵循计划性和灵活性相结合的原则，在具体的实践中不断根据情境要素、需求的变化、阶段性预期目标的实现程度等因素进行及时调整。此外，儿童反贫困社会工作既要把握儿童早期发展阶段的机会窗口，也要注重服务的持续性，将服务的及时性和持续性结合起来。

（一）计划性与灵活性相结合

一般情况下，社会工作者要根据社会情境的要求、贫困儿童及其家庭的特点和需求，以一定的理论框架为出发点，基于前期的研究和调查，形成儿童反贫困社会工作的实践框架。如前所述，这一实践框架具体涵盖目标、价值理念、基本原则,并要明确服务提供者、服务对象、服务的组织方式和服务输送过程等内容。基于这一实践框架,社会工作者有序地开展相应的服务。但是,实践框架在其形成之后并不是一成不变的,而是要经常在服务输送过程中不断反思和修正贫困儿童及其家庭的需求、审视不同阶段的预期目标是否达成、发现产生了哪些非预期的结果,并基于贫困儿童及其家庭内部与外部情况的变化,及时调整社会工作实践框架的具体内容,确保服务过程不偏离预定目标,或者基于现实状况调整预期服务目标,实现最终的服务成效。因此,一个好的社会工作实践框架一定要注意将计划性和灵活性结合起来。一方面,在实践框架形成以后,社会工作者要基于实践框架的各个组成要素有序地展开服务,注意服务的计划性和各阶段的不同环节;另一方面,社会工作者也要及时根据实际情况做出调整和修正,注意服务的灵活性,以使所提供的专业服务更符合现实中贫困儿童的实际需要,有效回应和解决贫困儿童及其家庭面临的问题。

(二) 及时性与持续性相结合

儿童早期发展阶段决定了一生主要能力的培养,这一阶段将为他们智力的发展、对知识获取与理解能力的形成、信念和心态的形成以及决策能力的培养奠定重要的基础。① 有关儿童早期综合发展的研究表明,对年龄最小的儿童进行投资能够取得最大的产出②,这意味着在适当的时间进行适当的

① NOBLE D J, MARTIN K, QIN L, et al.. “What could cognitive capital mean for China's children?”, *PsyCh Journal*, 2017, Vol. 6, No. 2, pp. 153 - 160.

② UNICEF: “Integrated approaches to early childhood development: 0 - 3 years”, (2017 - 09 - 11) [2020 - 10 - 23], https://www.unicef.cn/reports/integrated-approaches-early-childhood-development-0-3-years.

干预，把握对大脑发育进行优化的机会窗口，可以抵消某些剥夺的影响。对整个童年和青少年期的儿童[①]进行持续投资能够巩固早期的收益，并可能减轻甚至修正早期负面经验的影响。[②] 因此，就儿童反贫困社会工作的实践框架来说，应该注重及时性。及时抓住儿童早期发展的机会窗口，才能产生最大的效益。同时，除了服务的及时性之外，也应该关注服务的持续性，在多维贫困认识框架下的社会工作实践涉及贫困儿童的多个层面、多个领域，重点是贫困儿童及其家庭的能力建设和发展，而这些不同领域、不同层面服务目标的达成以及儿童的能力发展，都需要社会工作者提供持续的、稳定的服务介入才能达到最终效果。

第二节 社会工作介入儿童贫困的重点与路径

导致儿童陷入贫困的原因是多维的，因此社会工作介入儿童贫困的实践必须树立系统性、多层次的视角，才能确保介入的质量和效果。以多维贫困的认识框架为出发点，儿童反贫困社会工作的介入重点应聚焦两个方面：一是关注儿童发展能力建设的主体性塑造；二是重视儿童社会支持网络的构建。在政府购买服务的背景下，国内目前已经形成了社会组织嵌入社区、学校社会工作等不同的介入路径，但必须进一步反思传统的介入路径，避免

① 本书采用联合国《儿童权利公约》对儿童的定义："儿童系指18岁以下的任何人。"

② SAMSON M, FAJTH G, FRANÇOIS D. "Cognitive capital, equity and child-sensitive social protection in Asia and the Pacific", *BMJ global health*, 2016, Vol. 1, No. (Suppl 2), pp. i19 - i26.

介入层次之间的割裂。

一、主体性塑造：儿童发展能力建设

承认、重视并坚持主体在实践和认识活动中的地位与作用对所有个体的发展来说都至关重要。主体性主要表现在个人在人与世界的关系中处于一种能动性的地位，人在实践过程中所表现出来的能力、作用、个人看法以及地位。个人如果失去主体性，就失去了人与世界关系中的能动性和主动性。儿童是社会的一部分，也是社会的主体，他们有自己的行动能力，并能够为社会带来改变。[①] 强调儿童的主体性，重视儿童的视角，使他们发展自己的能力，从而塑造主体性特征，应该成为儿童反贫困社会工作实践的介入重点。一般来说，主体性强调弘扬儿童的主体精神、培养儿童的主体能力、塑造儿童的主体人格，最终目的是促进儿童解放和发展。[②] 主体性的塑造对于儿童的能力建设与发展，对于贫困儿童及其家庭增强改变贫困命运的能力都具有重要的意义。但是，由于儿童处于早期生命发展阶段，缺乏独立表达和主体性塑造的途径，因此在家庭、学校、大众传媒等特定的话语体系中，儿童的主体性往往被忽视，其主体性的塑造和发展也受到诸多限制。

一项调查显示，中国儿童的意见得到尊重往往只涉及诸如零用钱、穿着、娱乐等一些小事件上，而对于择校、交友、课程安排等具有长期影响的事

---

① CUNNINGHAM H A. "A historical sociology of childhood: developmental thinking, categorization and graphic Visualization", *Children & Society*, 2009, Vol. 23, No. 4, pp. 310 - 311.

② 岳伟、涂艳国：《我国主体性教育研究 30 年回顾与展望》，载《中国教育学刊》2009 年第 6 期。

件，他们很少能够真正地参与决策。① 贫困儿童参与表达更多是在家庭生活当中，但受到大部分父母意识观念的影响，贫困儿童在家庭中难以发挥其主体性，即使存在贫困儿童行使决定权的可能性，也只是在很小的事情上。② 事实上，作为具有认知和行为能力的主体，儿童有自己的利益诉求和需要，但这些诉求和需要在现实生活中却往往被忽视，也因此限制了他们的主体性塑造。因此，在社会工作实践中，一方面，社会工作者要能够辨识儿童的主体性在多大程度上受到家庭、社区或社会规范的限制，理解缺乏主体性对儿童发展的影响机制，以及儿童主体性塑造与积极能力发展之间的关系；另一方面，社会工作者要致力于主动培育儿童的主体性，尊重服务输送过程中他们的利益表达，了解对儿童主体意识发展产生影响的诸多因素，并能在服务过程中介入和改善那些具有负面影响的限制性因素。

主体性塑造能力的培养涉及自我认知能力的促进与发展。自我认知是个体在与其他社会成员活动中对自身特点、自我表现的评价，它往往包含多个维度，如生理的自我、社会的自我以及心理的自我。儿童在生理层面的自我认知涵盖对身体状态、成长和发育状态的认识，包括外貌特征、体能特征等方面；社会的自我认知一般在儿童与家庭成员、朋辈群体等交流或社会交往的过程中展现出来，涉及自我社会角色、亲情、与他人的合作关系、和同学的伙伴关系、自身的学生身份等；心理层面的自我认知则指的是对自己心理

① 陈晨、陈卫东：《中国5城市儿童参与状况调查报告》，载《中国青年研究》2006年第7期。

② 姜妙屹：《城市儿童贫困现象研究：以天津市为例》，光明日报出版社2012年版，第218—221页。

状态的认识，如自身的兴趣和爱好、自身的价值观念以及自身所具备的才能、性格乃至气质等。研究表明，儿童的自我发展是沿着生理自我认知、心理自我认知和社会自我认知的线性方向发展的。[①] 帮助儿童形成稳定的自我概念，既会对儿童的主体性意识的形成产生积极影响，也会对儿童未来行为的塑造产生积极影响。

通过主体性塑造和培养，儿童能够具备更好的风险辨识能力，并能及时对风险做出反应。传统的儿童反贫困工作更注重对儿童的救助及外部支持网络的构建，对儿童与外部环境互动中的能动性关注较少。一方面，由于儿童处在尚不成熟的发展阶段，自身面临着很大的风险性因素和不确定因素，需要得到来自家庭和社会的保护，因此为儿童构建一个社会支持网络是非常重要的；另一方面，儿童早期发展阶段主体性的塑造也非常关键，可以基于不同发展阶段儿童的生理、心理特征，培育儿童的主体性和能动性，增强他们主动辨析风险的能力。例如，夏季儿童溺水事件频发，是由于来自家庭和父母监管等保护性因素的缺失，以及儿童自身对安全风险的意识和应对能力不足。因此，社会工作实践不仅要构建社会支持网络，加强外部对儿童的安全保护，也应该注重儿童自身对风险的辨识能力。所以，教会儿童尽早、及时识别和应对这些风险，增强儿童自身的能力，才能更好地促进儿童的能力发展。再如，贫困儿童在社会交往中也会面临诸多问题与挑战。匮乏的物质生活可能会造成贫困儿童在社会交往中自信心不足，从而在与同辈群体交往时难以建立平等、积极的关系。如果针对贫困儿童开展社会交

① BROWNELL C A, NICHOLS S R, SVRTLOVA M, et al.. "The head bone's connected to the neck bone: when do toddlers represent their own body topography?", *Child development*, 2010, Vol. 81, No. 3, pp. 797 - 810.

往能力提升的服务，不仅能够促进他们的身心发展，也可以提升贫困儿童与他人交往中的自我意识、自我价值感和自我效能感。

二、环境发展与社会支持网络构建

社会支持网络理论将社会支持与社会系统结合起来，将个体与各种社会关系的交往视为一种相互关联的网络，在这个网络中，个体可以获得各种各样的正式或非正式的社会支持，从而获取社会资源。[①] 因此，社会支持网络实际上是一组个人之间的接触关系系统，通过这些接触，个人得以维持社会身份并且获得物质帮助、情绪支持、情感支持等。[②] 社会支持网络理论的核心观点是，弱势群体的问题并不是因其自身原因造成的，而是缺乏必要的社会支持，诸如来自国家、政府机构乃至各种社会组织的正式社会支持匮乏，以及来自家庭成员、亲戚、朋友等非正式支持不足。[③] 因此，在社会工作实践的过程中，服务提供者应该明确儿童支持网络的相关主体，明晰各主体的功能定位，并在此基础上构建儿童支持网络平台。

（一）明确支持主体

相对而言，社会工作者在环境发展与社会支持网络构建中发挥着核心作用。由于社会工作是一门具有助人性质的专业性学科，有着自身独特的专业方法和技巧，因此社会工作者不仅能够对服务对象表达尊重、理解、接

① 周湘斌、常英：《社会支持网络理论在社会工作实践中的应用性探讨》，载《中国农业大学学报(社会科学版)》2005 年第 2 期。

② 卢利亚：《农村留守儿童社会支持网络模式研究》，载《湖南师范大学社会科学学报》2012 年第 6 期。

③ 东波：《农村“留守儿童”社会支持网络模式探微》，载《学术交流》2009 年第 5 期。

纳，遵从相应的价值观，也可以在了解贫困儿童自身特征的基础上，有针对性地开展专业化服务，帮助他们解决困难，提升自身能力以应对挑战，促进身心的健康发展。一方面，社会工作者基于贫困儿童的多层次需求提供专业化服务，具体包括基本生存需求的满足，如获取干净的饮用水、获取良好的营养、保证其不遭受虐待等侵害、心理健康的维持、情感健康需求的满足等，以及满足贫困儿童的发展性需求，如自我认知的提升、自我价值感的提升、主体性能力的发展等。另一方面，社会工作者还能够建立一个合作机制，通过链接包括学校、社区、政府、社会、企业等在内的多方面资源，在支持网络的构建和运行中发挥主要作用，为贫困儿童提供有针对性的支持。例如，基于政策倡导，完善贫困儿童的各项保障和福利措施；与学校合作开展培训，使任课老师掌握在日常课程教学中为贫困儿童赋能的技能；与社区合作，为贫困儿童营造良好的社区氛围等。社会工作者还需要通过各种动员和激励机制的建立，促使多元主体主动投身于儿童反贫困实践中。

但是，受到地区差异及城乡差异的影响，我国很多地方还缺乏专门的社会工作者，因此应该发挥基层群众性自治组织的作用，以社区工作者为主体，为儿童开展反贫困服务。从概念上，社区工作者一般是指经过一定选拔程序被各街镇社区工作者服务站所录用的，并以自然居住小区为基本服务区域，为居住在小区内的各类人员提供公共服务与其他公益服务的专职工作人员，其组成人员是由各个地区、街道办事处按照需求招录的。但是，从服务范围上来看，他们和社会工作者从事的社区范围的服务是大体一致的，即通过专业的技巧和方法对社区事务和人际关系进行有效、有序的协调，使社区保持健康状态和良性发展。

在大力倡导多元主体参与社会治理的发展趋势下，扶贫领域中有很多不同的主体参与进来，发挥了积极的作用。就儿童反贫困领域而言，虽然支持主体主要由社会工作者和社区工作者组成，但也应该注重与政府、非政府组织、企业之间的充分合作，明确学校、同辈群体、家庭等对儿童的影响，共同为贫困儿童构建一个良好的支持平台。

（二）构建支持平台

要构建以家庭为核心、以社区为依托的社会支持平台。家庭是个人成长中最重要的载体，是塑造社会成员认知、情感和人格的基本单位。儿童一般首先通过家庭建立自我认知，习得社会规范，并获取社会成员资格，父母对子女的抚养和教育是帮助子女实现社会化的过程。此外，家庭还会提供情感支持，推动儿童对伦理文化进行学习，促使他们对社会要求产生内心的认可和赞同。① 总之，家庭的经济状况、教养方式、亲子关系、对教育的重视程度等都会对儿童产生重要的影响。我国目前低保家庭和低收入家庭储蓄较少，导致他们在经济方面比较脆弱，家庭抵御风险的能力很弱，一旦家庭成员发生失业、严重疾病或遭遇其他负面的事件，很可能就会陷入自身难以摆脱的严重困境。同时，他们当中很多家庭成员由于人力资本不足而发展困难，并且还可能因家庭收入低下而导致子女健康水平低下和对子女的教育投入不足，从而使下一代更容易沿袭其贫困，导致贫困的代际传递。② 这些风险性因素会制约贫困儿童的顺利发展，而以家庭为核心的支持

① 陆士桢、任伟、常晶晶：《儿童社会工作》，社会科学文献出版社 2003 年版，第 306—315 页。

② 关信平：《当前我国城市贫困的新特点及社会救助改革的新方向》，载《社会科学辑刊》2019 年第 4 期。

平台不仅能够缓解家庭所面临的严重困境，为贫困儿童提供资源和发展机会，也能对与儿童息息相关的生活环境产生长远的积极作用。

就贫困儿童而言，政府制定的社会政策、社会组织参与的扶贫救助活动、社区参与的反贫困实践都与家庭息息相关。因此，要解决贫困儿童的问题，就应该重视贫困的代际传递，重点关注可使贫困家庭经济改善的救助政策，巩固家庭的功能，协助贫困家庭成员通过共同努力来摆脱贫困，发展多元化职业教育和职业训练方法，以提升贫困家庭中家长和儿童的人力资本，阻断贫困的代际传递，强化各个系统的社会支持功能，协助贫困家庭子女解决困难，成功应对不利的经济社会环境的压力。[①]

（三）支持主体的功能定位：分工与合作

儿童贫困问题能否得到解决，政府扮演着重要的角色。虽然我国儿童反贫困取得了瞩目的成绩，但目前我国的社会政策仍相对忽视对贫困儿童能力发展的关注，有关权益保护的法律法规也有待于进一步完善。因此，有针对性地推动有关贫困儿童相关福利政策的完善，积极倡导儿童能力发展，应该成为新时代背景下扶贫工作的重心。学校是贫困儿童重要的学习场所，对儿童身心健康和人力资本储备发挥着重要的作用。一方面，学校要确保贫困儿童的受教育权利，使他们可以获取相应的教育资源；另一方面，学校要营造一个友好的、积极的氛围，通过良性的、正向的朋辈群体的影响，培育贫困儿童形成积极的价值观、人生观和世界观。此外，社会组织积极参与儿童反贫困实践，是儿童反贫困工作的重要力量。如公募性基金会可以通过发动募

① 于晶利、杨奎臣：《青少年社会工作实务》，格致出版社、上海人民出版社 2012 年版，第 214—221 页。

捐为贫困儿童提供物质性支持，非公募性社会组织可以通过开展专业的服务参与儿童反贫困实践，致力于提升贫困儿童及其家庭的发展能力。市场力量也是儿童反贫困的重要支持。很多企业参与慈善行动，通过捐物、捐款、助学等爱心活动支持贫困地区，这对于受助对象也是一种帮助。[①]

目前，针对贫困儿童不同层次的社会支持之间仍然缺乏有机的联系，没有形成一个完整的系统和网络，这会对支持的效果产生直接影响。实际上，各种社会支持并不是孤立的，而是一个紧密联系的统一整体，不同的社会支持之间有着内在的联系。因此，社会支持网络的主体是相互联系的，内容也是内在统一的。[②] 社会工作者可以促进多元主体之间的合作，如企业可在社区开展志愿活动，利用自身的优势（物力、人力、流量平台、宣传等）在社区营造良好的关爱贫困儿童的氛围，并向贫困儿童家庭提供相应的支持与帮助，这不仅对企业自身的品牌建设有积极作用，也实现了资源的有效利用，具有良好的公益效果。对于缺乏社会工作者的地区而言，由于社区工作者同社会工作者在社区承担的责任大体是一致的，所以，社区工作者也应该关注对外部资源的链接，以及直接性地对贫困儿童开展力所能及的服务，力求达到良好的效果。

三、政府购买服务背景下的介入路径

政府购买公共服务是政府将以往无偿提供给社会大众的公共服务，利

---

① 唐美静：《社会支持网络理论下的农村留守儿童社会支持探究》，载《社会工作》2014年第1期。

② 张长伟：《艾滋病致孤儿童的社会支持网络探析——以河南省为例》，载《中国青年研究》2008年第10期。

用资金帮扶、政策倡导等方式，交由具有高水平的社会组织来承接，然后依照组织所能输出的公共服务量与水平来补偿经营成本。[①] 一般情况下，政府作为购买方，社会组织作为承接方，购买资金来自财政资金。[②] 作为比较常见的一种方式，政府购买社会组织的公共服务不仅能够激发社会组织的活力，也能够使政府从繁杂的直接提供公共服务的事务中解脱出来，更多承担公共责任并成为资金使用的监管者。目前，政府购买服务的方式已经被广泛地应用于扶贫、儿童保护、儿童福利等多个领域，并取得了很好的服务成效。

在政府购买服务的背景下，儿童反贫困社会工作的介入路径主要有社会组织嵌入社区、学校社会工作等模式。此外，在社会治理共同体的治理格局中，未来儿童反贫困社会工作介入路径的发展方向是构建一个多元主体参与的治理共同体。

（一）社会组织嵌入社区

在儿童反贫困社会工作方面，社会组织嵌入的方向应该以社区为主。一般来说，社区作为贫困儿童家庭所生活的地域，社会政策的落实、福利性服务的申报都是通过社区来进行的。儿童生活和成长的场所以家庭为主，而与家庭生活、家庭环境最为密切的就是家庭所在的社区。因此，儿童反贫困社会组织嵌入社区提供专业服务，不仅具有能及时回应需求、服务提供便捷、家庭获取服务的可及性强等优势，也意味着较强的可操作性。社会组织

① 王浦劬：《政府向社会力量购买公共服务的改革意蕴论析》，载《吉林大学(社会科学学报)》2015 年第 4 期。

② 蒋金富：《政府向社会组织购买公共服务的中西方模式比较研究》，载《湖北社会科学》2012 年第 4 期。

嵌入社区有两种不同的方式：其一，社会组织与社区形成合作关系，社会组织根据儿童反贫困的目标，在进行前期调查的基础上，链接资源，与社区开展合作，为社区及社区中的贫困儿童提供专业服务，这是当前中国社会组织嵌入社区最常见的模式；其二，社会组织向当地社区派驻社会工作者或社区工作者，或者通过设置分支机构，负责当地社区与组织使命相关的综合性事务，并承担派驻的社会组织的责任。

在社会组织嵌入社区的过程中，社会组织应该以社区为开展服务的平台，以社区中的贫困儿童及其家庭为提供直接服务的对象，并根据其需要，有规划地、定期地针对所需要达到的目标提供支持。同时，也应该关注与社区工作人员之间的交流、沟通与合作，并与社区内其他形式的社会组织或机构，如社区志愿者队伍、社区娱乐团队、驻区企业开展合作，实现资源共享，针对社区居民开展旨在改善儿童贫困问题的社区活动。

社会组织嵌入社区开展儿童反贫困社会工作是一个有效的介入路径。以社区为依托为贫困儿童及其家庭提供专业服务，从服务供给和资源提供的视角看，其增强了贫困儿童及其家庭对公共服务获取的可及性和便捷性。嵌入社区的介入路径，除了基于社会组织的资源和专业力量直接为服务对象提供服务外，还充分动员了社区内部和外部资源，激励多元主体与社区通力合作，共同促进贫困儿童及其家庭状况的改善。在这种介入模式下，社区与社会组织往往具有一致的发展性目标，都力求满足社区内贫困儿童及其家庭的多维需求。

（二）学校社会工作模式

就学校社会工作的模式而言，王思斌将其划分为两种，即“外嵌式发展”

与“内嵌式发展”。[①]“内嵌式发展”是指在学校内部发展社会工作要素，培养社会工作人才，将社会工作与学校工作相结合，整合性地发展学校社会工作；而“外嵌式发展”是指通过政府购买服务、公益服务支持等方式，由学校外部的社会工作服务机构或社会工作团队，进入学校开展社会工作服务，这种模式下，社会工作力量是进驻学校的合作者和协同者。

学校社会工作模式以学校为依托，为贫困儿童及其他同辈群体在学习、社交等方面提供专业服务。这一模式往往能够发挥学校的教育作用，帮助儿童形成正确的人生观和价值观，养成积极向上的品格。同时，由于贫困儿童在学校的场景中有同辈群体的陪伴，学校往往是贫困儿童开展社会交往、社会互动与社会融入的良好场所。两种不同的模式有不同的责任主体：“内嵌式发展”是在学校内部发展社会工作要素，培养相应人才，这意味着社会工作者或兼职社会工作者应该向所在的学校负责；“外嵌式发展”是由学校外部提供服务支持，因此，社会工作者往往向购买服务的政府或者提供公益支持的机构、组织、团体负责，而学校便成了合作者与协同者。目前，我国部分发达地区有条件的学校，通过内嵌式发展在学校内部培养了相应的社会工作人员，而一些地区在政府的引导以及社会组织的支持下，也逐渐开始探索学校社会工作模式。

我国香港的学校社会工作的“一校一社工”模式值得借鉴，其服务模式是由社会福利署、教育署与社会服务机构开展合作，由社会服务机构派出社会工作者入驻学校。[②] 经过长时间的实践，“一校一社工”模式取得了良好的

① 王思斌：《积极促进我国学校社会工作的发展》，载《中国社会工作》2018 年第 28 期。
② 管向梅：《香港学校社会工作制度及其启示》，载《社会》2004 年第 4 期。

成效，这对儿童反贫困学校社会工作的推行有一定的启示和借鉴意义。在制度设计上，通过教育部门、共青团等部门的通力合作，可以先展开学校社会工作“一校一社工”模式的试点，或者通过政府直接购买学校社会工作者岗位、政府购买社会组织驻校提供社会工作服务等方式，积极探索学校社会工作的多种模式。

（三）儿童反贫困社会工作治理共同体模式

儿童反贫困社会治理共同体是未来儿童反贫困社会工作介入路径的发展方向。在政府购买服务的背景下，社会组织既可以通过政府购买服务或公益创投项目获取资金，立足于社区为贫困儿童及其家庭提供专业服务，以改变他们的多维贫困状态；也可以通过在学校内部设置或政府购买社会工作岗位等形式发展学校社会工作。无论是哪一种介入路径，都需要社会工作者链接不同层面的服务主体和服务资源，通过建立一个多元主体服务网络，为贫困儿童提供全方位、多层次的服务和支持。社会工作者在其中扮演着多重角色，如资源链接者、协调者、服务提供者、个案管理者等。换言之，这个多元主体服务网络就是一个治理共同体。这个共同体既包括政府部门之间的垂直管理和横向协作，也包括政府与社会力量之间、政府与社会公众之间、社会力量之间、社会公众之间等各利益相关方的协商、合作与直接参与。因此，要整合社会治理共同体的不同层次、不同领域和不同主体，推进共同体的有效运行，既需要系统性的制度安排，也需要联动、灵活的工作机制，更需要各个主体具备较高的治理能力。

有效发挥儿童反贫困社会治理共同体的功能需要解决三个方面的问题：第一，不同的主体，如社会力量或社会公众参与儿童反贫困工作的途径是否畅通？因为不同的参与主体，尤其是社会力量和社会公众能否有效地参与社会治理是建立共同体的基本前提。第二，参与共同体的不同主体以何种方式参与儿童反贫困实践？如何就儿童反贫困问题进行充分的协商、协同与合作？这需要建立一个由不同主体构成的合理、高效的参与机制和工作机制。第三，应该如何建立和完善共同体的日常运行机制？如何能够根据形势变化、具体任务要求等及时做出反应和行动调整？对这些问题的回答和解决都需要社会工作者进行更为深入的研究、具备扎实的实务能力，并在治理共同体中发挥核心作用。

四、实现不同介入层次间的有效关联

由于造成儿童贫困原因的多维性和多层次性，社会工作者一定要及时反思介入路径，切勿割裂介入的不同层次。只有将多层次间的介入有机关联起来，才能实现儿童反贫困社会工作的有效介入，确保介入过程的质量和最终成效。就传统的反贫困社会工作介入路径而言，常常涉及贫困儿童、家庭、学校、社区等多个领域，覆盖的范围比较广泛。但是，这些不同层次之间的联系缺乏制度保障，往往呈现出一种割裂的态势，很容易各自为战，缺乏合力。如果不同的介入主体之间的联系有一定的制度保障和运行机制安排，不仅能够调动多元主体参与反贫困实践的积极性，实现社会资源的高效利用，也能够从多方面、多渠道解决贫困儿童及其家庭所面临的问题。在这个过程中，社会工作者要发挥关键作用，以参与者、协调者、沟通者的角色，提升不同支持性主体之间的有机联系，从而实现一种良性互动和良性循环。

社会工作者可以对接其他领域的社会组织，为贫困儿童及其家庭提供包含家长教育、技能培训等在内的多个方面的支持，从而促进亲子之间的良性沟通、家庭成员人力资本水平的提升，进而帮助他们更好地应对贫困状况，并促进贫困儿童的自身发展。家庭是贫困儿童生活、成长的场所，向家庭提供支持能够直接对贫困儿童产生积极和正面的影响。目前我国的社会政策对于特殊儿童的帮扶往往只停留在个体的物质层面，却忽略了面临更大风险的家庭。因此，社会工作者必须致力于面向家庭提供整体的专业服务和资源链接。此外，学校也可以与本地社区合作，让贫困儿童以志愿者的身份参与社区服务，让他们能够在奉献社区、奉献社会的过程中提升自我价值感，提升自身的主体性。因此，加强家庭、社区、学校、企业等不同介入层次之间的联系与合作，发挥不同参与主体的资源优势和专业优势，才能更好地服务于贫困儿童，进而产生积极的效果。

总之，实现不同介入层次之间的有机联系，社会工作者或社区工作者应善于链接、整合不同层次的资源，使之形成一股合力，让社会资源得到最大程度的利用，从而对贫困儿童产生积极的影响。

第三节　儿童反贫困社会工作程序的核心环节

一般情况下，儿童反贫困社会工作程序有 4 个主要环节：对象锚定，即识别服务对象；需求调查，即针对所识别的服务对象展开需求调查；需求分析，即基于需求调查数据展开需求分析；根据需求明确服务计划制定与任务设定。在不同的情境下，儿童反贫困社会工作程序也要视不同的情境要素，如政治、文化、伦理等不同的要求增加或减少有关环节，因此一定要注意将儿童反贫困社会工作程序的计划性和灵活性结合起来。

一、对象锚定

社会工作对贫困儿童进行救助的一个基本前提是对贫困儿童进行精准识别，只有当目标群体能够被精确地识别到，才能够保证儿童反贫困社会工作的效果。

(一) 锚定方式

根据一些学者对对象锚定的研究，并从目前不同国家的经验来看，对贫困儿童的锚定是以家庭的贫困程度为依据的，一般具体采用群体锚定和地域锚定两种方式。①②

群体锚定是先确定受益对象的性别、年龄或者家庭收入水平，然后根据这些定量的标准来选择受益对象，一般确定有适龄儿童的、年收入低于一定标准的家庭为受益对象。这种方式对于目标人群的甄别会更加细致，但是需要投入一定的人力物力，甚至需要由第三方机构或专门的社会工作者来承担调查的工作。

地域锚定主要是指设定特定的地理区域作为受益对象的选择依据。例如，在儿童人力资本投资不足的地区，即在低入学率、高辍学率、高营养不良发生率的地区，将符合贫困标准且有适龄儿童的家庭锁定为目标家庭。这种锚定策略的操作成本比较低，但是可能会漏掉那些生活在条件较好社区

① 张浩淼：《拉美国家贫困儿童的救助经验及其启示》，载《学术界》2013 年第 6 期。
② 唐丽霞、赵丽霞、李小云：《有条件现金转移支付缓贫方案的国际经验》，载《贵州社会科学》2012 年第 8 期。

的贫困家庭。目前,以上两种锚定方式都有国家或地区在使用,也存在两种锚定方式被同时使用的情况。①

(二)锚定策略

目前,我国对于贫困儿童问题的关注仍处于起步阶段,大部分注意力都集中于整个贫困群体,对贫困儿童群体的重视程度并不够,也暂未形成系统性的制度化体系,只是将已有的救助政策分散在各类政策中。② 就对贫困儿童的锚定而言,大部分国家和地区是以整个家庭为依据的,采取以群体锚定为主、以地域锚定为辅的方法,以由国家及有关部门牵头进行、各个基层组织开展具体申报、所在县市人民政府民政部门审核的形式,通过申请评议、公示公告、抽检核查、信息录入等步骤,以家庭的收入水平、物质生活水平为衡量标准,锚定相关的受益家庭为贫困家庭,而生活在贫困家庭中的儿童,便会被锚定为贫困儿童,从而享受相应的低保、特困救助、医疗救助、教育减免等政策。一般来说,行政式反贫困的对象锚定涉及申请评议、公示公告、抽检核查、信息录入等步骤,从而将贫困村和贫困户有效识别出来,并建档立卡。③

因此,在开展儿童反贫困社会工作实践的初始阶段,可以先从当地民政部门或基层自治组织获得相应的贫困家庭的名单,从中选取贫困家庭中的儿童作为我们的锚定对象;也可以从学校获取享受教育减免的名单,从医疗

① 唐丽霞、赵丽霞、李小云:《有条件现金转移支付缓贫方案的国际经验》,载《贵州社会科学》2012 年第 8 期。

② 张浩淼:《拉美国家贫困儿童的救助经验及其启示》,载《学术界》2013 年第 6 期。

③ 李迎生、郭燕:《推动社会工作精准介入反贫困实践》,载《中国人民大学学报》2018 年第 5 期。

机构获取享受医疗救助的名单，从名单中根据特定年龄阶段，选出儿童群体，再根据我们选定的地域范围、特征等筛选出服务对象，开展具体的实践。

但是，行政式反贫困在贫困识别中存在贫困对象被动参与、被动接受、贫困群体覆盖不全面等问题。受此影响，我国对于贫困儿童群体的锚定具有单一维度的特征，因此，社会工作者在对家庭财产进行调查的过程中，应该注意以专业化的态度和方法来多维度、客观真实地审查申请者的条件，包括收支比、抚养负担等。此外，物质性、间接性的特征也使贫困儿童的锚定主要集中在收入短缺的角度上，即从经济或收入的单一角度进行测量和估算，缺乏其他层面的评估。社会工作者应该扩大对儿童贫困的理解维度，尝试从人力资本缺失、教育缺失等角度去创新锚定的思路，如从辍学率的角度入手，对高辍学率地区展开调查并进行锚定，综合考虑社会工作介入与服务对象之间的需求匹配问题。

二、需求调查：计划与实施

需求调查涵盖选择适当的收集数据的工具与方法，并按照一定的流程展开需求调查等工作内容。

（一）选择需求调查的工具与方法

为了对需求进行调查，一些研究者设计了一些工具和可行的方法。在需求调查时，充分利用现成的方法，既可以提高需求调查的效率，降低工作难度，也可以优化工作效果，使需求调查的结果更加贴合实际。同时，这也使得需求调查的最终结果能和其他同类调查结果进行对比，从而有助于发现特定社会服务对象需求的特殊性。

需求调查涉及的数据收集是一个系统的过程，是用既定的方式收集和测量有关变量信息的过程，旨在为相关问题提供解决方案，并对结果进行评估。需求调查的重点是找出某一特定主题的全部内容，收集的数据将进一步描述和解释这一特定主题。例如，所要开展服务的贫困儿童及其家庭有哪些需求？一般来说，常用的需求调查（收集）策略可以分为两类，一类是量化数据收集方法，另一类是质性数据收集方法。当然，在必要的情况下，可以采用量化数据收集和质性数据收集相结合的混合数据收集策略。在选择数据收集策略时要注意，不存在最好的数据收集方法，每种方法都有优势与不足。一般而言，量化方法强调事实的客观性，注重经验证实，而质性方法则强调对象的主观意向性，注重解释建构。

量化数据收集方法往往可以将需求转化为可测量、可用数字表示的事物，将需求转化为用数字化形式表示的变量，如大小、范围、规模、程度、持续时间等。常见的量化数据收集方法主要包括调查问卷法、实验法、量表法等。量化数据收集方法的优点在于一般情况下更加可靠和客观。量化常使观察更明确，也容易将资料集合或得出结论，为从简单的平均数到复杂的数学统计模型分析提供了可能性。但量化数据收集方法的缺点也是非常明显的，即存在意义丰富性的潜在损失。

区别于量化数据，质性数据是描述性的，而非数值性的，在本质上是探索性的，更重视对所观察现象背后的潜在原因和动机的洞察与理解，最有可能为“为什么”等问题提供答案。常见的质性数据收集方法包括个案访谈、焦点小组、观察、案例研究等。一般来说，质性方法更加耗时且成本高昂，其优点在于能够在相对自然的环境下与调查对象沟通，利于从对方的角度观察和理解他们的行为、态度和动机。质性数据比量化数据更为丰富，涉及文字、声音、思想、情感等，允许调查者更深入地理解，但缺点体现为难以得到普遍性的结论，而且质性数据通常被视为更具主观性，往往会受到研究者主观感受和认知的影响。

混合研究策略既关注对需求量化的表达，也关注解释与主观感受。混合数据收集法的结构一般分为三类：一是先量化后质性，通过质性数据解释量化数据；二是先质性后量化，通过探索性的质性数据提升量化数据收集工具的准确度；三是量化和质性同时进行，基于三角互证验证不同方法的结果。

在数据收集的过程中，工作者也应该注意，需求调查的方法和工具应该从需求调查乃至需求评估的角度全盘考虑，切忌单纯根据评估者的喜好来选择。无论如何，需求调查的目标是了解服务对象的真实需求，而不是为了表现评估者的高超技能。①

（二）需求调查的实施

首先，社会工作者需要查找和阅览与服务对象相关的文献，并同时审阅既有的相关实务经验：(1) 本人的服务经验以及其他人的实务经验；(2) 与拟评估的服务需求密切相关的研究文献；(3) 同类服务项目的评估结果；(4) 同类项目的研究文献。社会工作者需要通过前期的文献及实务经验对需求评估的方向、重点进行总体性的把握。

其次，有针对性地收集、分析一些与拟评估的服务需求密切相关的数据，其中既可以包括宏观、中观和微观层面的数据，也可以包括与贫困儿童

---

① 吴帆：《社会服务评估实用教程》，高等教育出版社 2018 年版，第 101 页。

密切相关的社区、学校、家庭和个人等方面的数据。当然,这些数据的收集并不仅仅局限于某一种方式方法,社会工作者可以通过数据库搜寻、官方资料搜寻、自身资料收集等多种方式整合数据。

需求调查应结合评估者所要回答的需求评估问题,确定需要收集的具体信息。在现实中,由于社会服务多是具体的,贫困儿童又具有自身独特性特征,因此社会工作者应该尽量从多个维度收集反映贫困儿童实际生活、学习、心理状态的信息。针对贫困儿童,社会工作者可从以下几个层面进行数据的收集:(1) 贫困儿童的状态,包括健康营养情况、发展情况(运动能力、认知能力、语言能力、社会技能、情绪管理、生活技能)、入学和学业的状况等;(2) 家庭的特征,如家庭成员的数量、各自的收入和支出情况、受教育程度、父母的教养观念、对子女的期望等;(3) 社区状况,包括社区的基础设施、社区人员的状况及组成结构等;(4) 其他和贫困儿童相关的资源,包括社会组织的数量、愿景和目标、专业技能情况等。①

此外,在实施需求调查的过程中,社会工作者也应该将调查范围扩大到和贫困儿童密切相关的其他类别群体,并与利益相关方进行沟通,如社区的负责人、政府部门等,扫除可能存在的障碍,以最大限度地为实践提供积极有利的因素。

三、需求分析:明确贫困儿童的发展需求

需求分析是要基于收集的质性或量化数据,确认贫困儿童需求的优先

① EANS J L, MYERS R G, ILFELD E M. *Early childhood counts: a programming guide on early childhood care for development*. Washington, DC: The World Bank, 2000.

次序，并明确需求产生的原因。

（一）数据分析的策略

一般情况下，可以基于质性数据和量化数据采用不同的数据分析策略。

（1）质性资料的分析。质性资料的分析是和整理相伴而行的，而不是等资料整理完再做分析。[①] 质性资料的整理并不像量化研究资料的整理那样有固定的模式和方法，其主要是经验、理论和技术层面的方法。[②] 因此，就质性资料的分析而言，涉及一个全面的、系统性的学习，质性资料的分析通常包括以下三个步骤。

第一步，对收集到的质性资料展开初步整理和分析，涉及将录音等材料转化为便于分析的文本，并在此基础上形成分析资料的方案等。[③] 在这一阶段，社会工作者可以将针对贫困儿童及相关访谈对象的录音等进行精准转化，并对整理所得的数据进行预览，结合贫困儿童可能存在的发展性需求要点，形成初步的印象。此外，为了防止数据丢失，也可以以多个版本进行保存。

第二步，对资料进行归类和分析，主要涉及对数据的编码，它往往意味着给数据片段贴上标签，同时对每一部分的数据进行分类、概括和说明。[④] 一般来说，编码分为一级编码和二级编码。一级编码包括识别意义单元、定义类属、设定类属的编码、重新发现和组织编码、决定何时停止。在一级编

---

① 陈向明：《资料的归类和分析》，载《社会科学战线》1999 年第 4 期。
② 陆益龙：《定性社会研究方法》，商务印书馆 2011 年版，第 145 页。
③ DENZIN N K, LINCOLN Y S. *The sage handbook of qualitative research*. Los Angeles: Sage Publications, 2011.
④ ［英］凯西·卡麦兹：《建构扎根理论：质性研究实践指南》，边国英译，重庆大学出版社 2009 年版，第 32 页。

码的基础上，需要对类属进行比较，以便发现它们之间的关系，在这个过程中，分析者通过二级编码对质性资料进行精简和提炼，分析的焦点也从访谈的语境转化到了类属的语境。

第三步，对资料进行提炼和解释，并构建理论。理论建构的过程是对特定服务对象及其所处环境的理解和探究，其理论不仅包含知识上的一般性，还包含实践上的特殊性，能够根据实际情况的变化加以调整。建构理论有两种模式：一是演绎式理论建构模式，二是归纳式理论建构模式。两种理论建构模式的区别主要在于逻辑推理过程中所采取的方式有所不同：前者所采取的是演绎式推理，即从一般到个别特殊；后者采取的是归纳式推理，即从个别特殊推导出一般。理论是在分析的过程中，尤其是在研究者把类属分成主题并寻找主题之间的关系的过程中慢慢浮现出来的。

针对贫困儿童开展的需求分析，可以从资料中提炼出与需求相关的不同分类系统，并依据一定的标准，通过图表、集群图等多样化的方式，总结与呈现出来。例如，基于质性资料分析与解释，将贫困儿童的发展性需求划分为主体性需求、社会参与需求等不同的类别。需要注意的是，对于贫困儿童的需求分析往往涉及一个动态的、持续性的过程，即在开展服务的任一阶段，社会工作者都需要对贫困儿童的需求展开分析，并不断地调整服务计划，以更好地契合贫困儿童的需求和特性，进而提升服务的效果。

（2）量化资料的分析。量化数据资料的统计和分析方法多种多样，有着很庞大的一套体系。一般情况下，量化数据的分析涉及两类。一类是描述性统计，主要包括频次分布、集中趋势的度量和离散趋势的度量。其中集中趋势的度量用一个数或数值来代表一组数据的平均分布，如中位数、平均数、众数;离散趋势的度量是指数据在均值附近聚集或离散的程度,如极差、标准差。另一类是推论统计,具体包括定类或定序变量值是否相关的卡方检验、同一群组先后测试的均值是否存在差异的配对 T 检验、不同群组的平均值是否存在差异的独立 T 检验、三个及以上群组的均值是否存在差异的方差分析等。更高层次的推论统计还包括呈现结果变量和解释变量之间因果关系的回归分析、路径分析、因子分析、结构方程模型等。

这里以量表为例来呈现如何展开具体的数据分析。量表通常有三种不同的类型。[①] 第一,总加量表(summated rating scales),它由一组反映人们对事物的态度或看法的陈述构成,回答者分别对这些陈述发表意见,根据回答者同意与不同意分别计分,然后将回答者在全部陈述上的得分加起来,就得到了该回答对这一事物或现象的态度得分。第二,特定形式下的总加量表——李克特量表(Likert scaling),它是由一组对事物的态度或看法的陈述组成的,回答者对这些陈述的回答被分为更加详细的类别(如非常同意、同意、不知道、不同意、非常不同意),由于答案类型增多,人们在态度上的差别就能更清楚地反映出来。第三,语义差异量表(semantic differential scale),它主要用来研究概念对不同的人所具有的不同含义。如果以上述三种量表为基础设计与贫困儿童发展性需求相关的量表,经过发放并回收后,通过对量表的信度、效度检验与数据分析,工作者就可以得出儿童自身乃至儿童监护人眼中看到的贫困儿童可能存在的需求,如发展性需求中哪个层面是更为服务对象所需要的、哪类需求是服务对象已经得到满足的。最后的数据既可以通

① 风笑天:《现代社会调查方法(第四版)》,华中科技大学出版社 2009 年版,第 110—115 页。

过对分数的加总来获得，也可以进行加权，并分不同的模块进行统计和分析。

除了量表之外，工作者也可以采用问卷调查的方式对数据进行收集和分析。一般来说，在收集完问卷后，便需要对资料进行处理和分析，因此，工作者需要对资料进行审核、复查，并将问卷的资料进行转换、录入，进行数据清理，并开展描述性分析，从而将资料以一种方便的、可使用的、易懂的方式呈现出来，其中可以涉及频次的分布、集中趋势的测量、离散趋势的测量等多个维度。这些维度不仅能够反映贫困儿童的需求现状，也可以以此与其他群体或者贫困儿童群体内的不同个体进行比较，从而有针对性地为贫困儿童开展服务。

在进行量化数据的需求分析时，我们可以选择一定的参照标准，即根据特定人群的某个或若干个指标的测量值来确定一个正常的区间，而将偏离该区间的视为需要社会工作服务的情况。比如，儿童的身高、体重判定可以同龄儿童的身高、体重的中位数为基准，低于一个标准差，便可判定为营养不良；低于两个标准差，则视为发育迟缓。同样，在判断某些疾病时，也往往会根据参照指标来衡量。比如，是否贫血是根据血小板的数量是否低于参照标准来判断的。此外，如果与总体平均水平相比某一人群的一系列指标表现均较差，也表明该人群需要特定的服务干预。①

（二）确认需求分析的关键问题

关键性问题的确认包括判断贫困儿童需求的优先次序，以及确定需求产生的原因。一般而言，不同的年龄群体、不同的服务对象拥有的资源是各

① EANS J L, MYERS R G, ILFELD E M. *Early childhood counts: a programming guide on early childhood care for development*. Washington, DC: The World Bank, 2000.

不相同的，这也就决定了社会工作者应该确认服务对象的需求层次以及服务对象产生某种需求的原因，从而明确服务的重点。

（1）确立需求的优先次序。一般来说，儿童的需求并不是单一的，而是多重的。贫困儿童都面临着生存性需求或发展性需求难以得到满足的情况，但是其需求的不同层面也会因人而异。例如，有的贫困儿童自我认知能力较强，但缺乏社会交往的能力；有的贫困儿童主体性意识较强，但在情感支持层面有所欠缺。因此，这就需要社会工作者能够基于调查数据明确不同贫困儿童的需求层次。

从操作的角度来看，社会工作者在开展针对儿童福利的项目帮扶时，往往通过与监护人的访谈、自身的观察来确定儿童的需求。虽然由于儿童自身尚未发展成熟，使得这种操作方式有一定的合理性，但是社会工作者也应该认识到服务主体是儿童本身，因此，必须加入对服务对象即贫困儿童的需求调查。需求调查既可以通过访谈来展开，如询问“最想得到什么”“最需要什么”“最大的困难是什么”“最想解决什么问题”“最担心什么事情”；也可以通过问卷获取相关信息，如在问卷中提供对需求进行排序的机会，让贫困儿童把他们认为最大的困难、最需要解决的问题、最迫切的需要列举出来，然后通过简单加总或加权的方式将相关的需求进行编码，并最终确定需求的优先次序。社会工作者在整个过程中应该意识到要根据自身的服务资源、服务所需的成本及服务机构的使命等情况，邀请专业人士和利益相关者共同确定最终的需求，切忌盲目任性。①

（2）明确需求产生的原因。实际上，导致需求出现的原因也不是单一

① 吴帆：《社会服务评估实用教程》，高等教育出版社 2018 年版，第 105—106 页。

的，而是多个维度的，因此，这就要求社会工作者能够把握重点，确认关键性问题和关键性原因，有针对性地开展帮扶。若对需求产生的原因进行调查，工作者可以通过鱼骨图分析法（fishbone diagram analysis）、刨根问底法（root cause analysis）等方法展开。

鱼骨图分析法的目标是明确导致需求产生的各种潜在因素之间的联系。[①] 这一方法的具体操作与头脑风暴法类似，参与讨论的组员先将导致某种需求产生的主要因素列出来（第一层次的原因），然后进一步列出这些因素背后更深层次的原因（第二层级），以此类推，直至再也不能列出有价值的因素。简而言之，贫困儿童有某种需求或陷入某种困境，往往不是单一因素作用的结果。这种方法有助于厘清导致贫困儿童产生需求的不同要素，从而能够多管齐下，满足贫困儿童的不同需求，帮助贫困儿童摆脱困境。

刨根问底法是根据“打破砂锅问到底”的原理，通过一步步追问，弄清楚服务对象产生某种需求的深层次原因，从而在根源上预防、解决问题。因此，这种方法的关键是分清楚“标”与“本”，找到问题的症结所在，避免将症状或表象当作服务干预的焦点。具体方法是连续追问 5 个或以上的“为什么”，通过连续追问的方式，使服务对象的真实需求浮出水面，而不是被服务对象牵着鼻子走，从而越走越偏。[②]

① WATKINS R, MEIERS M, VISSER Y. *A guide to assessing needs: essential tools for collecting information, making decisions, and achieving development results*. Washington, DC: The World Bank, 2012.

② 吴帆：《社会服务评估实用教程》，高等教育出版社 2018 年版，第 107—110 页。

四、服务计划制定与任务设定

(一) 任务设定的策略

一般情况下，儿童反贫困社会工作的任务设定应该围绕服务对象的需求展开。在经过前期需求调研之后，社会工作者应该根据服务对象个体的特征、所处的环境、所拥有的资源进行初步的判断，并结合自身的专业能力水平、可调用的资源力量、所在机构的价值目标取向、为贫困儿童提供帮助的项目购买方或斥资方的要求等维度，有所侧重地、有所选择地、合理地、科学地制定服务计划与任务设定。在有关任务设定的维度上，既不能过低，以防无法有效满足贫困儿童群体的需求，也不能超出服务机构或社会工作者自身的能力范围。

在进行任务设定的时候，社会工作者应该注意围绕服务的时间长度、贫困儿童多方面需求的满足进行考量。一般来说，任务的设定往往需要量化的标准，因此，这就需要明晰个案服务、小组活动、社区实践、学校服务、家庭辅导等方面的次数与时间长度。在这个过程中，就每个不同类型的服务而言，可以继续向下划分为不同的维度。如就小组活动而言，可以划分为学习小组、兴趣小组、朋辈支持小组、心理辅导小组等。这就要求我们任务设定的内容覆盖要广泛，这样才有可能有效满足服务对象多方面的需求。当然，这并不意味着我们设定的任务必须广而全，通常情况下，我们想要设定的，是有针对性的、能够帮助服务对象发挥其主体作用和优势的任务。

此外，在设定任务的过程中，我们还应该遵循具体化、可操作化、可评估化、可考量化的要求，使任务尽量清晰明确、简单易懂，并力求可行，从而使得后续方便进行相应的评估：是否在开展社会工作服务的过程中达到了既定的任务标准？达到的程度如何？以便后续实施计划的调整、对服务效果的评估、评价与反思的开展和进行。

（二）任务设定的不同层面

在儿童反贫困社会工作实践中，社会工作者更多接触的是贫困儿童及其家庭，此外还会涉及学校、社区、社会组织、企业等不同利益相关者。在任务设定的层面上，工作者可以依据自身及其所在机构的情况，对不同的层面进行划分。

1. 贫困儿童及其家庭

贫困儿童及其家庭层面是社会工作者在儿童反贫困社会工作中直接接触，并与服务密切相关的层面。由于家庭和儿童有着密切的联系，家庭会对儿童造成深刻的影响，因此，在设定任务的层次方面，应将贫困儿童及其家庭放在同一个维度上考量。儿童的贫困是多维度的，家庭收入不足是儿童贫困的一个重要原因，需要引起社会工作者相应的重视。① 因此，社会工作者在围绕这一层次开展任务的设定时，不仅要使其获得最基本的生活、生存需要的满足，也应该尽可能全面地满足服务对象不同的需求，从多个维度提升贫困儿童及其家庭的能力、自我意识，以促进其脱离贫困，并获得未来良好的可持续性发展。

社会工作者既要基于前期需求调查和分析结果进行任务设定，同时也要拓宽视野，从贫困儿童的一般需求出发，综合考虑任务设定的内容，具体

① UNICEF："Putting children first：accelerating progress towards the sustainable development goals"，(2016 - 02 - 18)[2020 - 10 - 30]，https：// www. unicef. cn/ reports/ putting-children-first.

可以从以下几个方面考虑：一是涉及贫困儿童最基本的生存需求、营养需求、医疗需求，以及是否享受应该享有的政策及福利；二是考虑心理状态、情绪健康和情感支持是否稳定；三是社会交往能力、同辈交往能力是否需要提升；四是学业方面的表现如何；五是在自我意识和自我观念层面，是否需要设定相应的任务。此外，在与贫困儿童息息相关的家庭层面，应该围绕家庭对儿童基本生活需求的满足状况，就亲子关系、亲子教养方式、家庭氛围与家庭成员的人力资本能力等方面开展任务的设定。

2. 多元主体参与实践

儿童反贫困社会工作实践需要多元主体的参与，因此社会工作者在设定任务的时候，需要根据实际情况将学校、社区、社会组织、企业等主体纳入进来。社会工作者可以基于资源以及机构的人力、物力、财力等情况，合理地做出判断，并设定适切的目标，尽可能地调动多元主体参与，从而链接多方面的资源，以实现贫困儿童自身及其所在家庭的发展。

在学校层面，应尽量发挥学校社会工作者的优势，设定任务以促进学校对各类群体学生实现教育机会均等、促进学校营造良好的学习环境、帮助儿童形成积极向上的价值观念和社会化人格等。在社区层面，任务应该围绕社区内贫困儿童政策的充分落实、社区专业化水平的提升、社区氛围的营造等方面来设定。从企业等其他社会力量的视角来看，应该最大限度地调动相应的资源，实现相互之间的协调合作。

3. 社会政策发展

社会政策层面往往涉及与贫困儿童切身相关的根本性的社会福利制度。一般来说，制度性的影响对贫困儿童产生的作用是极其深远的。在我国，目前国家的自主性依旧较强、主导地位依旧较高，作为政治权威的集中体现，国家依旧是行动的主体。[1] 虽然近年来国家推动了多元主体参与社会治理，但是这个过程并不是一蹴而就的。[2] 因此，社会工作者应该基于丰富的服务经验和深入观察，围绕儿童反贫困中与儿童相关的社会政策、社会福利开展政策倡导，促进针对贫困儿童的相关政策的完善。

（三）任务设定的过程

任务设定的过程涉及一整套的步骤，在这个过程中，需要考虑多方面的因素。首先，任务本身必须是明确的、可以达到的和可衡量的。如果任务无法被衡量和达到，便成了笼统的、空泛无意义的空谈。在明确了这一点后，社会工作者就可以针对不同层次的目标，有针对性地将可能存在的任务写下来，并根据写下的任务，罗列实现这个任务的理由、益处和意义，从而发现、认识到任务的必要性和重要性。其次，需要对不同的任务设定期限，以衡量任务实现的进程，并通过确认实现任务目标的障碍，将可能存在的阻碍性因素按照难度依次排序，结合社会工作者及其所在机构的资源（人力、物力、时间等）、克服阻碍性因素所需要的知识和技能，明确克服阻碍性因素的方法以及可以调动和利用的资源。最后，社会工作者可以根据上述制定实现任务的计划，设计任务进度表、绩效评估表、服务对象量表等可量化的事项，以最终评估任务开展和实施的效果。

---

① PERRY E J. "Studying Chinese politics: farewell to revolution?", *The China Journal*, 2007, Vol. 57, pp. 1 - 22.

② 史普原、李晨行：《派生型组织：对中国国家与社会关系形态的组织分析》，载《社会学研究》2018 年第 4 期。

具体来说，可以将其分为七个步骤来进行。[①]

步骤一：聚焦服务对象的核心问题与需要，逐层分析问题产生的原因和可能导致的长远后果。

步骤二：将“问题”转化为“整体目标”，即问题解决后会出现的状态；将“消极后果”转化为“积极后果”，即服务完成过程中及任务完成后，会给服务对象带来怎样的积极影响；将问题产生的“原因”转化为“目标”，即将问题中的每个原因调整为正向的描述。

步骤三：明确任务目标的层次，可以按照宏观、中观、微观层面进行划分。一般来说，宏观和中观层面的目标对应的是目的、整体目标或长期目标，而微观层面的目标通常对应着具体目标。

步骤四：确认目标设定需要包含的内容或范围。例如，宏观层面的任务目标包括服务对整个社会的影响，如政策倡导、社会认知等方面；中观层面的任务目标包括社会支持网络的建立；微观层面的任务目标包括贫困儿童及其家庭在个人情绪、态度、认知、能力、价值观、生活状况等方面的改变。

步骤五：使不同层次的目标可测量化。对宏观和中观层面来说，一般采用一个行为动词来表达期望的改变，如增加、减少、提高、降低、改善等。就微观层面来说，一般对应着具体的目标，可以采用数量（量化表述指标）、质量（具体表述改变范围或内容）、期限（达成改变所需要的时间）来测量。

步骤六：任务设定的检视。任务的设定必须是有价值的、可操作的、非

① 周文坤：《如何撰写服务目标——以随迁长者城市融入项目为例》，载《中国社会工作》2017 年第 21 期。

重叠的，因此需要对任务设定进行检视。可以采用“任务目标—策略”分析法，即高层任务目标能够解释低层任务目标“为什么”，低层任务目标能够解释高层任务目标“怎么达到”或“如何达到”；同时包括对任务目标的全面性检视，如现有的任务目标足够吗？若低层任务目标能够成功达成，高层任务目标也将顺利达成，那其中一个多余吗？

步骤七：通过分析服务的主客观环境，识别哪些任务最需要得到回应，哪些策略组合最能带来正向的改变，并结合资助方的要求、机构解决问题的能力、利益相关方的分析以及项目的可持续性等方面进行任务目标的选择。同时，对已经选择的任务目标进行排序，确认目标的优先级别。

第四节　儿童反贫困社会工作实践的具体方法

在儿童反贫困社会工作实践中，涉及多种方法，既可以从社会工作三大方法，即个案、小组、社区工作进行分类，也可以基于社会工作者的不同角色，如资源链接者、临床咨询者、教育者、政策倡导者等对社会工作方法进行分类。本节主要基于方法运用的普遍性和重要性程度，重点介绍儿童反贫困社会工作实践中经常使用的沟通技巧、评估方法、资源链接以及政策倡导这四类方法。

一、沟通技巧

沟通技巧涉及多种具体的技巧，主要包括互动技巧、语言沟通、非语言沟通(肢体语言)、观察、倾听、共情等。① 儿童处于个体的早期发展阶段,其主体性和主动表达的意愿常会受到外部环境的限制。因此,社会工作者在与贫困儿童的沟通过程中,要特别注意沟通技巧的使用,不仅要在沟通过程中建立专业的信任关系,也要注重鼓励儿童的积极表达和主体性能力的培育。下面主要介绍沟通技巧中的倾听与共情技巧。

区别于运用听觉接收信息的"听到"(hearing)过程,"倾听"(listening)是社会工作者运用听觉器官收集服务对象信息的活动,是一个有选择性的、有目的的动态性的过程。倾听分别由专注、思考和回应这三个要素构成。专注要求社会工作者必须掌握有效倾听的要领,如身体略微前倾,与儿童之间有眼神的接触,在肢体语言上表达出对儿童的专注等;思考要求社会工作者能够不断梳理和整理获取的信息,确认双方会谈的方向,并且通过思考服务对象提供的信息,为双方构建会谈的方向;回应要求社会工作者通过点头、开放的手势、积极的面部表情、简单的言语、沉默和适当的非语言交流等方式鼓励和肯定服务对象的表述,社会工作者还可以通过回顾和总结服务对象表达的内容以及感受来进行回应。

倾听是良好沟通的开始和基础,能够帮助社会工作者通过过滤、注意、区分,及时了解服务对象所要表达的信息,选择有意义的信息。倾听的过程也有利于帮助服务对象宣泄和舒缓负面情绪,对于双方构建积极的、彼此信任的专业关系非常有意义。贫困儿童身处相对劣势的家庭环境,资源匮乏的状态极有可能导致他们出现自信心不足、自我评价不高等情况。因此,有

① TREVITHICK P. *Social work skills: a practice handbook*. Buckingham and Philadelphia: Open University Press, 2005.

效的倾听能够让贫困儿童感受到温暖、尊重和被重视。积极倾听的过程本身也是赋能的过程，对于促进儿童积极的自我表达和主体性构建大有裨益。在倾听的过程中，社会工作者要秉承非批判性的态度（non-judgemental attitude），不能对贫困儿童有刻板印象或先入为主地做出判断。虽然贫困儿童很有可能出现一些负面情绪，但社会工作者切忌给他们贴上问题标签，而是要在沟通过程中对所有信息保持开放，避免过早下结论。积极倾听还能帮助儿童不断梳理问题的前因后果，使双方能够共同转向更深层次的问题探究，一起寻找双方交流的关键点，明确会谈的目标。从这个意义上讲，对儿童展开积极的倾听是打开对方内心、开启有效专业服务的第一步。

共情（empathy）也被称为同理心，属于沟通技巧中非常重要的一类技巧。共情是正确了解贫困儿童所表达的内容，敏锐觉察其内在感受，并将这种了解以符合其当前感受的语言表达出来。简言之，共情就是设身处地地为服务对象着想。共情具有不同功能，具体包括促进双方专业关系的建立与发展，营造一种了解服务对象的气氛，为下一步深入探索情绪奠定基础，引导服务对象持续开放地提供信息，为服务对象示范有效的沟通表达技巧等。本质上，共情是一种能力也是一种品质，一般分为两个阶段：第一个阶段是内在的运作，是指社会工作者设身处地地去了解服务对象所表达的内涵和情绪；第二个阶段是外显的表达，是社会工作者将所了解的内涵与情绪，用适当的语言做出适当的表达。同感的表达包括两个部分，分别为对内容的了解和对情绪的了解的表达。前者称为“简述语义”，后者可以称为“情绪反应”。一方面，社会工作者要设身处地地进入服务对象的内心世界；另一方面，社会工作者还要用理性去思考和回答服务对象的问题。在共情的运用过程中，一定要注意同情（sympathy）与共情之间的区别。一般情况下，贫困儿童的个人经历会引起所有人的共鸣，这种共鸣往往表现为一种同情。同情是被贫困儿童正在经历或曾经经历的情况所感动或呈现出的一种难受的感觉，是对服务对象关心的一种表达。但共情属于一种专业方法，共情要求社会工作者不仅要将自己置于服务对象的处境中去感受和理解他的情绪、想法、行为和动机，而且还要以合适的表述向对方传达这种理解。因此，共情是超越同情的，不仅限于情感的共鸣，而是能够向服务对象传达一种希望进入对方内心世界的强烈意愿。

贫困儿童处于劣势的成长环境，这种劣势环境容易引起贫困儿童的心理状态波动，或产生心理困扰。例如，由于同辈群体的排斥或歧视而产生的自卑感与孤立感，这就需要社会工作者理解并关注贫困儿童的心理状态，通过倾听、共情的技巧让他们信任社会工作者，愿意坦诚分享内心的真实感受。这对社会工作者有效开展需求调查及为后续针对贫困儿童的心理疏导和情绪支持提供了良好的基础，也有助于让贫困儿童意识到自身的价值，维持良好的情绪和心理状态。社会工作者通过运用积极倾听、有效共情等沟通技巧，让贫困儿童及其家庭成员感受到温暖、被尊重和无条件的支持，能更好地激发他们的潜能和主体能动性。

二、评估方法

评估是社会工作专业服务中不可或缺的一类技巧。评估有不同的分类，根据评估开展的时间和具体目标，可以把评估分为形成性（formative）评估和总结性（summative）评估两大类。形成性评估旨在促进和发展一项专业服务，因而大多用于一个方案或项目发展的早期，也可用于服务的实施过程之中。其目标是通过评估，制定新的服务方案或者对现行服务计划实施监控，避免将资源浪费在一个低效的服务或项目上。总结性评估则关注服务介入是否达成了预定目标。这种评估通常是在一个服务结束时进行的，旨在帮助决策者判断是否应该继续提供服务，是否需要调整服务方案等。

在社会服务实践中，需求评估、过程评估、结果评估和效率评估这四种具体的评估方法得到了广泛应用，一般而言，儿童反贫困社会工作者至少应该掌握这四种不同的评估方法。在一项针对贫困儿童的社会工作服务方案被设计或实施之前，往往要采用需求评估。从这个角度上看，评估往往在服务规划和输送之前就展开了。需求评估的主要任务是将某种社会情境转化为社会问题分析，进而确定社会问题的规模、程度、分布状况和影响程度，从而明确服务的目标人群、干预重点，并选择适当的服务干预策略，最终形成针对贫困儿童的服务方案。过程评估用于评估服务在具体实施过程中的状况。它试图回答下列问题：贫困儿童是否获得了服务？服务内容是否涵盖了贫困儿童的需求？参与者和关键利益相关者对服务是否满意？相关主体是否为这项社会工作实践提供了必要的支持？正在实施的服务是否与预期一致？目前的服务是否需要改进？总之，过程评估关注服务输送过程中的各个方面，尤其强调服务输送是否有效，以及服务输送过程是否获得了足够的支持。结果评估关注服务的长期和整体影响，通常用于审查服务的目标是否有效达成。一项社会服务能够取得预期的效果，是社会服务的核心价值所在。因此，结果评估强调服务目标的整体实现情况，关注服务为贫困儿童个体及其家庭、社区和社会所带来的改变，以及是否增进了贫困儿童及其家庭的福祉。在此基础上，结果评估还进一步分析结果产生的原因，总结经验教训。结果评估既可以在服务结束时马上进行，也可以在服务结束半年或一年后审视服务的长期影响和改变。需要注意的是，虽然结果评估通常在服务结束后才进行，但由于结果评估重点关注社会服务的实际效果，故须与基线数据比较才能得到科学的评估结果。因此，在服务开展前就应该进行评估方案设计，及时收集基线数据。效率评估关注社会工作服务的成本投入及其收益或效益，通过比较社会服务所产生的成本和效益，来评估服务的效率。这一评估方式更多关注服务资金使用的合理性及其使用效率，重点考察资金的使用去向、合理程度与效果，以达成在确保服务质量的前提下降低服务成本的目标。

评估方法是面向贫困儿童及其家庭开展社会工作服务实践的基础，只有使用科学的评估方法才能形成一个有针对性的服务方案，也才能客观地评价服务的成效与结果。当然，社会服务评估的目的和情境是多种多样的，可以根据不同的评估目的和适用情境选用不同的评估方法。如果评估的目的是明确服务需求，应该选择需求评估；如果评估主要关注资金的使用效率，可以考虑运用效率评估来考察服务的成本与收益；如果评估旨在确定当前的服务输送是否符合预期，以及是否得到了利益相关者的支持，过程评估则更为适合；如果评估目标是希望明确社会服务的整体效果以及带来的影响，可以实施结果评估。

确定了评估方法后，社会工作者要知道如何设计一个评估方案。评估方案的制定有一定的顺序和内容。第一，明确评估目标，确定评估的焦点问题;第二,根据评估目标和评估问题,结合社会服务的情境和实际情况选择合适的评估方法,如需求评估、过程评估、结果评估或效率评估;第三,明确评估的基本分析框架,将评估内容操作化,构建具体的评估内容(指标);第四,确定收集信息和数据的方法与实施方案;第五,确定时间进度与经费预算等。制定紧凑有序的评估时间进度表,可以将整个评估过程分解为若干步骤或环节,并确定各个步骤或环节完成的时间。制定合理的经费预算,确定评估总费用以及不同任务、不同阶段所需要的经费。当然,在评估方案设计中,一定要考虑现实的约束条件,方案设计也要有一定的灵活性。

在设计评估方案时,无论采用哪种评估方法,都需要将服务对象、提供服务的组织和相关人员纳入进来,充分考虑他们对评估方案设计及其方法的想法和建议。尤其是贫困儿童及其家庭和提供服务的一线工作人员等,他们对社会工作服务的内容、问题以及需要改进的方面有较为直观且深入的体验,能为评估方案设计提供大量且有效的信息。因此,设计评估方案时合理地纳入他们的想法和建议,不仅不会削弱评估方案设计的客观性,还会提升方案设计的有效性。

三、资源链接

社会工作专业的独特性在于它能够将服务对象的个人系统与家庭、团体、社区、福利政策和整个社会联系起来,基于这些系统提供的各类资源实现对服务对象的有效支持。资源链接涉及社区资源、学校资源、社会资源等多个方面,社会工作者在采用此方法时,应该依据贫困儿童及其家庭的需求,结合社会工作者及其所在机构的优势,有针对性地选择合适的资源。

这与多维贫困认识框架下开展儿童反贫困社会工作实践的要求是一致的。导致儿童贫困的原因是多维的，因此相应的社会工作介入也应该是多层次的。

但是，社会工作者及其依托的社会组织的资源总是有限的，往往需要进一步链接资源和整合资源，以实现对贫困儿童的多层次介入。一般来说，贫困儿童大多面临着物质资源匮乏的问题，一些儿童还会面临营养不良的状况，以上问题会造成儿童身体发育不良、智力发育迟缓等后果。因此，通过为贫困儿童提供经济方面的支持，不仅能够缓解其贫困的现状，也能够使贫困儿童获得良好的饮食、安全的用水等，满足其基本的生活需要。这都需要社会工作者通过资源链接来实现对贫困儿童及其家庭的物质支持。社会工作者还需要确保服务对象能够享受到应有的社会政策、保障政策（如医疗救助、教育救助、低保制度和特困救助制度），若服务对象存在“应保未保”的状况，应该为其争取相应的权益。在社会层面，社会工作者还可以发动多种不同形式的社会组织，针对公募性基金会开展资金筹措，针对专业性社会组织，使其发挥自身的专业特性，为贫困儿童直接提供服务，或为社会工作者提供培训服务等。在学校层面，如果有家长课程或线上公开课程，也可以为贫困儿童的家庭成员提供类似于亲子教育等方面的辅导。这种方法要求社会工作者须积极挖掘并链接既有或潜在的资源。

资源链接方法按照实施的逻辑顺序涵盖三个方面的具体内容，分别为资源识别、资源动员和资源整合。在资源识别环节，社会工作者要针对具体的贫困儿童及其家庭的基本需求和情况，清晰地识别各类既有和潜在的资源，这些资源的来源可以根据不同的利益相关方分类，如政府、企业、媒体、社区、社会公众、企业等，也可以根据不同的领域来分类，如制度资源、货币资源、教育资源、医疗资源等，还可以根据不同的场域或地域分类，如家庭内部和外部资源、社区内部资源和外部资源等。在资源动员环节，社会工作者基于对贫困儿童开展服务的经验积累与专业性，积极主动地与能够提供资源的各个利益相关方保持联系与沟通，通过信息共享、问题探讨以及合作共赢的方式动员这些利益相关方参与儿童反贫困工作。在这一环节，社会工作者切忌仅用情怀打动利益相关方，而是要提供充分的论据证明资源投入使用后给贫困儿童及其家庭带来的积极改变，以及由此产生的社会效益，并应从合作共赢的角度，充分考虑能够提供资源的利益相关方的诉求，以及他们可以从参与儿童反贫困实践中所获得的非货币收益，如社会声誉、社会责任实现、企业文化推广等。以合作共赢的视角开展资源动员，有助于与资源提供者建立更为稳定、持续的合作关系。在资源整合环节，社会工作者要基于贫困儿童及其家庭的需要，快速及时地实现资源的整合和对接。相对于需求而言，资源总是短缺的，因此社会工作者必须及时明确服务对象内部的差异性，以及基于他们对不同资源的紧急程度，来匹配、发放或对接相关资源。社会工作者应注意对资源的及时、充分利用，并且基于不同资源类型明确使用的方式和时间周期，同时定期将资源发放和使用的情况向资源提供方进行说明，实现信息的公开和透明，保障与资源提供方之间的有效互动与长期合作。

四、政策倡导

在社会工作专业的发展历程中，社会工作者一直致力于确保所有人都能平等地获得资源和机会，使他们能够满足自己的基本需要。一方面，社会工作者必须坚持提供专业服务，以帮助缩小贫富差距、减少社会不平等。社会工作作为一个专业，关注的焦点在于人与社会的现实问题、情境之间的互动关系，其通过专业化的服务与干预策略改变服务对象的不利处境，为服务对象带来积极的影响和改变。但现实中，当仅凭专业化服务可能无法满足所有群体的需求时，社会工作者就必须成为政策和方案改革的倡导者，与更大的系统（组织、政府和社会）合作，在更高层次上解决服务对象的困难，以便惠及更多的服务对象。社会工作者也有职业责任确保社会政策不歧视或不使社会成员处于不利地位。[①] 因此，社会工作者必须努力从政策层面进行倡导，以确保所有人都能公平地获取资源和发展机会，实现社会公平。从这个意义上讲，政策倡导属于社会工作专业的一项核心技能。

社会工作自产生以来，就一直涉及政策方面的问题。作为政策倡导者的社会工作者可以通过影响政策、提供服务项目等途径，为服务对象提供更多的服务和产品，有效满足他们的需求。随着多元主体社会治理格局、社会治理共同体的逐渐形成，社会工作者有机会更多地参与到政策制定和服务项目制定的过程中。社会工作者对贫困儿童的需求具有洞察力和敏感度，在提供专业服务的过程中，能够促进政策的推行和良好效果的实现。社会工作者基于特定的社会工作服务输送过程，不断地识别和发现社会弊病，以及社会政策制定和实施过程中存在的问题，并通过政策倡导实现更为巩固

① MCNUTT J. "Is social work advocacy worth the cost? Issues and barriers to an economic analysis of social work political practice", *Research on Social Work Practice*, 2011, Vol. 21, No. 4, pp. 397 - 403.

社会工作在社会中的地位的结果。[1] 作为社会工作的核心职能,政策倡导最基本的含义是代表、促进或捍卫特定群体的利益或观点,并致力于通过政策改进来实现社会公正和社会进步。因此,改变环境是一种可行且有效促进儿童发展的重要方式。儿童福利政策与行政体系从宏观层面体现了儿童社会工作的总体状况和社会性需求,是儿童社会工作的伦理基础和社会支撑。因此,政策倡导便显得尤为重要。[2]

政策倡导具有以下几个特点。第一,包含影响政策变化或行动的策略。政策倡导是一个结构化和有序的行动计划,旨在开始、指导或防止特定的政策变化。通过追求社会公正和实施有效的社会政策,促进一个公平社会的实现。第二,政策倡导是一个具有说服性的沟通过程。在政策倡导的过程中,倡导者试图让目标对象理解、了解自己所提出的想法。在不同的政治制度体系中,政策倡导的途径和方式有所不同,但政策倡导的核心都是要通过不同方式影响那些掌握决策权的人。例如,社会工作者可以通过智库平台为政府部门提供决策参考。此外,社会工作者也经常需要与媒体合作,通过媒体向公众宣传政府的战略和方案,向社会公众传达社会政策的相关信息。

但是政策改变是一个相对缓慢的过程。为此,社会工作者应基于充足的实务经验,以及对社会现实的深入观察和理解,通过一系列的途径和方式

① NASW(National Association of Social Workers). *Code of ethics of the national association of social workers*. Washington, DC: National Association of Social Workers, 2008.

② 陆士桢、任伟、常晶晶:《儿童社会工作》,社会科学文献出版社 2003 年版,第 183—187 页。

持续参与、讨论、争论和谈判，在社会政策建议和改进中争取话语权。同时，社会工作者还须努力与政府决策者建立积极的工作关系，持续地影响政策制定和改进的过程。特别是社会工作者对长期存在的社会问题有独特的见解和深入的理解，可以成为国家政策制定过程中有力的建议者和行动者。

除了上述四类方法以外，还有很多方法需要社会工作者掌握，如个案管理、如何展开提问和会谈等各种技巧。社会工作者在向贫困儿童提供服务的过程中，担任着不同的角色，涉及支持者、评估者、咨询者、临床诊断者、倡导者、反馈者等，不同的角色对社会工作者所应该掌握的方法也有不同的要求。

第四章　儿童反贫困社会工作的中国实践一：儿童福利服务体系的构建

一个国家的儿童福利体系的完整性对于提升儿童福利而言是非常重要的。例如，美国的儿童福利体系涵盖有关的儿童福利和保障政策、国家层面的儿童信息系统、受过训练的工作人员队伍、服务的传递系统、个案的评估系统、专业服务机构的回应以及寄养和领养的资格设置。① 儿童福利体系的设置是以所有儿童为目标的，任何有需要的儿童或者符合政策所规定资格的儿童，都可以获得生活救助、安全保护、医疗健康、教育扶持以及其他各方面服务的支持。在儿童反贫困方面，由于儿童时期特殊的生活照顾和心理等方面的需要，针对他们的需要所提供的福利服务，其重要性并不亚于直接的经济支持。本章以一个在四川凉山实施的儿童福利示范项目为例，探讨如何建立面向儿童的福利服务递送体系。

---

① MALLON G P, HESS P M. *Child welfare for the twenty-first century*. New York: Columbia University Press, 2005.

第一节　儿童福利示范项目实施背景

中国儿童福利示范项目(2010—2015)在基层儿童福利服务递送体系方面做出了探索,该项目由民政部、联合国儿童基金会和北京师范大学公益研究院共同合作,邀请了南开大学、华东理工大学、中国青年政治学院、南京师范大学和河南师范大学的五个专家团队,分别在四川、云南、山西、新疆和河南5个省、12个县、120个贫困村开展了儿童福利服务示范项目。目标是建立基层的儿童福利服务递送体系,培训一线的儿童工作者(儿童福利主任)运用社会工作的方法,从生活救助、教育、医疗卫生、营养、儿童保护等方面,给不同类型的儿童及其家庭提供福利服务。该项目极大地改善和提升了处于贫困境地的儿童的福利状况,降低了儿童的贫困程度。在项目实施期间和结束之后,各级政府都努力在政策上有所行动,根据项目经验,针对特殊儿童和困境儿童制定了地方性和全国性的相关政策。这种从服务介入到政策制定的过程,为儿童反贫困社会工作领域探索出了一条新的道路。南开大学团队负责的是四川凉山彝族自治州的布拖县、昭觉县和金阳县中的30个村的项目执行和服务,因此本章主要以四川的项目区为例进行讨论和研究。

一、项目实施前的总体情况

项目组于实施前在5个省进行了基线调查,对120个项目村等距抽样了4 462个家庭展开调查。数据显示,90.81%的家庭没有存款,63.43%的家庭有负债，67.79%的家庭使用柴草作为主要燃料。在这些家庭中，有 7 936 名有效回答问题的儿童，其中有 1.26%为残疾儿童，1.06%为孤儿，2.09%为受艾滋病影响的儿童，1%为事实无人抚养儿童，1.15%为患大病儿童；25.48%的儿童每天只能吃 1～2 顿饭；5.44%的儿童没有户口；7—15 岁儿童的入学率为 86.5%；22%的儿童家里没有字典；45%的儿童受过家长打骂，19%的儿童受过老师的打骂，18%的儿童受过同学的打骂，还有 2%的儿童在校外受到过暴力对待。①

南开大学团队所负责的四川凉山彝族自治州位于四川省西南部，是全国最大的彝族聚居区和四川民族类别、少数民族人口最多的地区。因为地处大凉山，自然环境和地理条件闭塞，当地也缺乏支柱型产业，因此处于深度贫困的人占比较高。截至 2018 年年底，有深度贫困县 11 个、贫困村 618 个、贫困人口 31.7 万人，分别占全省的 28.9%、34.7%、44.6%，其中贫困发生率高于 20%的贫困村有 557 个，属于贫中之贫、困中之困、坚中之坚，脱贫攻坚任务十分艰巨。在项目开展之初的 2010 年，该地的区域性贫困状况更为严重。当时基层儿童福利监测和服务体系不健全，陷入困境自身无力申请救助的家庭和儿童往往被遗漏在福利保障政策之外，针对家庭功能和社会功能不完善的社区儿童的福利服务也比较匮乏。探索如何运用社会工作的方法，从多角度介入来降低凉山项目区儿童的贫困程度，无论是在社会工作实务层面还是在社会政策的实践层面都具有非常重要的价值。

① 北京师范大学公益研究院：《儿童福利示范区项目终期报告》(内部资料)，2015 年。

二、凉山贫困儿童的脆弱性

世界银行发展报告将脆弱性定义为个人或家庭面临某些风险的可能，并且由于遭遇风险而导致财富损失或生活质量下降到某一社会公认的水平之下的可能。① 现今的许多儿童贫困脆弱性研究也都是以《儿童权利公约》或以儿童基本需求为出发点的。纽伯格(Neubourg)认为，儿童贫困脆弱性是一个多维的概念，可以将其划分为收入、教育、营养、健康、住所、水和环境卫生、工作、休闲、社会融合与保护等九个维度，并提出可以按照地区、城乡、性别、年龄、民族、家庭中地位排序等不同角度进行分析。② 卜卫在对校外青少年脆弱性开展研究的过程中，将研究中显示出来的脆弱性归纳为七类：生理脆弱性、经济脆弱性、家庭脆弱性、社会脆弱性、文化脆弱性、心理脆弱性和地理脆弱性，并对每一类都做了相应界定，虽然每一种脆弱性并不是孤立存在的，但对某些儿童群体来说，可能比较突出地显示出一种或多种脆弱性。③

综合国内外的界定，结合四川凉山项目区的实际调查情况，我们将当地儿童的脆弱性划分为地理、文化、经济、家庭、公共服务(公共卫生与教育)、健康、社会支持、政策等八个维度，具体衡量指标如表 4－1 所示。

---

① World Bank：“World development report 2000／2001：attacking poverty”，(2000－09－30)[2019－12－21]，http://documents.worldbank.org/curated/en/761811468315336698/World-development-report-2000-2001-attacking-poverty.

② 荷兰马斯特里赫特大学经济学教授纽伯格利用脆弱性的概念，试图识别并锁定那些几乎没有生存手段，缺少发展机会，被剥夺用以满足基本需求资源的儿童。

③ 卜卫：《儿童青少年与艾滋病媒体报道视角》，(2008－04－09)[2019－12－25]，https://www.renrendoc.com/p-28727521.html。

表 4-1　儿童脆弱性的维度及主要指标

维　　度	指　　标
地理	交通、毒品与艾滋高发区
文化	权利意识、女童早婚、保守思想、健康知识
经济	社区经济发展水平、家庭收支、负债、存款
家庭	家庭规模、文化水平、外出务工情况
公共服务	公共卫生资源、医疗保障、教学资源
健康	身体健康(生理状况)、心理健康(自尊、孤独感)
社会支持	安全感、同伴、师生、家庭成员
政策	特殊儿童救助政策、社会保障等

从地理脆弱性上看,凉山项目区地处偏远山区,交通不便,而经济往来、人才输送、物资运输等都需要良好的交通条件做支撑,和交通紧密相关的经济发展因此也受到极大限制。村民的经济收入主要来自粮食和牲畜的销售,经济资源十分有限。经济贫困会直接影响儿童的营养摄入和生活照料。同时,因为交通不便,外界的各种信息和支持服务难以进入当地,儿童及其家庭也难以利用村落以外的社会服务。除此之外,凉山项目区和云南接壤,吸毒贩毒现象多,父母因吸毒感染艾滋病、服刑而导致儿童家庭不完整,父母不能承担照顾儿童的责任的现象较为常见,还有些儿童因父母感染艾滋病去世而成了孤儿,这些因素都给儿童的生存带来了极大的挑战。

从文化脆弱性上看,凉山项目区所特有的一些文化习俗、价值观念可能会加重儿童在生活中的某些风险。项目区内村民们的儿童权利意识非常淡薄,儿童的受教育权、健康权经常被忽视,村民们意识不到知识和信息对儿童发展的重要性。一方面，当地儿童早婚现象比较严重；另一方面，家长因家务占用孩子的学习时间，让孩子提早退学务农的情况比较普遍，这些都阻碍了儿童在学业上的发展。

在经济脆弱性方面，调查数据显示，凉山的三个项目县于2010年村民家庭年收入达3 000元及以上的仅占总数的33.5%，99.08%的家庭依然使用柴草做饭，没有摆脱能源贫困，无法使用清洁有效和安全的能源。此外，96.2%的村民没有存款，只有25.4%的村民没有在外举债。资产负债率是评价家庭经济脆弱性的一个重要指标，因为家庭存款是应对风险的重要保障，一旦负债，家庭中的儿童遇到意外或突发事件，家庭的抗压能力便会严重不足。

在家庭脆弱性方面，凉山项目区的监护人大多受教育程度低，在儿童养育观念、教养方式方面都存在较多的问题，如缺乏亲子沟通的意识，对于儿童心理和情绪方面的需要关注不足，也不会运用有效的方式管教儿童，影响了家庭教育功能的正常发挥。

在公共服务脆弱性方面，基础设施匮乏。凉山项目区的学校设施、卫生设施、娱乐设施等都非常不完备。尤其是在学校设施方面，除了个别学校较为齐备之外，大多数学校缺乏基本设施。项目区内，接近90%的家庭都没有厕所设施；多数村卫生所的条件十分简陋，如果儿童出现大病或急病，当地的医疗条件很难应对。在调查过程中，许多孩子聚集在路边或独自在住房周围玩耍，村落缺乏适合儿童的活动场所，难以保证他们的安全。

在健康方面，儿童的身高和体重是生理上的两个重要的指标。调查数据显示，项目区内，各村儿童的身高、体重状况普遍比相同年龄段的城市儿童标准偏低。有少部分儿童有吸烟、喝酒的不健康习惯。此外，儿童吸烟、喝酒行为常具有群体性特点，且此类群体的亚文化特点为具有强烈的社会叛逆性，甚至有反社会倾向，此类行为极有可能诱发其他越轨或犯罪行为。在心理方面，项目区的孤儿、残疾儿童和大病儿童显示出孤僻、自卑等特点。

社会支持中的同伴关系对于儿童的影响很大，这是影响儿童社会化的因素之一。除家庭以外，儿童最容易受到同辈群体的影响。当地许多入学儿童放学后，由于缺少学习氛围、父母管教，加上农活、家务活繁忙以及竞争压力的影响，从不或很少再翻看课本，也不复习或预习功课，因此学习成绩较差。项目区内，有 24.7%的儿童很少外出玩耍，原因可能有以下几点：一是儿童自身性格内向，交流主动性较差；二是残疾或大病等特殊状况使得儿童无法进行正常交往，他们往往被排斥在同辈群体之外，缺少与同龄儿童游戏、交流和沟通的机会，缺少集体生活的体验；三是家长限制，使儿童在家分担家务劳动和农活或者继续学习；四是 12 岁以上的儿童很多已经开始打工，丧失了与同伴玩耍的机会。

在教育方面，凉山项目区的三个项目县约 58.2%的受访儿童从未上过学或辍学，正在接受教育的儿童中有 35.5%集中在小学，上过学前班和幼儿园的儿童占比仅为 1%，相应地，接受初高中教育的儿童也仅占比 5.1%左右。项目区内，各个村中没有幼儿机构，30 个项目村中仅有 18 个村有小学，但设施普遍比较简陋。大多数入学儿童在小学毕业以后由于各种原因无法进入初中、高中继续读书。儿童在学期间学习成绩普遍在及格线以下；村小学、乡小学、县城小学的教学质量和水平呈现出阶梯式的差异。残疾儿童中，从未入学的人数占到总人数的 52.4%，辍学儿童占到总人数的 16.7%，两者比例高达 69.1%，正在上小学和初中的儿童比例分别为 26.2%和

4.7%。残疾儿童中，皆未上过幼儿园、学前班或高中专院校。总之，残疾儿童的入学率很低，尤其严重缺乏接受学前教育和高职教育的机会与资源。在受访的12岁以上且上过学的残疾儿童中，60%的人感觉自己的住处离学校有点远或非常远。上学路途远给残疾儿童尤其是行动不便的残疾儿童带来很大不便，使得残疾儿童求学的成本大大增加。

除了上述几个方面的脆弱性之外，我们发现凉山项目区的儿童还存在一些特殊的情况，如很多儿童没有户口，缺乏正式的公民身份，儿童早婚现象多，存在不少受艾滋病影响的儿童，以及当地居民对于儿童医疗健康问题的严重忽视等。总体而言，当地儿童贫困呈现出典型的多维度、高脆弱性特点。

第二节　儿童反贫困服务中社会工作的理念

如何理解贫困儿童的“脆弱性”和“劣势”决定了儿童反贫困福利服务递送体系的设计思路。在儿童反贫困服务中，社会工作理念具体包括三个方面：转变理念，从特定受助转向普惠受益；转换成本收益视角，开展积极和预防性的服务而非事后补救性服务；转变服务方式，综合服务与生活保障的资助共同发挥作用。

一、社会工作视角下贫困儿童的“脆弱性”和“劣势”

贫困经常与“脆弱性”和“劣势”相伴相生，凉山项目区的贫困儿童群体在很多方面都显示出这些特征。“脆弱性”包括以下两个方面：一是个体遭受的外部的风险、冲击和压力；二是个体内部的低防御性，因此个体缺乏免受损失和伤害的应对策略。[①] 这些是凉山项目区贫困儿童及其家庭呈现出来的客观特点，也是社会工作者在开展介入时面对的现实情形。而社会工作者要重新界定这些“脆弱性”和“弱势”，通过服务转化这些劣势。“脆弱性”不应仅被视为一种威胁，更应该被视为个体在应对不同环境时所能运用的调整性的反应和策略。换言之，是贫困儿童及其家庭如何在保持与环境的协调性的前提下让自己更好地生活，应对自己所面临的困境。这是在缺乏外界支持的情况下贫困群体遵循“生存”原则而发展出来的一种创造性的应对。因此，社会工作者必须审视和关注这个过程中他们的能力和优势，如果给予足够的支持，情况就会有所改观。贫困群体往往无法获得和利用社会资源，如社会救助、公共服务设施和福利服务，从而成为公共服务资源和服务可及性低的牺牲者。他们是因为外在环境的限制而被排除在获得既定权利的范畴之外。[②] 而这正是社会工作专业可以介入的领域，即通过改善服务资源以及增加服务的可及性来提高贫困儿童及其家庭需要的满足度，以此来缓解他们的脆弱性。

二、儿童反贫困福利服务递送体系的设计思路

基于上文对凉山项目区贫困儿童特点的分析，当地儿童所需要的服务

---

① CHAMBERS R, “Editorial introduction: vulnerability, coping and police”, *Institute of Development Studies Bulletin*, 1989, Vol. 20, No. 2, pp. 1 - 7.

② OSMAN M M, BAKRI N M, BACHOK S, et al., “Assessing social welfare department service delivery system towards vulnerable and disadvantages group in Malaysia: case study of perak”, *Procedia Environmental Sciences*, 2015, No. 28, pp. 418 - 426.

侧重于生存保障型而非发展型，因此需要设计一套能够覆盖最多数的服务群体，且运行成本较低的服务递送体系，让贫困儿童及其家庭获益，降低他们的贫困程度，提升他们的福利水平。因此，项目的目标设定为从社会工作可以介入的服务角度，建立基层的儿童福利服务递送体系，维护贫困儿童在生存、受保护、发展和参与方面的权利。同时，在服务递送的内容和方法方面进行探索，找到有效的干预方法和机制，并进一步推进儿童福利保障制度的建设与完善。项目最终旨在实现使项目地区所有儿童都能享受到基础的儿童福利服务，特殊儿童能够获得社会救助、各类社会支持的服务；建立儿童监测、报告、服务机制和工作队伍；在家庭和社区里营造儿童健康成长的环境和保护氛围，以及推动地方和全国儿童福利政策出台。

在建构贫困地区基层儿童福利服务递送体系时，我们遵循了以下思路。

(一) 转变理念：从特定受助转向普惠受益

中国原有的儿童福利体系涵盖的群体是具有特定导向的，原有的和儿童相关的制度都有一个共同点，即以特定的弱势儿童为导向，被纳入的儿童基本上是孤儿、残疾儿童、低收入家庭儿童等。这种政策选择有一定的文化背景和合理性，即中国的福利体制一直强调家庭是儿童满足需求最核心的主体，而传统的典型大家庭也的确发挥了抚养、教育、消除风险的重要作用，能保证绝大多数儿童生活在安全稳定的环境中，获得健康的发展。因此国家所承担的责任是对特定儿童群体的需求满足。

随着家庭结构的变化和现代社会中风险因素的提高，也随着党和政府对儿童权利的重视，中国近年来在儿童福利方面提出了适度普惠的理念。普遍受惠体现了“普遍正义”的理念，即在法律框架内所有符合资格的人都可享受相关的福利。国家和政府为遇到困难的儿童提供受保护的机会,他们可以从公共救助系统中获得基本的帮助。普惠原则突破了地域和特定群体的局限,能够让所有地区的所有儿童都获得需要的帮助。

中国儿童福利示范项目在设计之初就考虑了普惠的概念,基本理念是让社区内所有儿童都有资格获得服务,突破以往服务对象仅为特定的受助儿童群体的限制。这种设计从长远来看,为社区内所有儿童提供了身份获得、基本卫生保障、早期教育、受保护以及其他相关的福利服务。儿童福利示范项目旨在从储备优质的人力资源的战略角度,通过儿童福利服务的提供,为贫困地区的儿童进行早期的人力资本投资。

(二)转换成本收益视角:开展积极和预防性的服务而非事后补救性服务

由于中国儿童福利示范项目实施的地域较为特殊,均在艾滋病高发地区,并且这些地区伴随着较严重的贫困现象。因此,贫困和儿童福利的需求之间呈现出紧密关系,贫困程度越高,儿童对福利的需求就越明显。贫困家庭的父母为维持收入不得不加强劳作的强度和延长劳动时间,工作和家长责任之间的冲突较大,这会间接导致他们对家庭内儿童的照料变少,结果可能会造成儿童疏于被照顾和管教,不能及时就医、不能按时上学、学业不佳或中途辍学等问题。一项研究显示,贫困家庭中的儿童受到忽视和不良对待的可能性要比经济条件好的家庭高出 22 倍。① 如果这种状况不断延续,未来为解决和弥补这些儿童问题所造成的社会代价就是需要增加福利体系

① BERNS D A, DRAKE B J. "Combining child welfare and welfare reform at a local level", *Policy and Practice*, 1999, pp. 26 - 34.

的事后补救成本。例如，需要更多的人力和资源投入健康、教育、社区矫正，需要更多的人力和资源处理儿童受虐待和受忽视的案例，需要更多的人力和资源介入青年失业、心理调适和精神健康问题等。

为了防止可能出现的风险与问题，儿童福利示范项目设计的第二个思路就是从事预防性和积极性的儿童服务，让贫困地区和贫困家庭的儿童在现有的资源条件下能够获得基本的服务。预防性服务是让儿童能够享受现有政策中对他们的保护性规定。如果这些服务没有惠及儿童，那么保障他们健康成长的保护性环境就会出现缺失，儿童会陷入一定的风险之中，影响他们的基本生存和发展。这类服务包括获得身份（户籍）、公共卫生服务、完整的义务教育、国家救助、领取生活保障金（孤儿和低保家庭）、防止侵害、心理疏导等方面。而服务的积极性体现在服务提供者会运用一定的专业技巧去主动发现儿童的服务需求，寻求政策和各类非正式资源来满足儿童及其家庭的需求。这种方式摆脱了以往因需由需求者自己求助和提出申请、政策传递不及时、需求者不知晓求助渠道而出现的服务需求被遗漏等弊端。预防性与积极性的儿童福利服务相结合，可以在很大程度上降低儿童福利的成本。

（三）转变服务方式：综合服务与生活保障的资助共同发挥作用

儿童福利示范项目的第三个非常重要的设计思路是提供综合的儿童福利服务，结合现金和生活保障类资助，更好地保护儿童。原有的现金和生活保障类资助对于提升贫困地区儿童的生活质量发挥了极其重要的作用，但仅有现金资助是远远不够的，还需要有更多的福利服务支持。

需要专业服务的原因是服务可以解决现金和收入支持所不能完全解

决的问题。首先，服务可以为这些儿童提供公平的机会，使他们享有同等的规则和标准。不管家庭经济条件和环境如何，他们都可以从项目设立的儿童福利主任那里获得同等的服务。其次，服务可以保证这些儿童能够最大限度地获得帮助。他们的需求是多方面的，需要不同部门的政策来满足不同的需求，儿童福利主任所提供的综合性服务可以将资源整合起来。例如，基于儿童福利主任的评估，贫困家庭的残疾儿童可以获得低保、残疾补贴、义务教育和康复等一整套系统的帮助。最后，服务可以培育儿童的独立性，协助他们融入和参与社区。对于社区中那些边缘家庭的儿童，儿童福利主任提供的服务可以将这些儿童纳入日常的社区生活中，提升他们在社区中的参与程度，更为重要的是能够增强他们的独立性。很多困境儿童因为家庭和社会方面的原因被逐步排斥在社区生活之外，很容易受到歧视。儿童福利主任通过专业服务加强这些儿童和社区之间的连接，能够保持他们在社区内的应有位置，不被社区排斥在外。这也是专业服务相对于经济支持更有效的地方，纯粹的收入扶助无法让边缘家庭的孩子参与社区生活。

基于上述三个核心的设计理念，儿童福利示范项目在儿童反贫困方面力求建立一套基层的儿童福利服务递送体系，同时在实践中总结有效的服务递送的内容和方式。

第三节　儿童反贫困服务递送体系的建立

反贫困服务必须建立一个服务输送的网络，这个网络中的有关人员能够完成儿童福利服务递送的任务，这就构成了基层儿童福利服务递送体系。这个体系主要包括一线工作人员的选拔与培训、建立完整的工作制度和基层服务平台建设。

一、筛选与培育一线的儿童社会工作者

选拔合格的一线儿童工作服务者是儿童福利示范项目建立儿童反贫困服务递送体系中最重要的一环，在村里选拔合适的人作为“儿童福利主任”（村级儿童社会工作者），对他们进行基础的儿童社会工作培训之后，由他们向村里的儿童提供各类福利服务，满足儿童及其家庭的各类需要。

（一）儿童福利主任的选拔

儿童福利主任是福利服务递送体系的终端，确定儿童福利主任的筛选标准时，项目组优先考虑本村居民。因为本村的居民最熟悉本村贫困儿童及其家庭的需要，了解本土文化和本地资源，在信任关系建立和服务提供的及时性方面都具备优势。在项目的开展过程中，这些本地的工作者能够成长为本地的服务力量，项目结束之后他们可以继续为本村的贫困儿童提供服务，这使项目的可持续性能够得到较好的保障。

据此，凉山州的布拖、昭觉和金阳三个县根据自身的实际情况进行了选拔，选拔的标准包括：居住在本村且有过养育孩子的经验的女性优先，同时要符合高中学历以上、有良好的沟通能力、具备从事儿童工作的热心以及无犯罪记录等几项要求。在项目开展之后的前三个月，项目组选拔了 30 名儿童福利主任，其人员构成相对多元化，涵盖了在本村具备一定号召力和组织力的村干部、素质较高的大学生村官、村里从事妇女工作的人员以及热心从

事此项工作的普通女性村民等。

儿童福利主任的基本职责包括：对辖区内所有儿童及其照顾人进行儿童权利的保障，并给予照顾指导；协助所有儿童及其家庭获得基本社会服务；对辖区内所有儿童进行需求监测，甄别出即将出现问题或已经出现问题的儿童，并及时展开支持、协调和保护工作。各项目区的儿童福利主任开展的福利服务包括协助上户口，协调辍学青少年接受免费职业学习，协助没有能力的家庭给孩子办理户口及协助申请多种保障救助如低保、医疗救助等。

（二）针对儿童福利主任的系统培训

遴选出来的儿童福利主任虽然具备了从事儿童工作的基本要求，但是在面对贫困儿童及其家庭的需求上，如何准确地评估、开展规范的服务、链接相关资源，以及在掌握儿童社会工作服务技巧等方面的知识储备还远远不足，因此需要对他们进行系统性培训，把这支筛选出来的队伍真正培育成可以提供儿童及其家庭所需要的服务的工作者。

由于外在环境和受教育程度的限制，凉山农村地区的居民在儿童的健康、营养、卫生、教育、社会支持等方面缺乏足够的认识和科学的育儿观念，家长对于儿童成长的生理和心理需要关注不足。因此，在掌握儿童发展特点、儿童基本权利和权利保护、儿童沟通、儿童需求满足等方面，需要项目组对基层儿童福利主任进行培训和赋能。项目组设计的系列培训课程具体包括以下内容：

1. 了解儿童的生理与心理发展特点

主要让儿童福利主任了解不同阶段的儿童的发展特点，了解很多儿童所表现出来的行为具备阶段性的特点，并非简单的“不听话”，要了解儿童表现出某种行为的原因，这样能够在很大程度上降低针对儿童的家庭暴力的发生。同时详细讲解不同类型的儿童的心理和行为特点，如孤儿、留守儿童、残疾或大病儿童、服刑人员子女、离异家庭的儿童等，这些儿童因为自身和家庭的特殊原因陷入了不同的困境，他们的心理和对外界的应对也会有不同的表现。儿童福利主任需要了解他们在生活、学习和心理方面的不同需求，这样才能制定不同的应对策略，提供合适的服务。同时，儿童福利主任未来肩负着在本社区指导家长开展家庭教育的责任，因此需要在这个方面加强学习，这是直接面对儿童提供服务的基础知识储备。

2. 了解儿童权利

儿童福利主任需要了解儿童的四大基本权利，即生存权、受保护权、发展权和参与权。所有的服务都建立在保障儿童的基本权利之上，凉山项目区的儿童因为陷入深度贫困而在上述基本权利的实现方面面临更大的困难。儿童福利主任需要分析本地儿童面临哪些生存困境，这些困境是如何影响儿童的未来发展的，如早期的营养缺乏对于儿童一生发展的影响；了解本地社区中存在哪些伤害儿童的因素，如父母外出务工导致长期的监护缺乏和不足、父母因吸毒贩毒获刑而无法照顾儿童，以及因吸毒感染艾滋病而给儿童带来的安全隐患与校园霸凌、性侵、童婚和童工现象；了解本地存在哪些阻碍儿童长期发展的行为，如父母因农忙不让孩子上学、因家庭贫困让儿童辍学、认为读书无用而不让孩子接受高等教育、不尊重儿童的意见、剥夺他们的选择权利等。儿童福利主任只有在深入了解和分析这些现有状况的基础上，才能有动力通过服务推动和改善当地孩子的生存状况，让他们得到更好的保护，使他们有机会接受教育，争取更大的发展权，并培育更强的参与能力。

3. 了解各级和各部门关于儿童及其家庭支持的法规与政策

若要最大限度地链接资源为贫困地区儿童及其家庭提供服务，就需要了解各级各部门相关的法规政策。儿童福利主任在开展服务时不能违反法律，同时要知晓各类政策规定，因为政策是现阶段最稳定、可持续性最强的资源：民政部门针对孤儿的生活津贴，针对贫困家庭的最低生活保障制度，还有临时救助、医疗救助、教育救助、法律救助等；扶贫办精准扶贫政策中有关危房改造、教育、医疗、生活方面等的政策规定；人力资源和社会保障部门有关贫困青少年的就业扶持政策；残疾部门的残疾认定、残疾儿童的康复政策规定，重度精神疾病患者的就医和照顾政策；受艾滋病影响儿童、留守儿童、儿童保护的相关政策……这些都和贫困儿童及其家庭息息相关。儿童福利主任只有在全盘了解和熟悉现有的各部门政策之后，才能在贫困儿童及其家庭遇到问题时做到快速链接相关政策、给予支持。

4. 开展儿童社会工作的价值观和伦理培训

因为儿童福利主任面对的服务对象是贫困地区的所有儿童，儿童群体因为自身的特质在很多方面都存在一定的劣势，如没有足够的认知能力、无法很好地保护自己、不掌握资源以及容易受诱导等。因此，对所有从事一线服务的儿童福利主任开展价值观和伦理培训便显得尤为重要。通过案例和小组讨论，列出现实服务中有可能发生的违背伦理和价值的行为，让他们知晓工作中必须坚守的伦理守则，以防对儿童造成伤害。充分地尊重儿童，平等地对待儿童，听取他们的意见，不剥削儿童，禁止不必要的会让儿童感觉不舒服的肢体接触。

5. 关于针对贫困地区儿童服务基本流程的培训

针对儿童福利主任团队，还需要在对贫困地区儿童及其家庭开展服务的基本流程方面对他们进行培训，内容包括家庭走访、需求评估、服务计划实施以及效果评估。首先，儿童福利主任虽然对社区内儿童的情况较为熟悉，但是对如何进行家庭走访、需要收集哪些信息、走访中的注意事项以及遇到哪些情形需要及时干预等并不了解，所以需要对他们进行这些方面的培训。其次，针对所收集到的信息开展需求评估，确定贫困儿童及其家庭究竟在经济、健康、卫生、营养、教育、社会支持、儿童保护、心理支持、家庭教养方式以及家庭关系等哪方面存在需求，以及应如何进行优先排序。再次，根据需求评估结果制定工作和服务计划，如从哪些方面入手、运用哪些资源、达到什么目标以及在此基础上如何提供有针对性的服务和支持，也需要系统的学习。儿童福利主任如在实施过程中遇到难以解决的问题，可以接受社会工作者在线或者现场的督导。最后，学习对服务效果进行评估的方法，掌握通过儿童及其家庭需求的满足状况和一些相关指标的变化，来评价儿童福利主任所提供的服务是否达到预期效果的技能。

6. 讲解儿童社会工作服务的技巧和方法

村级儿童福利主任大多不具备针对儿童开展服务的技巧和方法，因此还需要通过讲解和训练让他们了解应如何从儿童的视角出发思考问题、如何倾听儿童的声音、如何观察儿童的行为、如何与儿童进行沟通与交流、如何布置儿童之家和设计儿童之家的活动、如何开展家长培训等。儿童福利主任在具体的服务过程中也会根据实际情形，产生很多具有创意的技巧和方法，丰富对贫困儿童开展服务的内容和形式。

7. 学习规范服务工具的使用方法

为了规范儿童福利主任的工作，项目团队开发了一系列服务工具，便于儿童福利主任日常工作的开展。这些服务工具包括各类服务过程中使用到的表格，如家庭基本信息表、需求评估表、服务跟进表、服务计划表、完整的个案服务表以及效果评估表等。此外，服务工具中还包括国家层面和项目区层面的相关政策，供儿童福利主任在开展工作时参考。

二、建立完整的工作制度

（一）儿童福利主任家访制度

项目要求儿童福利主任定期或不定期地对村里的儿童及其家庭进行家访，以了解儿童的生活情况及需求，并向儿童及其监护人宣传最新的相关政策，以实现信息的及时传递与反馈，使儿童的需求能够得到及时反映，相关的政策也能够及时落实到目标人群。项目进行期间，各项目村的儿童福利主任已经完成至少 2 例家访，有些儿童福利主任工作比较积极主动，基本完成了对全村贫困儿童家庭的基本情况的了解。

（二）儿童之家开放管理制度

定期开放儿童之家，满足各村儿童的休闲娱乐需求。目前，各项目村的儿童之家或由儿童福利主任直接管理，或交由村干部管理，基本上能够做到每周开放一定的时间。

（三）工作记录制度

儿童福利主任对自己的服务要进行完整的记录，包括每次入户家访的情况、对儿童及其家庭进行服务的开展情况、儿童之家开展活动的记录、每个月的工作计划等。

（四）考核和激励制度

针对儿童福利主任的工作情况，项目组设计了一系列考核指标和激励制度，这些制度能够督促儿童福利主任认真完成职责范围内的相关工作，并且能够激励这些基层的儿童社会工作者提供更好的服务，满足贫困儿童及其家庭的需要。

（五）督导制度

因为各县情况各异，儿童福利主任在提供服务时会遇到各种不同的问题，为了能够更好地帮助他们提高服务的质量，满足贫困儿童及其家庭的服务需求，项目组设置了督导制度。项目组的督导制度主要包括以下三种方式。一是在线督导，向30个村的儿童福利主任提供及时的在线反馈，这一方式的优点是能够克服外地专家无法到达现场的限制，而且所有的工作者都能看到工作群内的反馈，可以运用到自己社区内的服务中。二是现场督导，南开大学的技术团队每年都会深入项目区三至四次，进行培训、工作检查和入户探访，可以和儿童福利主任进行面对面的督导，这种方式的优点是更为深入，可以针对一个服务对象进行深入的分析和交流，给出个性化的辅导意见。三是集中督导，每个县的10名儿童福利主任可以作为一个小组，他们都在固定的时间集中到县里汇报工作的进展，因此每次都可以由县项目办的工作人员对他们进行集中督导。大家互相分享、交流工作中的经验和困难，以集体的智慧探讨解决的方法，同时也可以重新组合并运用彼此之间的资源。这种集中督导的优势在于能够整合各自的资源，形成关系紧密的自助小组，相互借力合作，而且很容易产生适合本土的工作方法和技巧。

三、建设基层服务平台

儿童福利主任队伍的建设解决了满足贫困儿童及其家庭需要的服务人员的问题,但儿童福利主任在提供服务时需要一个服务平台才能更好地开展服务。因此还需要在每个社区建立一个"儿童之家"作为平台,为儿童权利知识普及、儿童福利保障政策信息宣传、儿童养育正确做法的宣传和儿童社会能力锻炼提供场地。2011 年 5 月,项目区第一个儿童之家在金阳县丙底乡丙底洛村成立。

在儿童之家的建设过程中,儿童福利主任运用了社会工作方法中资源调动的方法。有些村的活动室资源比较紧张,最初村集体不愿意拨出额外的空间作为儿童之家,儿童福利主任联合村里的家长共同游说村委会,最后用村活动室、村委会办公室等场地作为儿童之家,给孩子和家长们提供了一个专门的服务平台。另外一些村的儿童福利主任则找到村里的小学,和学校共同合作,借用学校的空闲教室作为儿童之家,更好地利用学生集中的特点开展各类针对学生和家庭的服务。如果村委会和学校的资源都难以支持时,有些儿童福利主任就去找外出打工家庭中有空闲房间的村民,或者腾出自己家的一间空房作为儿童之家。有的儿童福利主任还组织村民给村里的儿童搭建了篮球架,组织村民平整孩子们游戏所用的操场。这些儿童福利主任在接受培训之后,运用社会工作资源动员和链接的方法为儿童反贫困服务平台建设做出努力,并且取得了很好的成效。从第一个儿童之家成立起,随后一年多的时间里,30 个村的儿童之家全部建设完成。

所有的儿童之家都配置了基本的家具、图书、体育器材、学习用品、娱乐用品、电视等。儿童福利主任定期开放儿童之家，为本村儿童提供娱乐学习的场所，并不定期地以儿童之家为基础开展各种类型的儿童活动。

第四节　儿童反贫困的服务介入

儿童反贫困的服务内容设计主要围绕儿童生存权、受保护权、发展权和参与权等基本权利展开，既涉及针对一般儿童的基本福利服务内容，也涵盖针对特殊儿童的特殊福利服务内容。服务的介入方式分为提供直接服务和间接服务两大类。

一、凉山项目区儿童反贫困服务的内容

项目的基点是保障儿童的基本权利，让社区中的所有儿童都能实现生存、受保护、发展和参与方面的权利，因此服务的内容也是围绕实现这些权利设计开展的。

（一）保障儿童权利实现

保障每个孩子的生存、发展、受保护、参与、健康、教育、游戏、有充满爱的家庭环境、免受任何形式的虐待与剥削、表达个人的看法且意见能够被听取的权利。

因为凉山项目区特殊的贫困状况，当地的家庭都较关注儿童的生存权利。儿童福利主任在服务的过程中不仅要关注孩子的基本生存权利的实现，同样也要关注孩子们是否得到足够的保护，评估孩子们在日常生活中面临的风险，改变当地不重视儿童的教育和发展，粗暴对待儿童，以及因为贩

毒吸毒对儿童生命和发展形成威胁的社区氛围。在服务过程中尊重儿童，不断激发儿童的自主性，发展他们在认知、社会交往、学业成就等方面的潜力，为孩子们未来的发展打下良好的基础。

（二）针对一般儿童的基本福利服务内容

在具体开展儿童福利服务时，分为针对一般儿童的服务和针对特殊儿童的服务。针对社区中一般家庭的儿童，儿童福利主任要确保他们在监督保护之下得到基本的服务，包括身份登记、家庭关爱、营养、医疗、早期发展、教育、玩耍、保护等。在上述这些领域中要做到随时监测，随时提醒。除了针对儿童直接开展服务之外，儿童福利主任还需要针对家长提供相关服务，在对儿童的重视程度、教养方式、儿童各类需求的及时满足、儿童保护等方面，都要对家长进行培训，改变家长的意识和行动，发动家庭的力量共同为儿童提供良好的成长环境。

（三）针对特殊儿童的特殊福利服务内容

除了开展针对一般儿童的服务外，儿童福利主任还承担着对特殊儿童提供服务的任务，这类托底性的服务对于特殊家庭的儿童而言意义重大。这类服务包括帮助贫困儿童得到足够的生活补贴，促进家庭能力建设，使得孤儿得到家庭安置和生活补贴、残疾儿童得到康复训练、大病儿童得到救治、失学儿童得到再次受教育的机会，以及让不能升高中的大龄儿童可以接受职业技能培训等。

儿童福利主任开展的儿童反贫困服务可以总结为在兼顾一般性服务的基础上，注重“重点关注和突破”，不遗漏任何面临高风险的儿童及其家庭的需要。可以说，他们所编织的服务网能够托住最容易掉下去的特殊儿童，同时也保障了社区内其他儿童在各方面发展的需要得到满足。

二、凉山项目区儿童反贫困服务的介入方式

凉山项目区儿童反贫困服务的介入方式分为提供直接服务和间接服务两大类。

直接服务是由儿童福利主任直接针对社区儿童及其家庭的需要，提供面对面的帮助和服务，包括家庭走访、救助申请、家长培训、利用儿童之家开展小组和活动等。

间接的服务方式是运用整个系统的资源和力量为儿童及其家庭提供服务。一是儿童福利主任通过上报系统，把社区中无法解决的问题反映到县级项目办公室，由项目办公室统一协调资源解决。例如，儿童福利主任发现社区中存在大量因为父母没有结婚登记、儿童没有出生证明等手续而无法上户的现象，上报到县级民政部门后，民政部门联合当地的公安部门统一协商解决这部分儿童的户籍问题。二是完善项目区有关的儿童福利政策和措施，改善儿童的生存环境。例如凉山州三个项目区的民政部门在项目执行期间，分别在人力投入、资金支持方面给予贫困儿童及其家庭一定的倾斜。凉山州在全国较早地制定了针对困境儿童救助的相关政策，让当地有需要的困境儿童能够稳定持续地获得政策的支持。三是利用项目在国家层面的资源。该项目有国家层面的专家督导组，也有联合国儿童基金会的相关支持，可以联络很多社会力量共同助力。项目区中，儿童福利主任筛选出来的大病儿童、残疾儿童以及有特殊需要的儿童，都可以通过国家层面链接各类基金会资源获得帮助，以弥补项目在资金和服务方面的不足。四是项目为

本地培养了一支项目执行和服务队伍。项目有国家层面的专家督导组，在项目执行期间每年都定期开展项目管理、执行、儿童福利主任工作技巧等方面的专业培训，并且在项目执行期间不断进入现场进行督导，及时解答社会工作者们在实践中遇到的问题和难点，提升了社会工作者们的一线服务能力。同时，县级项目办公室的工作人员在项目管理和监测方面的能力也得到了很大的提升。这些举措为当地儿童福利服务的开展储备了从信息收集、服务提供到服务监测、成效评估环节皆较为完备的力量，有利于提升整个地区儿童福利服务的水平。

第五节　凉山项目区儿童反贫困的实施效果

儿童福利示范项目的终期评估以第三方评估的形式开展，采用了对5个项目省的服务成效进行总体评估的方式，最终5个项目省的儿童福利主任为儿童提供服务的成效结果表现为：残疾儿童就学率从59.4%提高到84.5%，16岁前打工儿童比例从4%降至2%，学龄儿童辍学率从5.3%降至1.8%，18岁以下儿童结婚率从3%降至1.2%，协助3 550名儿童办理了户籍手续，为6 649名孤儿申请到了孤儿津贴，儿童新型农村合作医疗（以下简称“新农合”）参保率从83.8%上升到99.7%，为8 083名贫困儿童申请了最低生活保障，为4 084名儿童申请了教育补贴，为708名病残儿童申请了补助或辅助设备。①

① 北京师范大学公益研究院：《中国儿童福利示范区项目终期评估报告》（内部资料），2015年。

本节主要基于2012年中期评估数据对四川凉山3个项目县的儿童反贫困服务效果进行分析，项目中期的阶段性成效主要表现为以下几个方面。

一、改善了当地儿童的脆弱性和贫困程度

儿童是示范区项目的直接服务对象，项目的开展给儿童带来了切实的好处。提供儿童福利服务的目的在于保护儿童的身心健康，维护儿童的合法权益，促进儿童的健康发展。儿童福利工作的逐步推进不仅使示范区内的儿童受益，也影响到了儿童家长的思想观念。作为儿童工作实施主体的儿童福利主任也逐渐熟悉了儿童工作，源源不断地接受新的知识和信息，并应用在实际工作中。义务教育、儿童医疗保健服务、儿童活动场所搭建以及孤残等特殊儿童事业是儿童福利工作的重点。而户籍是儿童获取这些福利服务的基础和前提，项目开展最突出的影响在于儿童上户率的提高。此外，项目也对儿童物质生活、社会交流、教育、医疗等各个方面产生了积极影响，部分困境儿童的状况也得到了改善。

（一）儿童上户率明显提高

户籍身份对于社会成员来说至关重要，尤其是贫困地区的儿童，拥有合法的户籍身份意味着他们有资格从各项国家政策中受惠，这也是保障儿童生存、受保护和发展权利的基础。没有户籍，儿童无法拥有学籍，对于受教育存在很大的限制，也无法获得政策规定的救助和支持资源。因此，让儿童上户是一项保障他们的基本权利，并且在教育、卫生、生活救助等方面获得持续性政策资源的基础性工作。在2010年首次对示范区儿童落户情况的调

查中，有 11%左右的儿童由于种种原因未及时落户；在 2012 年中期评估的对照调查中，未落户儿童的比例降到了 3%左右，未落户儿童的数目显著下降。由表 4－2 可知，三个项目县每年都会帮助上百名未落户儿童落实户口，绝大多数未落户儿童有了户口。这与项目开展以来依据户口实施的救助以及儿童福利主任的努力推动息息相关。

表 4－2　三个项目县的儿童落户情况(2010—2012 年)

落户情况	原未落户现已落户			原未落户现仍未落户			新生儿总数量			已落户新生儿数量		
年份	2010	2011	2012	2010	2011	2012	2010	2011	2012	2010	2011	2012
金阳县	352	351	112	24	34	102	28	67	110	28	66	54
昭觉县	201	166	294	17	19	43	74	92	101	54	73	66
布拖县	492	514	105	47	36	37	59	70	85	48	48	52
合计	1 045	1 031	511	88	89	182	161	229	296	130	187	172

说明：表中数据来自针对儿童福利主任的中期评估数据统计表，由各村儿童福利主任根据各村情况估计填写，2010 年、2011 年为不完全数据。布拖县洛色村、九都村，昭觉县瓦托村、火洛村，金阳县沙洛依达村的数据由于原儿童福利主任未在或离任未统计在内，以下出现的数据表同此情况。

不可否认的是，落户仍然存在着一些难题，使得少部分儿童的户口难以落实。在初次调查中，除了家长落户意识淡薄、家长到儿童学龄期才给儿童上户的习惯以外，还存在对落户需要的证明与负责的部门不了解、落户程序复杂麻烦、派出所距离太远、儿童父母外出打工、父母未落户、儿童年龄偏大等多种原因，导致家长不重视或无法帮助儿童落户。儿童福利主任上任后，成为落实儿童户口的宣传者和协调者，负责向儿童家长宣传户口的重要性、上户口的必要程序等，还与村、乡等有关部门一起协调开具户口证明材料并交到派出所落户。在此过程中，儿童福利主任遇到了各种各样的困难，新生儿、大龄儿童（6岁以上）的父母不在身边或未上户成为儿童仍未上户的主要原因，但他们始终积极寻求各种各样的解决途径。

父母不在儿童身边或者父母去世的儿童要进行核实并开具相关证明。此外，由于新生儿户籍要在规定的时限内完成上户，因此大龄儿童也是上户的难点。总体上，儿童福利主任关于上户的宣传推动在很大程度上促进了项目区儿童上户率的提高，也使得家长们逐渐意识到户口在享受国家优惠政策、儿童入学、外出就业等方面的重要性。这种认知上的普遍改变为之后一系列工作的开展奠定了基础。

给儿童落户过程中比较困难的大概有三类：一是大部分女性是在家生产的，没有卫生机构开具的准生证明；二是上户过程比较烦琐，手续比较复杂，必须上报县户籍科批准，再到派出所上户，大概要一个星期才能办成，如果是漏登记的儿童，还需要讯问笔录，还要让县公安政委签字；三是户口本上有错误要更正的比较困难。我觉得造成这些困难的主要责任在家长身上，他们文化程度低，没有上户意识，把儿童的信息弄错、忘记，不重视儿童落户工作。我去各家宣传，咱们项目规定获得帮助的前提是儿童要上户口，所以家长们的上户意识都提高了。为了解决问题，我们会代家长去开一些证明之类的，有些家长因为语言问题总是表述不清问题。

——布拖县菲各村儿童福利主任

上户口的程序是先到乡上开证明，证明他们是本村人口，然后把所开的证明交到乡上派出所。其中要联系村委会和派出所户籍科的工作人员。需要两个村干部到乡派出所录笔录，再去县公安局户籍科签字。办理手续的程序非常复杂，至少需要两天时间。没有什么太好的办法，只能尽心尽力。

——昭觉县洛伍阿木村儿童福利主任

（二）儿童医疗卫生状况得到改善

在2012年的对照调查中，儿童整体健康状况良好的比例占到90.9%，比2010年增加了20%左右(见图4-1)。除新生儿和未落户儿童以外，儿童基本被纳入新型农村合作医疗体系，相比2010年“参保率高，就医率低”的情况，调查数据显示，11.6%的儿童在最近一个月内到村卫生所或乡上医院至少看过一次病。新农合可以解决大部分的医药费用，绝大部分儿童都接种过免费疫苗(见表4-3)。医疗保障的普及、儿童福利主任家访时对科学医疗知识的宣传、村民看病意识的逐渐提高，使许多儿童的病痛得到了及时的缓解。

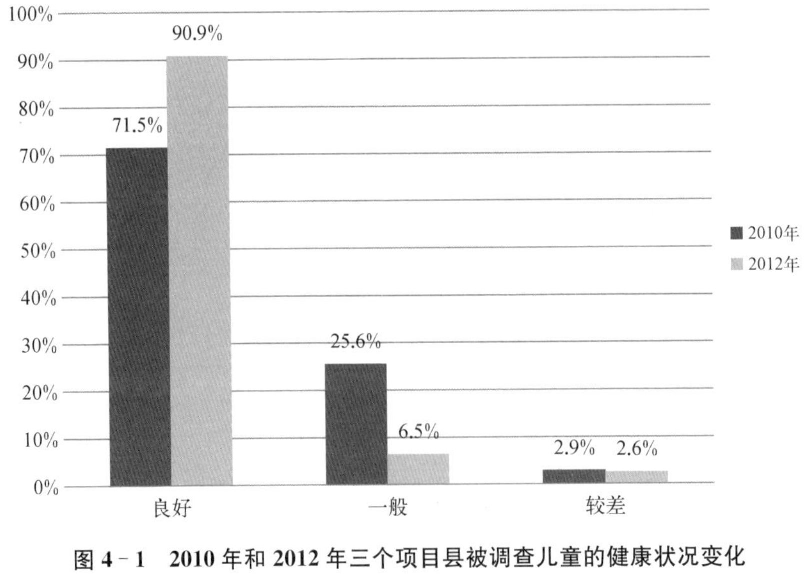

图4-1　2010年和2012年三个项目县被调查儿童的健康状况变化

表 4-3　三个项目县儿童参加新型农村合作医疗的数量状况(2010—2012 年)

数　目	本村参加新型农村合作医疗儿童数量			本村未参加新型农村合作医疗儿童数量		
年份	2010	2011	2012	2010	2011	2012
金阳县	567	2 212	2 669	0	30	35
昭觉县	1 134	2 210	4 313	35	38	70
布拖县	1 435	2 298	3 082	0	0	5
合计	3 136	6 720	10 064	35	68	110

我们村有一个孩子感冒很严重，父母没有带孩子去医院，而是在家做迷信①，病一直好不了，我就说服他的父母带他去医院，不到一星期孩子的病就好了。

——金阳县友地村儿童福利主任

有一个七八个月大的孩子病了几个月，家里人迷信不带孩子去医院，我建议他们借钱去医院检查，原来是舌头有问题不吃奶，现在好转了能吃奶了，我给自己的孩子准备的药也给了这个孩子用。

——金阳县丙乙底村儿童福利主任

通过项目的免费医疗项目和自己了解到的治疗信息，儿童福利主任将信息传递给村里的大病儿童和残疾儿童，协调各方面的关系，使儿童获得了更多康复治疗的机会。

村里有一个 9 岁的儿童患白内障，我把他带到民政局，之后去成都进行了治疗。可以说，大病儿童是享有康复服务的，其中医药费用全免，车费也

① 做迷信是彝族地区的风俗，会请毕摩作法。一般情况下每年一次，做迷信时，全体家庭成员都必须在场。

可以报销。现在大病儿童主要由爸爸妈妈抚养。

——布拖县安洛古村儿童福利主任

我们村有个8岁的男孩叫贾巴祖多,患有心脏病,还是个残疾人,不会说话。我在电视上看到有关先天性心脏病的新闻和救助的治疗,向乡里的民政助理员咨询了相关政策,就把孩子的名字推荐上去,想让他去北京做手术。2012年3月推荐的,7月就去北京看病了。

——昭觉县木渣洛村儿童福利主任

我们村里有两个孩子患有心脏病,孩子在西昌体检过,已经上报给民政局,要带去北京治疗了,治疗是免费的,只用负责自己的生活费和交通费。

——昭觉县吾合村儿童福利主任

在卫生习惯方面,根据2010年的调查,大多数儿童没有洗手洗脸的习惯,尤其是不住校的儿童,家里没有清洁用具,卫生条件非常差;彝族人没有刷牙的习惯,牙疼时才会去买牙膏、牙刷。项目实施以后,发放了洗脸盆、杯子、牙刷、牙膏、洗衣粉等洗漱用品,以前从不刷牙、不会刷牙的孩子也开始改变,卫生包的发放十分有利于改善孩子们的卫生状况,促使他们养成积极的健康习惯。而最根本的改变是,儿童和家长感受到讲卫生的积极影响后,能够主动寻找健康卫生的生活方式,而不是一直依赖项目的捐助。

工作过程中最有趣的就是家访,对儿童的生活习惯改变比较大,以前孩子们都不会刷牙的,项目组送去了洗漱用品,对他们的影响比较大。

——布拖县菲各村儿童福利主任

(三) 儿童早婚状况显著下降

受到早婚早育的民族传统的影响,项目区内存在未满18岁儿童结婚的现象。早婚早育往往伴随着多育，在此过程中，女孩因其特有的生理特征处于更加弱势的地位，身体也更容易遭受健康风险。从儿童早婚的男女比例上看，女童的比例略高于男童。从表4-4中可以看出，金阳和布拖两县儿童早婚的数目较多，存在未成年母亲，同时，昭觉县定娃娃亲的儿童数量很高。这说明早婚早育在某些项目村仍然十分普遍，儿童的婚姻自主权被忽视，民族传统习俗根深蒂固，很难改变。除了家庭因素以外，早婚早育还与女童的受教育权得不到充分保障有关。

表4-4　三个项目县儿童的婚姻状况(2010—2012年)

婚姻状况	儿童结婚数量			未婚先孕儿童数量			未成年妈妈数量			定娃娃亲的儿童数量		
年份	2010	2011	2012	2010	2011	2012	2010	2011	2012	2010	2011	2012
金阳县	0	36	38	0	0	0	0	3	0	2	59	32
昭觉县	0	0	0	0	0	0	0	0	0	212	426	501
布拖县	11	23	19	0	0	0	0	1	0	23	28	37
合计	11	59	57	0	0	0	0	4	0	237	513	570

儿童福利主任在开展服务的过程中，入户宣传男女平等的观念，着重关注女童的受教育问题，劝说家长让村里的女童能够有时间和机会入学，改变家长的意识，避免因家庭缺少劳动力而让女童辍学。儿童福利主任还通过国家层面的项目链接相关基金会给项目区的女童发放卫生包，保护青春期女童的生理安全，很好地改善了项目区女童们的自我关注和保护意识。项目实施以来，女童入学、升学率的提高在一定程度上缓解了早婚现象的发生。对金阳县布洛村儿童福利主任的访谈资料显示，在项目实施之前，村里

每年都会有 2 到 3 例早婚情况，项目实施之后一例也没有出现过。

（四）儿童受教育情况得到改善

在 2010 年调查的 2 561 名儿童中，58.2%的受访儿童从未上过学或辍学，正在接受教育的儿童中 35.5%集中在小学，上过学前班和幼儿园的儿童所占比例仅为 1%，相对地，接受初高中教育的儿童也仅仅占到 5.1%左右。2012 年的中期评估从中抽取了 811 名儿童进行比较调查，从未上过学或辍学的儿童占到 43%，小学生有 42.3%，初高中生有 6.5%，上过幼儿园和学前班的儿童比重为 1.3%。可以看出，儿童辍学率下降，各级学校的入学率都有所增加，尤其是小学最为明显。

首先，进一步分析数据发现，幼儿园、学前班和高中/中专/技校的入学情况改善相对不明显。其次，在性别方面，虽然男童和女童在学前班、小学、初中、高中等阶段的入学比率几乎都有增加，但是男童的增加程度比女童更加明显，并且女童在初高中阶段的辍学率相比 2010 年有所增加，尤其是高中阶段增幅达到 25.3%，这在某种程度上说明了当地的性别偏好。最后，在年龄方面，0—6 岁从未入学的儿童增加，主要是由于 2010—2012 年新生儿的诞生；而变化最明显的是处于 7—12 岁的小学阶段的男童女童，相对增幅都超过了 20%。

在 2012 年的调查中，13—18 岁的男童就读初中/高中的比率明显高于同年龄段的女童。虽然不同性别、不同年龄之间的儿童入学状况存在差异，但是儿童总体的入学率是不断上升的，女童的受教育权利也在逐渐得到保障。

促进辍学儿童复学，主要依靠上门劝说和政策强制两种方式。儿童福利主任与村干部、学校老师一起对辍学儿童进行家访，向家长和儿童宣传读书的重要性，说服家长让儿童入学。当地政府为了防止学龄儿童流失，在政策上也制定了一些强制性措施，比如签订协议、罚款、不能享受资助和某些优惠政策等。其中，小学阶段的干预效果最为明显，几乎没有辍学儿童，但是五六年级的一些儿童因为要帮助家里减轻农活负担，存在一些旷课的现象。相对而言，初中阶段辍学儿童较多，而干预不成功的主要原因包括家庭缺少劳动力、儿童学习成绩差不愿上学、家庭难以承担初中阶段的生活费用、儿童外出打工等。

小学生中辍学的较少，但缺课状况较多(尤其是五六年级的学生需要去做农活)，初中的学生因为要交生活费，家长不愿意交费的话，学生就会辍学；我主要就是去说服家长，并希望中学能减少费用，同时联系企业资助；比如其中有两个孩子成绩较好，中学便承诺有资助就会给他们，企业每个月会给100元资助。最大的困难就是家长的意识较差。

——布拖县安洛古村工作人员

现在村里基本上没有辍学儿童了。乡上7岁以上的孩子，在九年义务教育阶段不准有一个人辍学，要签协议的。这里曾经是知青下乡的地方，所以读书的氛围和意识很高，并且家长的工资和入学率是挂钩的，辍学后就会扣家长的工资。阿并洛古乡是这样的。

——昭觉县吾合村工作人员

根据各县儿童福利主任对本村大龄儿童去向的了解，大龄儿童初中毕业后进入高中、直接就业或继续接受职业教育的数目都在增加，绝大部分儿童的选择是直接就业。当地政府分别组织了大龄儿童职业培训，儿童福利主任在各村进行摸底和筛查，推荐符合条件的大龄儿童参加培训。经过多方努力，培训人数由2010年的8人增加到2011年的42人和2012年的171

人，培训后大约有一半的大龄儿童进入了劳动市场就业。

（五）儿童社会交流状况明显改善

儿童的社会交往能够帮助他们获得较好的同伴支持，同时也能在交流中学习社会交往技能，促进其社会功能的发挥。在2010年对当地公共设施的调查中，项目试点的30个村中，7个村有运动场所，4个村有图书室，这些设施基本上都分布在学校内部或附近。大部分的学校缺少专门的儿童游戏场所，运动场所没有配套的体育设施；图书室因为大多分布在学校，未寄宿的学生很难充分利用图书资源。由于缺少基本的娱乐活动场所，儿童常常在屋角街头或者是路边玩耍，游戏形式也十分原始。一些特殊儿童，如残疾儿童和大病儿童则常常独自待在家里，很少与同龄人交流玩耍。许多儿童在家与家长交流的次数也非常少，很少有家长能够深入到子女内心了解他们的真实需要。

项目在每个村都设立了儿童之家，为儿童提供了一个固定的学习、娱乐和交流的场所。在儿童福利主任的带领下，儿童在活动中可以结识更多的伙伴，有利于满足儿童社会交往的需要，促进同辈之间的融合。从2010年年末开始，各试点村陆续开展儿童活动。2011年5月，在金阳县丙底乡第一家儿童之家正式启用之后，各试点村通过依附村委会、小学或新建场所相继建起各自的儿童之家，儿童活动的开展逐渐常规化。2010年至2012年这三年时间里，在儿童之家举办的儿童/亲子活动次数、参与活动的儿童人数都在逐渐增加（见表4-5）。根据金阳县布洛村儿童福利主任的估计，2010年至2011年两年间，儿童之家开展了大大小小100多次活动，由于村里儿童数目太多，难以集中进行活动，往往要分多次组织开展。儿童之家为儿童提供了玩具、图书和活动场地，为增进儿童的社会交往建立了有利条件，丰富了当地儿童的娱乐和学习生活。

表 4－5　三个项目县儿童的社会交往状况(2010—2012 年)

儿童社会交往	儿童活动次数			儿童活动总人次			亲子活动次数			儿童社会活动次数		
年份	2010	2011	2012	2010	2011	2012	2010	2011	2012	2010	2011	2012
金阳县	20	334	220	20	23 515	3 219	2	59	41	0	1	27
昭觉县	58	116	126	784	1 757	2 418	0	39	5	2	12	8
布拖县	22	30	55	272	977	1 919	7	10	17	0	3	9
合计	100	480	401	1 076	26 249	7 556	9	108	63	2	16	44

这种利用儿童之家平台开展集体性儿童活动的服务，在某种程度上弥补了农村儿童早期教育的不足，也能很好地促进不同类型儿童的相互融合，有利于儿童的社会交往技能的形成。儿童的参与度越高，对儿童福利主任的信任度也就越高，儿童在生活中遇到的一些困难以及心理和情绪上的问题也愿意和儿童福利主任交流，进而也拓宽了儿童的求助渠道。

(六) 困境儿童的福利服务得到提升

根据项目的适度普惠目标和计划安排，各个村的儿童福利主任对村里的困难儿童开展了家访、帮扶等活动，除了上文提到的协助未落户儿童上户、促使辍学儿童复学、为残疾大病儿童提供医疗信息、办理孤儿残疾人认定之外，还包括对孤儿津贴使用的监督、特殊困难儿童信息的整理等工作。

1. 孤儿

根据 2010 年国务院办公厅发布的《关于加强孤儿保障工作的意见》，在全国范围内建立孤儿保障制度，从基本生活、医疗、教育、就业、住房等方面对孤儿进行保障。各省、自治区、直辖市政府要按照不低于当地平均生活水平的原则，合理确定孤儿基本生活最低养育标准，并向全体孤儿发放基本生活费。项目区内，父母双亡的孤儿都能享受600元/月的孤儿津贴，县妇联等也有定期的物资捐助；大部分孤儿在专门开设的孤儿班就读，费用全免；一系列面向孤儿的救助政策使孤儿的日常生活得到了很大改善。但很多村民并不知道该项政策的存在，也不知道如何申请，因此需要儿童福利主任宣传相关政策，参与孤儿身份的认定工作。同时孤儿津贴下发之后，是否真正让孤儿受益，这些政策执行和实施的效果如何，也需要儿童福利主任进行监测。儿童福利主任利用家访的机会，了解孤儿生活状况，监督孤儿津贴的使用，确保津贴切实用到了孤儿身上。这些优惠政策给孤儿的生活带来的改变与项目的其他措施形成了联动效应，孤儿生活的改善也为其他困境儿童的救助提供了参照的范本。

有一个孤儿家庭，民政有补助，但养护人总想把这笔钱存起来娶媳妇，而不是用来保障孩子的日常生活，这肯定会影响孩子的发育，我就督促他们按照规定使用。

——布拖县安洛古村儿童福利主任

村里没有孤儿班，孤儿班只有乡中心学校有，孤儿班有名额和资金的限制，报名都是临时通知的，通信条件太差，只能入户挨个去通知，一天下来通知不了几家。

——昭觉县吾合村儿童福利主任

双孤的孤儿每人每月有600元的津贴；单孤的孩子有低保，每人每月55元；孤儿可以免费上学(孤儿班)，享受两免一补政策；他们可以免费接种疫苗，慈善基金会还会发放粮食、衣服、书包、文具等物资。

——昭觉县洛伍阿木村儿童福利主任

2. 其他困境儿童

除孤儿外，特殊困难儿童也享受了一定的优惠政策。特殊困难儿童包括以下几类：父母双方服刑/患有艾滋病、父母一方死亡一方改嫁/重残/服刑/患有艾滋病。2012 年上半年，各村儿童福利主任将本村特殊困难儿童的数据上报民政局，按照四川省人民政府办公厅文件①，特殊困难儿童从 2012 年 7 月份开始，每个学生每学年(200 天)可以享受每天 4 元的补助，由省、州、县三级财政分担，义务教育阶段的特殊困难儿童将享受两免一补政策和营养餐计划，初中毕业后可以免费接受中等职业教育。在正式的政策文件出台之前，这些困境儿童获得的救助以低保为主，发放标准为 55 元/月，与孤儿津贴的标准差距很大。根据表 4 - 6，现行救助除了救助标准普遍较低以外，救助范围也没有覆盖到全部有需要的困境儿童。

表 4 - 6　2012 年三个项目县各类困境儿童的数目及获得救助的情况

困境儿童类别	大病儿童		残疾儿童		患艾滋病儿童		受艾滋病影响儿童		贫困儿童	
人数	人数	获得救助人数	人数	获得救助人数	人数	获得救助人数	人数	获得救助人数	人数	获得低保人数
金阳县	15	8	20	3	8	8	68	32	711	475
昭觉县	5	3	46	34	21	21	270	186	1 094	752
布拖县	9	0	27	4	13	10	195	139	1 264	550
合计	29	11	93	41	42	39	533	357	3 069	1 777

① 四川省人民政府：《四川省人民政府办公厅关于印发省直有关部门落实凉山州特殊困难儿童救助帮扶措施工作方案的通知》，(2012 - 04 - 23)[2019 - 12 - 26]，http://www.sc.gov.cn/10462/10883/11066/2012/4/26/10207838.shtml。

（七）全面掌握了儿童福利服务递送动态信息

对不同需要的儿童提供服务是建立在全面完整地掌握了儿童及其家庭的基本信息基础之上的。儿童福利主任通过对项目区儿童的基本状况以及福利服务的提供状况的系统整理和动态更新，及时了解村内儿童获得服务的基本情况，同时也厘清未来需要在哪些方面展开跟踪服务。2012 年，各试点县儿童福利服务的情况显示（见表 4－7），儿童福利主任平均每人每月进行 1～2 次家访。另据对儿童福利主任的访谈，针对有些距离较近的村，儿童福利主任一个月能够进行 4～5 次家访；儿童福利主任成功帮助原来未落户儿童落户的比率在昭觉、金阳、布拖三个县分别为 87%、52%和 74%，三个县儿童的复学率分别为 90%、6%和 19%。三个县的儿童在医疗救助方面主要参与了新农合并免费接种了疫苗，新农合基本上实现了全覆盖。另外，金阳县儿童的免费疫苗接种率相对于其他两县来说较低。

表 4－7　三个项目县儿童福利服务传递基本情况（2012 年）

县　别		昭　觉		金　阳		布　拖	
服务统计		次数	比率/%	次数	比率/%	次数	比率/%
家访次数		1～2 次/月	—	1～2 次/月	—	1～2 次/月	—
协助户口登记		294	87	112	52	105	74
孤儿津贴领取		280	—	46	—	93	—
学习支持状况	大龄儿童培训	111	18	63	18	144	40
	复学状况	91	90	15	6	38	19
医疗救助状况	新型农村合作医疗	4 313	98	2 669	99	3 082	99.84
	免费疫苗	2 636	94	1 548	88	1 610	93

二、构建了儿童反贫困福利服务递送体系

项目的开展培养出了当地一线的儿童社会工作者队伍，针对当地社区儿童及其家庭的需要，他们能够提供预防性、发展性以及处置性的服务。这支队伍具备了儿童社会工作的基本价值观，能够尊重各类身处贫困境地的儿童，把儿童视为具有自主意识的个体，倾听儿童的需要和意见；他们具有本土的文化敏感性，可以利用自身在社区中的人际关系优势，协调资源开展服务；他们对社区内有需要的儿童及其家庭一视同仁，不歧视和区别对待，尽自己所能提供服务；他们在服务中不断收集儿童及其家庭的需要，向乡镇和县级政府上报，为儿童权利的实现开展政策倡导，为制定当地困境儿童的政策提供了一线的信息，推动了社会正义的实现。

在服务能力方面，这些基层的儿童社会工作者不仅掌握了培训的相关内容，还能在实践中根据现实的需求，对所学的方法和技巧进行创新和总结。他们在尊重彝族少数民族文化的前提下，灵活地开发新的服务方式，为儿童及其家庭所接受；同时能够发动和组织社区内的家庭组成自助小组开展服务。他们通过乡镇和县级民政部门，链接多部门的资源为贫困儿童服务。

在提供的服务内容方面，他们从最初的解决贫困家庭儿童基本的生存权利，帮助贫困儿童及其家庭获得基本的生活保障、申请政策待遇，保护贫困儿童免受各种形式的躯体和精神伤害，开始逐步向贫困儿童的发展、参与能力方面延伸。他们组织各类提升贫困儿童认知能力、社会交往和沟通能力、技能培训等方面的服务，同时也向家长提供服务，在社区层面营造了良好的氛围，让贫困儿童能够生活在安全健康的环境中。

三、推动了当地困境儿童服务政策的出台

2015 年的项目终期评估结果显示，中国儿童福利示范项目在不同的项目实施地都推动了政策的制定。2011 年，云南省德宏州瑞丽市在全市每个村选配民政信息员（儿童福利主任），初期经费由福利彩票支持，2012 年 6 月已经纳入了市财政预算。2012 年，河南省洛宁县建立了“五位一体”制度，将“村中设立儿童福利主任”的做法推广到全县 388 个行政村。2012 年 4 月，《四川省人民政府办公厅关于印发省直有关部门落实凉山州特殊困难儿童救助帮扶措施工作方案的通知》开始针对特殊困难儿童开展救助帮扶。2012 年，凉山州结合实际情况，制定并实施了《关于进一步加强“特殊困难儿童”援助保障工作的意见》《凉山州特殊困难儿童救助管理实施办法（试行）》和《关于进一步加强我州孤儿救助保障工作的实施意见》等一系列政策及措施，率先在全省建立起了特殊困难儿童专项救助保障体系，从基本生活、教育、医疗等多方面向特殊困难儿童提供保障。2013 年 7 月，民政部决定在江苏省昆山市、浙江省海宁市、河南省洛宁县、广东省深圳市开展适度普惠型儿童福利制度“先行先试”试点工作，明确要求依托村（居）委会设立一名儿童福利主任或者儿童福利督导员。2014 年，山西省闻喜县在县内 5 个乡镇新建了 22 个儿童之家。河南省上蔡县借鉴项目经验，将服务向全县 460 个村的 40 万名儿童扩展。云南省德宏州借鉴项目经验，计划每年将项目推广至全州 20 个村。这些地方层面的政策推动都为最终国家层面普惠型儿童福利服务政策的制定提供了很好的前期经验。2015 年 10 月，《民政部办公厅关于在全国部分地区开展基层儿童福利服务体系建设试点工作的通知》中

规定，试点设立社区儿童福利主任和儿童之家，解决儿童福利服务“最后一公里”问题。基层儿童福利服务体系终于从项目试点走向全国推广的阶段，中国基层儿童福利服务体系走向了一个新的起点。

第五章　儿童反贫困社会工作的中国实践二：社会工作干预模式

为贫困儿童营造一个安全和支持性的成长环境，及时把握儿童早期发展的窗口，从儿童能力发展的内生性路径入手，培养其社会行为发展及自我修正的能力，应该成为促进贫困儿童身心健康发展和能力建设的基本行动框架。本章立足于儿童能力发展建设，以一个旨在提升儿童社会交往能力的“让我们做朋友”(Let's Be Friends, LBF)干预项目为例，呈现一项社会工作干预从需求分析、干预实施到成效评估的全过程。以此为基础，本章将进一步探讨如何有效运用社会工作干预提升儿童的社会交往能力、儿童主体性发展能力，以期达成儿童反贫困的最终目标。

第一节　何为社会工作干预？

虽然政府和社会都非常关注贫困儿童成长环境的改善，但整体上在应对策略上存在“重保护，轻赋能”“事后介入多，预防性干预少”的倾向。社会工作干预的重点是通过能力建设和效能提升赋予个人、家庭、组织和社区以权力、资源和发展动力，帮助服务对象获得独立性、满足感及其对生活的掌控感。因此，针对儿童主体性发展能力的提升，社会工作干预是一种有效的方法。

一、内涵与理念

目前大多数儿童反贫困项目更重视外部支持，强调对贫困儿童的经济援助、实物补贴、替代性资源支持以及社会支持网络构建等方面。运用外部资源为贫困儿童构筑一道社会安全网是至关重要的，但是在诸多影响儿童成长的因素中，儿童自身的能动性具有不可替代的积极作用。对主体能动性的忽略会导致儿童发展陷入另一个困境：自身能力难以有效应对外部环境的变化及各种风险。因此，针对儿童自身的能力建设对于避免贫困的代际传递、提升儿童应对劣势环境的抗逆力，最终实现儿童的福祉是非常有意义的。而社会工作干预（social work intervention）通过有意识地实施变革战略，旨在阻止或消除风险因素，激活或调动保护因素，减少或消除危害，并在消除危害的基础上改进干预对象的福利。① 在这个意义上，社会工作干预的核心目标是选择那些具有成效的行动策略，为个人、家庭、群体、组织、社区和社会带来积极的影响与改变，进一步有效地促进干预对象自身的能力建设与发展。

① KUMPFER K L, PINYUCHON M, de Melo A T, et al.. “Cultural adaptation process for international dissemination of the strengthening families program”, *Evaluation & The Health Professions*, 2008, Vol. 31, No. 2, pp. 226 - 239.

社会工作干预是以社会工作专业服务为基础的一种实务活动或实践行动，其核心内容在于通过制定和实施某种策略与措施来产生改变。[①] 社会工作干预的实施者以各种方式与需要支持的个人、家庭、社区等建立联系，协助他们获取所需要的物质支持、经济援助、情感支持、个案咨询、资源链接，实现干预对象发展的独立性。为此，社会工作者必须定期评估干预对象的需求和福利状况，确保他们能够获取最佳的资源和支持，促进他们在认知、行为和社会环境层面的积极改变。因此，在社会工作干预过程中，社会工作者不仅要从技术层面考虑如何影响和改变干预对象，在微观层面考虑干预支持的适当性和有效性，同时也要在宏观层面考虑社会公正原则，致力于提升所有人，尤其是困境群体的福祉水平。社会工作的本质属性是一项助人的活动，基于助人的本质，社会工作表现出突出的价值本位。与社会工作的价值本位相一致，社会工作干预具有促进社会公平与个体发展的双重理念。

其一，促进社会公平。社会公平的理念是，所有人不论其法律、政治、经济或其他情况如何，都应平等地获得财富、健康、福利、正义、权利和机会。自中共十八大提出要在2020年实现全面建成小康社会的宏伟目标以来，反贫困成为这一时期中国特色社会主义建设的核心议题。[②] 习近平总书记提出的发展观的核心理念是“共享”，强调必须让人民群众共享发展成果。共享改革发展成果是社会主义的本质要求，也是中国特色社会主义的本质要求。因此，反贫困是社会公平理念和“共享”发展观的践行，其目的就在于让所有人平等地享有中华人民共和国成立和改革开放的发展成果。截至2018

① 文军：《社会工作干预研究》，载《社会工作与管理》2018年第5期。
② 贾玉娇：《反贫困的中国道路：1978—2018》，载《浙江社会科学》2018年第6期。

年，中国的贫困发生率下降至1.7%①，尤其是农村地区在1978—2018年的贫困发生率下降了95.8%。② 习近平总书记于2020年3月6日《在决战决胜脱贫攻坚座谈会上的讲话》指出，我国贫困人口从2012年年底的9 899万人减少到2019年年底的551万人，贫困发生率由10.2%降至0.6%，区域性整体贫困基本得到解决。中国的反贫困实践取得了举世瞩目的成就，力争让低收入群体共享中国社会经济发展的成果。本章所呈现的研究团队在北彦小学开展的社会工作干预，本质上就是一次儿童反贫困的具体实践，充分显示出了对社会公平的追求，以及让贫困儿童共享发展成果的专业努力，这就是社会工作干预所应秉持的核心理念。

其二，促进个体主体性的发展。主体性是指人在实践过程中表现出来的能力、作用、个人看法以及地位，即个人主动、能动、有目的地采取行动和开展活动的特性。个体的主体性主要表现在与世界的关系构建中，个体处于一种能动性的地位，能够主动寻求并建立与外界的积极关系，能够自主地追求个人的发展目标。即使是处于相对脆弱地位的贫困儿童群体面临着更为劣势的家庭环境和外部环境，他们也具有潜在的发展优势和主体能动性。因此，激发他们主动寻找自我的内在价值、实现自我成长、提升应对劣势环境的抗逆力，构建积极的外部关系是改善贫困儿童困境的题中应有之义。本章所呈现的在北彦小学开展的社会工作干预，旨在通过增强贫困儿童情

① 关信平：《当前我国反贫困进程及社会救助制度的发展议题》，载《陕西师范大学学报(哲学社会科学版)》2019年第5期。

② 国家统计局：《2018年国民经济和社会发展统计公报》，(2019－02－28)[2019－04－20]，http://www.stats.gov.cn/tjsj/zxfb/201902/t20190228_1651265.html。

绪管理、社会信息辨析能力等来减少贫困儿童的问题行为，促进其提升社会交往能力，帮助贫困儿童实现自我改变、自我发展和能力建设。一方面，这一社会工作干预重在发展贫困儿童的主体能动性，通过能力建设加强和发展他们的主体能动性，增强他们在生活和学习中的自主性和能动性；另一方面，在干预过程中，干预团队给予干预对象充分的信任，强调他们在接受服务过程中的自我成长和主体能动性的发挥。

二、目标

生态系统理论强调发展个体嵌套于相互影响的一系列环境系统之中，在这些系统中，系统与个体相互作用并影响着个体发展。这些系统通常涉及四个层次①：(1) 家庭、学校、同辈群体等直接环境构成的微系统；(2) 由直接环境之间相互联系构成的中系统；(3) 间接对个人产生影响的外部环境条件所形成的外系统；(4) 由文化、制度等构成的宏系统。从生态系统理论的视角出发，造成一个人出现问题或陷入困境的原因是多重的，所以在具体的干预实践中，社会工作干预的目标也并不是单一的，而是涉及从个人到社会环境等不同系统的多层次目标。基于不同干预对象的需求和具体情况，社会工作者通常会运用不同的社会工作专业方法与技巧，帮助服务对象克服与个人、家庭以及社会环境有关的各种问题和挑战，促进他们提升自主解决问题的能力，因此干预目标会基于服务对象的需求有所差别。但在一般意义上，社会工作干预的目标通常体现在以下四个方面。

① BRONFENBRENNER U. *The ecology of human development: experiments by nature and design*. Cambridge, MA: Harvard University Press, 1979.

第一，完善干预对象个人的功能系统，增强他们的自我发展能力。基于社会工作干预措施，社会工作者协助服务对象解决具体的问题，并促进服务对象的积极改变。在儿童反贫困社会工作干预实践领域，社会工作者既可以通过经济援助、实物补贴等物质资源支持改善贫困儿童及其家庭的经济状况，提升干预对象的营养状况和健康水平；也可以通过社会工作专业方法，调整干预对象的错误认知，减少干预对象的负面情绪和问题行为，在社会情境中发展积极的社会行为，改善他们的人际关系和社会支持网络，促进其身心的健康发展。

第二，致力于社会环境建设。就儿童反贫困社会工作干预而言，要从根本上解决儿童贫困问题，就必须阻断贫困的代际传递，改善贫困群体相对恶劣的外部环境。外部环境既包括硬件环境，如便利的公共交通、安全的饮用水、适宜的居住环境、合理的教育设施配置，也包括软件环境，如儿童能够公平地享有教育资源、医疗资源以及其他发展资源与机会。因此，减少儿童贫困必须加强外部的社会环境建设，不仅要提升外部环境设施的数量和质量，而且要形成更为合理的资源配置机制，构建一个儿童友好型社会环境。

第三，改善干预对象与社会环境之间的互动关系。当干预对象与社会环境之间缺少良好的互动关系时，就会形成一种恶性循环。贫困与劣势的社会环境会限制贫困儿童及其家庭的资源获取和能力发展，而这些儿童及其家庭的消极应对又会进一步强化劣势的社会环境对他们的负面影响。因此，增强贫困儿童认识环境、识别与辨析风险、抵御风险的能力，是加强儿童及其家庭抗逆力与减少外部环境负面影响的有效途径。

第四，致力于推进公正的社会政策的形成。虽然社会工作干预更强调运用专业技能介入贫困儿童及其家庭，保障服务对象个人功能系统的正常运转，改善他们的外部环境，增进贫困儿童个人与外部环境之间的良性互动，但是基于对干预实践现实的深入观察和实证经验，社会工作者能够更准确地把握社会政策安排与贫困儿童不利处境之间的逻辑关联，通过实践，反思并深入理解现行制度的运行过程及需进一步改进的方向，因此能够致力于通过推进公正的社会政策的形成，来提升干预中的贫困儿童及其家庭所代表的整个群体的福祉。

第二节　干预设计的需求评估

任何社会工作干预方案在设计与实施之前，都必须瞄准服务对象及其需求，才能使服务方案更契合服务对象的需要，提高干预的针对性，实现干预目标，最终改善服务对象的处境，进而增进他们的福祉。需求可以分为规范性需求（normative need）、感觉性需求（felt need）、表达性需求（expressed need）和比较性需求（comparative need）。[①] 在这四类需求中，规范性需求主要通过专家或专业人员以某些标准来界定服务对象的需求，其他三类需求都更强调服务对象自身的感受和表达。在社会工作干预实践中，除了遵循一定的干预逻辑和模式来制订干预方案外，我们也强调社会工作者必须深入了解服务对象自身的需求，鼓励服务对象以积极的方式表达自己的真实

① BRADSHAW J. *The taxonomy of social need*. Edited by MCLACHLAN G. Problems and Progress in Medical Care. London: Oxford University Press, 1972.

需求，基于此制定的干预策略才能更契合服务对象的实际情况。

一般意义上，需求评估是指专业社会服务人员运用恰当的方式，帮助服务对象把自己感觉到的需求表达出来，并对服务对象表达出来的需求进行分析，由此发现服务对象的真实服务需求进而明确服务方向和服务内容的一个系统化过程。[①] 需求评估强调从服务对象的需求出发，分析服务对象表达出来的需求，并根据分析的结果制订干预方案，以便使社会服务更符合服务对象的真实需求。需求评估的一般程序包括两个环节：一是需求调查，即收集需求评估所需的数据，获取与服务对象的需求密切相关的数据与信息；二是展开需求分析，对服务对象的需求进行系统分析，即针对调查所采集的数据进行科学分析，并据此制订具体的干预方案。

一、项目点基本情况

我们选择了北彦小学作为社会工作干预的项目点。北彦小学位于河北省保定市博野县北杨村镇的北彦村。北彦村地处博野县北杨村乡境内，位于保定市南部，与东章村、西章村、北堤圈等村相邻，与安国市交界。博野县是保定市唯一的省级贫困县，2017 年全县地区生产总值 48.947 9 亿元，城镇居民人均可支配收入 22 072 元，农村居民人均可支配收入 12 088 元。2017 年，博野县有常住人口 27 万人，其中城镇人口 5 万人，城镇化率约为 18.52%。农村人口占多数，城镇化率相对较低。目前北彦村约有 2 700 人，其中老年人占比 26%，处于幼儿园和小学阶段的儿童占比 10%。北彦村居民的收入来源主要包括两个方面：一是从事农、林、牧业，如种植业生产、畜牧

① 吴帆：《社会服务评估实用教程》，高等教育出版社 2018 年版，第 91 页。

业生产等,其中以种植为主;二是外出务工,一些村民前往相邻的安国市从事经济活动,如购销、运输服务、加工生产等。安国市号称"药都"和"天下第一药市",是中国最大的中药材集散地,因此,与中医药相关的种植养殖、加工生产、交通运输、销售等行业劳动力需求明显,吸引了邻近的北彦村居民前来工作。同时,还有一些村民到更远的城市打工。目前北彦村村民中处于长时间外出打工状态且不在村里居住的人数约400人,占全村人口的15%左右。①

北彦小学辐射北彦、东章两个自然村。全校共有教职工14人,其中教师11人,管理人员3人,在校学生263人,分布在6个年级的11个班级中。其中,1～5年级每个年级开设了2个班,6年级开设了1个班,且所有学生均为走读生。在硬件设施方面,学校建有录播室、图书室、微机室、实验室等12个专用教室并投入教学使用;在课程设置上,每个班级都配备了一名老师担任班主任负责本班的有关事务,同时,班主任充当全科教师的角色,负责教授本班学生的语文、数学、英语等主干课程。除了主干课程外,学校还开设了劳动课、写作课、科学课等实践课程。除日常教学外,学校还开展了魔方、魔尺、花样跳绳、呼啦圈等课外活动以丰富学生们的第二课堂。此外,校方在校内专门辟出一块田地,因地制宜地将其作为教育教学与劳动实践相结合的综合性实践基地,组织学生们在此开展观察、绘画、写作等活动,目的在于训练学生们的创新思维,增强他们动手实践和综合运用知识的能力。相对于主干课程设置和课外活动的各项安排,北彦小学的师资力量是比较短缺的。全科教师的安排虽然在一定程度上缓解了这一压力,但老师们的教学任务却相当繁重。一方面,校方利用各种资源尽量保障学生的课程教学和

① 根据对北彦村村站及北彦小学校长的访谈整理。

素质教育有序开展；另一方面，师资力量短缺等现实困难给北彦小学持续、有效地开展课外活动带来了挑战。

干预团队选择北彦小学作为项目点有三个主要原因。一是北彦小学所在的博野县是保定市唯一的省级贫困县，符合儿童反贫困的扶贫目标。并且北彦小学的地理位置相对封闭，坐落在村落中，师资力量相对缺乏，对外部资源有较强的需求意愿。二是根据北彦小学在校学生的家庭状况来看，不少儿童的父母一方或双方外出务工，他们在学业、生活、健康维护和社会交往等方面存在一些发展性困难，儿童自我能力发展所需要的资源、家庭支持和社会支持并不充分。三是虽然资源相对缺乏，但与同类学校相比，北彦小学的硬件条件和教学理念都较为领先。校方虽面临着师资短缺、资源短缺等方面的困难，但在教育局的支持下，校长及老师在丰富课外活动、促进学生心理健康发展等方面做了力所能及的努力。由于校方有提升儿童身心健康和能力发展的强烈意愿，干预项目进入后有较好的实施基础。

二、需求调查

（一）调查的主要内容

在项目开展之前，干预团队首先对北彦小学的学生进行了问卷调查，以期准确了解在校学生的切实需求，确保社会工作干预的针对性和有效性。问卷主要包括四个方面的内容：一是调查对象的个人情况，涉及性别、是否为独生子女、健康状况以及个人期望的学业目标等；二是调查对象的家庭状况，主要包括经济条件、家庭主要成员的受教育程度、健康状况、居住安排和居住距离以及家庭成员之间的情感互动状况等事项；三是调查对象在学校的学习和生活内容，涉及上学方式（是否有家长接送）、学习方面存在的问题、课外兴趣爱好、是否遭遇校园欺凌等；四是调查对象的社会交往情况，包括同辈群体的朋友数量、与朋友交往时的具体内容，以及与同学、老师交往时遇到的问题及应对方式等。基于调查问卷，干预团队希望获取干预对象在生理、心理、学习、社会交往以及家庭状况和社会环境等方面的信息，并基于这些信息探讨他们的主要需求和面临的问题。

需求调查以全体在校学生共263人为调查对象，调查期间，1名学生因病请假未能参与，项目团队的工作人员统一组织并指导262名学生集中填答问卷。由于一些低龄学生的理解能力以及对家庭情况的了解不足，出现了一些关键信息缺失的无效问卷。剔除这些问卷后，最终有效问卷251份，回收率约为95.8%。

（二）样本的人口及社会特征

在校儿童的个人及家庭情况具体如表5-1所示。样本的性别比例基本均衡，大致各占一半，平均年龄为9.69岁。8成以上的儿童属于非独生子女，家里有兄弟姐妹。

表5-1　北彦小学在校学生的基本情况

社会人口特征	具体内容	频次/人	百分比/%
性别	男性	127	50.60
	女性	124	49.40
独生与否	独生	46	18.33
	非独生	205	81.67

续　表

社会人口特征	具体内容	频次/人	百分比/%
父亲的受教育程度	小学及以下	29	11.55
	初中	122	48.61
	高中或中专	52	20.72
	大专及以上	30	11.95
	缺失	18	7.17
母亲的受教育程度	小学及以下	32	12.75
	初中	129	51.39
	高中或中专	37	14.74
	大专及以上	22	8.76
	缺失	31	12.35
父亲的工作地点	本地	93	37.05
	外地	139	55.38
	缺失	19	7.57
母亲的工作地点	本地	203	80.88
	外地	41	16.33
	缺失	7	2.79

北彦小学学生父母的受教育程度主要集中在初中文化水平，在被调查儿童的家庭中，父亲处于高中及以上受教育程度的比例(32.67%)高出母亲同等受教育程度(23.50%)约 9 个百分点。在工作地的选择上，父亲外出打工的比例更高，达到了 55.38%，而母亲绝大多数在本地就业，比例为 80.88%。

由于不少家庭都是父亲外出打工，母亲更多地留守家庭照料孩子，因此北彦小学的学生与母亲同住的居住模式比较常见，72.91%的儿童全年都与母亲共同居住。相对而言，与父亲全年居住在一起的儿童比例不足五分之一(19.12%)。此外，北彦小学的学生全年没有父亲陪伴的比例为11.55%，而全年都缺少母亲陪伴的比例为4.38%。由于儿童主要与母亲同住，因此往往由母亲承担主要的照料责任，担任儿童作业辅导的家庭成员也主要是母亲(57.77%)，然后依次是父亲(19.12%)、哥哥姐姐(17.53%)、祖母(7.57%)和祖父(5.38%)。大部分学生(72.11%)认为与父母关系良好，一般、不太好、很差的比例分别为10.76%、12.35%和3.19%(有学生未回答此问题)。

在个人健康与行为习惯上(见表5-2)，调查对象中的大多数儿童都有良好的生活习惯和比较健康的生活方式。9成以上的儿童都会按时吃早饭，98%以上的儿童在晚上10点以前就会睡觉，7点以前起床的儿童比例为95%左右，睡眠时间得到较好的保障。但是就健康状况而言，不少儿童在最近一个月内出现了一些生病症状，如咳嗽(41.43%)、肚子疼(23.90%)、牙疼(17.93%)和发烧(13.15%)等常见疾病的发生概率都不低。此外，选择头晕、皮肤过敏、流鼻血和拉肚子的样本比例也都在9%左右。

表5-2 北彦小学学生个人健康与行为习惯统计表

健康行为与习惯	具体内容	频次/人	百分比/%
吃早餐与否	是	233	92.83
	否	18	7.17
生病情况	头晕	25	9.96
	咳嗽	104	41.43

续　表

健康行为与习惯	具体内容	频次/人	百分比/%
生病情况	发烧	33	13.15
	牙疼	45	17.93
	肚子疼	60	23.90
	拉肚子	20	7.97
	呕吐	12	4.78
	流鼻血	25	9.96
	皮肤过敏	22	8.76
睡觉时间	早于或等于 20：00	48	19.12
	20：01—21：00	147	58.57
	21：01—22：00	51	20.32
	晚于 22：00	5	1.99
起床时间[1]	早于或等于 6：00	68	27.20
	6：01—6：30	122	48.80
	6：31—7：00	48	19.20
	晚于 7：00	12	4.80

注：1. 在问卷调查中，有 1 人未回答该问题。

三、需求分析

北彦小学的学生群体属于一般儿童，具有一般儿童的普遍性需求。我们既基于文献资源探讨了贫困儿童的一般性需求，也基于调查问卷的数据深入分析了北彦小学学生的特定需求。

（一）贫困儿童的普遍性需求：基于文献研究

童年是每个人的生命早期发展阶段，它对于人的成长和发展有着关键的作用，在童年时期，儿童的许多需求需要被满足。对于贫困儿童，联合国《世界儿童状况报告 2019》的数据显示，自 1990 年以来，全球 5 岁以下儿童的死亡率下降了一半以上。在 129 个国家中，男童与女童的入学率基本相当，极度贫困儿童的数量几乎是 19 世纪 90 年代的一半。然而报告指出，这一进展既不均衡也不公平。最贫困儿童 5 岁以下死亡率是最富裕儿童的 1 倍，且处于长期营养不良状态。在全球范围内，每 3 名 5 岁以下儿童中至少有 1 名因营养不良（发育不良、消瘦和超重）而生长不良。在全球范围内，5 岁以下儿童中至少有二分之一因缺乏维生素和其他必需营养素而遭受隐性饥饿。2018 年，近 2 亿 5 岁以下儿童都遭受了发育迟缓或消瘦，至少 3.4 亿儿童遭受隐性饥饿。① 针对中国贫困儿童的研究也发现，一般情况下，安全与照护、营养与健康、教育与参与是贫困儿童及其家庭的主要需求②，特别是集中连片特殊困难地区的儿童，他们在健康、营养、教育等方面的发展水平明显低于全国平均水平。这些儿童由于家庭贫困、抚养人教育水平低、公共服务不完善而缺乏适当的营养、必要的养育和教育机会，陷入多维贫困状态，无法充分分享发展成果。③ 因此，贫困

---

① UNICEF："The state of the world's children 2019: children, food and nutrition growing well in a changing world"，(2019 - 10 - 10)[2020 - 10 - 20]，https://www.unicef.org/media/63016/file/SOWC-2019.pdf.

② 金昱希：《贫困儿童与家庭的公共服务需求状况及其影响因素分析》，载《社会福利（理论版）》2017 年第 12 期。

③ 中国发展研究基金会：《中国儿童发展报告 2017——反贫困与儿童早期发展》，中国发展出版社 2017 年版，第 4 页。

儿童绝大多数缺乏营养物质的摄入，致使身体发育较同龄人晚；他们的居住环境较差，缺乏独立的生活、学习和娱乐空间。在医疗卫生方面，因经济困难，贫困儿童通常得不到必要的医疗服务。[①] 此外，父母外出务工可能会对儿童的身心健康、认知能力、学习能力等其他表现产生负面的影响，影响儿童的健康成长。[②] 基于深圳的研究也显示，城市贫困儿童处于物质相对贫困状态，精神层面的支持处于严重匮乏状态，具有强烈的社会排斥感。同时，针对贫困儿童的社会服务还处于严重的缺失状态，造成贫困儿童的社会参与度、社会认同感、社会归属感都极其低下。[③] 贫困儿童在社会交往方面也可能存在障碍，贫困儿童很少有朋友，即使有朋友，在交往的过程中，也会因为自卑而处于被动的状态。[④]

只有当上述这些需求得到满足时，儿童才能顺利地成长和发展。儿童在成长过程中都会遇到各种生存性和发展性的问题或风险，总体上，这些问题或风险主要表现在营养、健康、安全、学习、居住环境、社会交往等方面。儿童优先原则要求政府、社会和家庭都必须首先保障儿童发展所需要的资源和支持。作为儿童群体的一部分，贫困儿童也会遇到这些生存性和一般性的发展问题。但是，对于儿童中更为脆弱的群体即贫困儿童而言，由于缺乏家庭的有效支持，他们可能面临着无法享有同等的教育、医疗、社会福利

① 秦睿、乔东平：《儿童贫困问题研究综述》，载《中国青年政治学院学报》2012 年第 4 期。
② 秦敏、朱晓：《父母外出对农村留守儿童的影响研究》，载《人口学刊》2019 年第 3 期。
③ 刘晓玲：《城市贫困儿童社交困境及其政策建议》，载《特区实践与理论》2018 年第 4 期。
④ 唐钧、王承思、蔡京睿：《城市贫困家庭儿童生活状况与需求——来自上海市的调查》，载《中国人口科学》2000 年第 5 期。

等资源和机会的问题，致使他们处于更为困难和弱势的地位。

（二）干预对象的特定需求：基于调查问卷的分析

北彦小学的学生既具有贫困儿童的普遍性需求，也具有现实或潜在的特定需求。基于数据，我们主要对北彦小学在校儿童的问题表现进行了调查，他们的需求主要体现在生活困难、学业问题、家庭交往和社会交往以及课外活动等方面。

第一，在校儿童存在一定程度的生活困难，但问题并不突出。在过去一个月内，数据显示，调查样本中有13.55%的儿童存在吃不饱的问题，14.34%的儿童认为零花钱不够，13.15%的儿童认为买不起衣服，另有4.78%的儿童选择了交不起学校收取的有关费用。虽然整体上被调查儿童生活困难的问题并不普遍，但是仍有近七分之一的孩子存在吃不饱的问题，需要引起注意。

第二，在学业上存在不同方面的困难。数据显示，调查样本中有近四分之一的儿童认为作业过难（24.40%），此外，考试过难（17.20%）、注意力不集中（15.20%）、课程过难（12.00%）和作业过多（10.80%）也困扰着他们。当遇到学业方面的问题时，被调查儿童主要的求助对象包括自己、父母或老师。如针对作业过多、考试过难、注意力不集中的情况，超过4成的儿童都选择了自己独立想办法，而对于作业过难，则主要求助父母（42.62%）或自己（27.87%），课程过难则主要向老师（40.00%）或父母（28.00%）求助，总体上，儿童在学业上遇到困难时向祖辈和同学求助的比例都不高。

第三，家庭交往和社会交往存在一定问题。问卷涉及调查对象在人际交往中遇到的冲突。其中，调查对象与父母及兄弟姐妹吵架的情况更多一点，分别占27.60%和25.20%。被长辈打骂的情况也会发生（15.60%），与同学之间发生冲突的情况占比为5.60%，相对而言，在人际交往中被老师忽视的这一情况占比最小，为3.20%。此外，在社会交往中，存在一定的校园欺凌问题。调查问卷将校园欺凌分为几类，主要包括被同学起外号、嘲笑、恐吓、殴打、勒索、孤立或泄露隐私。虽然被调查儿童对校园欺凌的不同形式存在主观理解和判断程度上的差异，而且同辈交往中的一些摩擦或冲突可能属于同辈交往中的正常现象，并不必然导致负面结果，但调查数据仍然说明校园欺凌的情况不容忽视。数据显示，被同学起外号（29.60%）的情况较为常见，同时被同学殴打和恐吓的情况所占的比例也不低，分别为29.20%和22.80%，还有一些被调查儿童经历过被同学嘲笑（15.60%）、被同学孤立（11.20%）以及被同学勒索（7.20%）。

被调查儿童遇到校园欺凌时，虽然基于不同的欺凌类型，他们的应对方式和求助对象有所不同，但大多数情况下，儿童主要靠自己来调节和应对，或者表现在遭遇校园欺凌后自己闷闷不乐，或者通过自己来想办法解决。当遇到被同学起外号、嘲笑、泄露隐私，甚至是被恐吓的情况时，由自己来应对的占比皆超过了一半。相对而言，在遭遇勒索时，儿童求助自己的比例（35.29%）稍微低一点，老师（17.65%）、同辈群体（17.65%）、父母（11.76%）、祖父母（11.76%）都会成为解决问题的求助对象；在遭遇被殴打的情况时，求助老师和自己想办法的比例一样高（均为29.58%），其次是求助父母（16.90%）。虽然受欺凌的严重程度越高，在校儿童越有可能向外部寻求帮助，但在整体上，主要由儿童自己来应对校园欺凌的情况增加了儿童的风险及其负面影响。

第四，虽然北彦小学开设了比较丰富的课外活动，但学生们仍然对课外活动存在较大的需求。其中，在现有的课外娱乐活动中，学生对体育活动参与的比例最高，为76.80%，然后依次为兴趣爱好小组（42.40%）、绘画（37.45%）、看电视（34.40%）、电子游戏（31.87%）和才艺表演（29.60%）。一方面，学生们广泛地参与学校安排的课外活动，但是在与校方的沟通过程中，我们也发现诸如绘画等课程由于缺乏专门的师资安排，课程难以持续、稳定地开展；另一方面，学生们回家后的娱乐活动并不丰富，主要是看电视或玩电子游戏。对课外活动展开的进一步需求调查显示，北彦小学的学生对团体游戏（40.80%）、体育（47.60%）、手工（33.60%）、音乐课程（24.40%）、绘画（21.20%）等活动都有进一步的需求，也有一些在校学生对书法、英语、摄影有一定的兴趣，希望开设相关的课程。

总体上，除了个别学生之外，北彦小学的绝大多数学生及其家庭并不存在物资匮乏的收入贫困问题。因此，经济救助并不是我们服务开展的重点。相对而言，调查数据显示，在校学生的需求主要集中在学习、课外活动、社会交往等发展性需求上。其中，他们在社会交往上存在比较明显的问题，主要体现在与不同群体的人际冲突，以及存在多种形式的校园欺凌。而当遭遇社会交往方面的冲突时，大多数儿童选择自己应对和解决。由于小学阶段的儿童的心智发展并不成熟，主要由自己应对校园欺凌或其他社会交往冲突，可能进一步增加他们在社会交往中的风险和负面影响。

综合上述需求分析，我们将社会工作干预分为以下两个方面。其一，我们将干预重点聚焦于帮助该小学儿童获得正确的认知和行为模式，通过学习促进他们管理自己的情绪，理性认识、识别和分析社会交往中不同事件的发生，以及采取正确的应对措施。针对社会交往需求，我们的干预项目涉及识别情绪、分析情景事件、设立目标、采取行动等课程，帮助儿童有效管理自己的情绪，正确地分析事件的发生缘由，教会他们设立有益的目标，并采取合理的行动。对于如何应对交往中出现的问题，如何正确认识社会交往的负面信息，干预团队选择了"让我们做朋友"干预手册作为具体实施的主要内容。其二，针对北彦小学学生对课外活动的需求，干预团队针对未参与社会交往干预项目的其他同学开设了不同类型的课外兴趣班，帮助他们培养和发展兴趣爱好，丰富课外生活，掌握团队合作等技能。

第三节 干预手册的内容与实施

自 20 世纪 80 年代以来，美国发展了一系列预防干预项目，其中一项就是"做出选择"(Making Choices，MC)。这一项目是由美国北卡大学马克·弗雷泽(Mark Fraser)教授带领的研究团队开发的，其目的在于协助儿童解决社会交往问题，促进小学阶段儿童的社会发展。①"做出选择"由教师、学校辅导员或学校社会工作者具体实施，教导儿童有目的地调节情绪，与他人积极合作，有效地解决社会问题。"做出选择"干预手册开发并推广以后，一系列实证研究显示，基于不同时间不同学校儿童群体的干预效果保持了较强的稳定性和持续性。② 因此，"做出选择"在美国的文化情境下是一个证据为

① FRASER M W, JAMES K N, MAEDA J G, et al.. *Making choices: social problem-solving skills for children*. Washington,DC: NASW Press, 2000.

② FRASER M W, GALINSKY M J, SMOKOWSKI P R, et al.. "Social information-processing skills training to promote social competence and prevent aggressive behavior in the third grades", *Journal of Consulting and Clinical Psychology*, 2005, Vol. 73, No. 6, pp. 1045 - 1055.

本的社会工作干预项目。而“让我们做朋友”是美国“做出选择”干预项目的中国版本[①],在针对中国其他地区的干预中表现出了持续和积极的干预效果。[②]

一、项目理论:社会信息加工理论

“让我们做朋友”的主旨是提升儿童的社会信息加工能力,进而促进他们积极社会行为的发展。干预的项目理论(Program Theory)具体规定了干预活动、中介变量的变化(如技能、知识或态度的变化)和最终结果(如行为或健康状况的变化)之间的经验和理论关系。[③]“让我们做朋友”的项目理论(因果模型)是“社会信息加工理论”(Social Information Processing Theory),重点阐明儿童编码与解释社会信息和行动的认知过程,揭示个体对事件的理解程序,以及在此理解下个体对其所处社会情境做出反应的机理。[④] 社会信息加工、情感调节和情绪控制的能力(从消极到积极)都可以增强儿童驾驭社会情境的能力。处在特定社会情境中的儿童,具有通过以往生活经验记忆所形成的数据库,当他们接收到一系列线索时,其行为反应就是对这些线索进行加工的结果,因此增强儿童信息加工的能力可以增进个

① “做出选择”干预项目干预手册的中国版本——《让我们做朋友——儿童人际交往训练手册》由中国人口出版社于 2011 年出版。

② 吴帆、郭申阳、[美] 马克·弗雷泽:《社会工作服务介入儿童行为发展效果评估的实证研究》,载《社会建设》2016 年第 6 期。

③ SUNDELL K, FERRER-WREDER L, FRASER M W. “Going global: a model for evaluating empirically supported family-based interventions in new contexts”, *Evaluation & The Health Professions*, 2014, Vol. 37, No. 2, pp. 203 - 230.

④ CRICK N R, DODGE K A, “A review and reformulation of social information-processing mechanisms in children's social adjustment”, *Psychological Bulletin*, 1994, Vol. 115, No. 1, p. 74.

体积极的社会行为。[1] 总之，社会信息加工理论阐述了个体对事件的理解以及基于自身的理解做出反应的机制，它注重解释个体是如何分析和理解事件，以及根据自身的理解做出何种方式的反应的。

在减少儿童攻击性行为及提升儿童社会交往技能方面，基于社会信息加工理论的社会与情绪管理技能训练被普遍认为是一种有效的干预策略。绝大多数研究都证明了儿童社会信息加工能力的提升与积极的社会行为发展之间的因果关系在中国也是成立的，这表明源自美国文化的"做出选择"与中国文化是相契合的，即中国儿童的价值观、认知和行为在"做出选择"的干预设计中也得到了验证。基于此，中美研究团队选择了干预项目中针对小学三年级学生(8—10 岁)的操作手册进行了翻译和本土化，形成了专门针对中国的"让我们做朋友"干预项目。

在诸多社会信息加工理论模型中，克瑞克和道奇系统地描绘了儿童社会适应(children's social adjustment)的一系列信息加工过程，其被广泛运用于儿童反社会和亲社会行为的相关研究中。他们认为，处在社会情境中的儿童，在某些能力上存在着生物性不足，但同时也具有通过以往生活经验记忆所形成的数据库，当他们接收到一系列线索时，其行为反应就是对这些线索进行加工的结果。这一加工过程主要包含六个步骤：对内部与外部社会线索的编码(encoding of social cues)、对社会线索的理解(interpretation of social cues)、目标的选择与澄清(clarification of goals)、建立回应的方案

① LEMERISE E A, ARSENIO W F. "An integrated model of emotion processes and cognition in social information processing", *Child Development*, 2000, Vol. 71, No. 1, pp. 107 - 118.

(response access or construction)、决定要采取的对策(response access or construction)、实施行动(behavioral enactment)。[①]

二、干预课程的安排与实施

如前所述,干预课程安排具体分为两部分:第一部分是“让我们做朋友”,即为了提升儿童的人际交往能力和信息加工能力而设计的课程,目的是促进其形成良好的人际交往行为;第二部分是针对儿童的兴趣爱好开设的兴趣班,旨在满足儿童因为经济状况不佳或缺乏师资而无法得到满足的兴趣需求。兴趣班课程针对未参加“让我们做朋友”的学生开展。“让我们做朋友”针对儿童的人际交往能力设计,课程内容针对二年级到五年级的小学生。干预团队每周在北彦小学开展为期两天的服务,服务周期为两个月,每周开展三次课程,分别是两次“让我们做朋友”课程和一次兴趣班课程。剔除法定节假日的影响,其中“让我们做朋友” 课程共计开展 14 次,每周 2 次,共 7 周的课程,每次课程的时长为 90 分钟,每周的课程对应项目课程中的相应单元;而 5 种不同类型的兴趣班课程每周开展 1 次,共有 6 个班级参加了兴趣班的课程,每次时长为 90 分钟,共 7 周课程,共完成了 42 次兴趣班的授课。干预团队由经过培训的社会工作专业背景的高校学生共 12 名人员组成。

(一)“让我们做朋友”的开展

基于社会信息加工理论,“让我们做朋友”操作手册的课程设计了七个方面的课程,除了第 1 单元的识别和控制情绪之外,其余六个单元与社会信

① CRICK N R, DODGE K A. “Social information-processing mechanisms in reactive and proactive aggression,” *Child Development*, 1996, Vol. 67, No. 3, pp. 993 - 1002.

息加工理论的六个步骤一一对应，分别包括识别人际交往情景线索、解释线索、建立自己的目标、思考实现目标的途径、选择实现目标的行动和实施行动的课程内容（见表5－3）。“让我们做朋友”干预手册重视提升儿童的社会信息加工能力，认为儿童人际交往出现问题在于对社交情境的不正确解读，导致儿童采取不正确的方式去应对。因此，干预课程强调了增强儿童信息解读能力的内容，通过提升儿童的信息加工能力，促进儿童对人际交往情境做出正确的分析和反应。

表5－3　“让我们做朋友”干预手册的课程设置及其活动内容

社会信息加工的步骤	LBF 训练手册课程设置	具体活动内容
	第1单元：情绪	“情绪脸谱”“生气程度量表”等
步骤1：内、外部社会线索编码	第2单元：寻找线索	“情境侦探”“我的魔术线索眼镜”等
步骤2：对社会线索的理解	第3单元：解释线索	“友好和不友好的脸”“故意或偶然”等
步骤3：目标的选择与澄清	第4单元：设立目标	“目标分类”“有益目标与有害目标”等
步骤4：建立回应的方案	第5单元：设想实现目标的行动	“停下来想一想”“自我对话”等
步骤5：决定要采取的对策	第6单元：选择行动	“评判行动”“交换情境并交换想法”等
步骤6：实施行动	第7单元：实施选择的行动	“情境表演”“学习成果展示”等

干预课程主要采取参与式互动的方式，运用游戏和活动的形式，协助儿童学习课程内容。这种课程安排既符合处于这一年龄阶段的儿童的身心特

点，也能够帮助儿童快速理解课程内容，从而取得较好的干预效果。例如，在强化儿童正确识别情绪的内容上，课程采取了“情绪脸谱”“生气程度量表”的活动方式，以生动活泼的干预方式，寓教于乐，将儿童置于真实的社会情境中发现问题、认识问题，让他们学会正确地处理人际交往情境中出现的问题。

“让我们做朋友”干预课程每个班级的授课团队由3名社会工作专业的学生组成，其中一位主讲课程，另两位成员负责带领小组展开讨论和活动的实施。“让我们做朋友”课程严格按照集体备课的形式准备，基本遵循了干预项目的保真度（fidelity）要求。“让我们做朋友”操作过程中的保真度主要体现为：（1）集体备课，所有参与干预课程的工作人员集体讨论与备课，共同确认每一次课程的流程和内容，形成统一的教学课件和教案，并严格按照集体备课内容实施；（2）统一准备道具和小奖品，集体商议道具的购买、制作课堂用具、准备活动用纸、准备小礼品（代币制），统一干预课堂激励的规则；（3）及时进行课程完成度的测评和督导，每节课结束后，实施者基于课程反馈表对本次课程的时间分配、内容完成度等进行测评。

“让我们做朋友”干预课程的重点在于帮助学生识别并管理情绪、识别人际交往情境中的线索、识别并建立合适的目标、选择合适的行动以及实施行动等。不同的课程有不同的课程目标，通过对所有课程内容的讲述，旨在帮助儿童实现信息加工能力的提升。在第一周，工作人员要与北彦小学的学生建立良好的信任关系，并划分小组、订立相互认同的小组规范。在与干预对象建立关系、明确小组成员及小组规范后，干预团队的工作人员帮助儿童学习情绪的定义、类型、不同人际交往情境中情绪的表现和身体与情绪的联系等。在第二周，干预人员通过引入拉尔夫①的故事，帮助儿童学习并练习自我对话的技巧。在第三周，干预课程涵盖帮助儿童学习分析人际交往情境中的线索以及对线索进行排序的内容，并设置了有关行为类型、人际交往情境意义的内容。在第四周，干预课程根据设定的目标板块，安排了关于目标的定义、类型等课程，帮助儿童识别不同人际交往情境中的目标，帮助他们清晰地表达自己的目标。在第五周，干预课程包括帮助儿童分析实现目标可能采取的行动、如何使用自我对话的技巧处理人际交往问题等内容，帮助儿童分析若要实现目标可以选择哪些行动，以及这种行动可能产生的结果是什么。在第六周，干预课程安排了有关结果的概念与类型、行动与结果的联系等内容，帮助儿童了解行动与结果的关系，掌握哪些行动会产生有益的结果，哪些会产生有害的结果。第七周的干预课程涉及帮助儿童评估不同行动的可行性及其结果，帮助他们理解哪些行动是可行的，哪些结果是与自己的目标相一致的。最后是总结部分，干预团队的工作人员带领儿童一起回顾之前学习的人际交往知识技巧，引导他们练习使用自我对话的技巧去解决人际交往情境中遇到的问题，并告知他们课程结束的事实，处理他们的离别情绪。

（二）兴趣班课程的开设

在开展干预课程的同时，基于在校学生的需求和校方的要求，我们针对所有其他未参与"让我们做朋友"项目的学生开设了兴趣班课程。兴趣班课程是针对儿童比较缺乏课外兴趣活动的情况开设的。这部分的课程旨在通

① 拉尔夫是"让我们做朋友"干预手册中的人物形象，以干预对象的好朋友的身份出现在干预手册中。

过多元化的课外兴趣活动，帮助儿童培养自己的兴趣爱好，丰富他们的课外活动，提高他们的动手能力，并培养他们多方面的知识技能，如团队协作、独立思考能力等。基于前期的需求调查，以及将需求与干预团队工作人员的能力相匹配，兴趣班课程最终开设了音乐课、美术课、英语兴趣班、趣味科学和历奇游戏5类课程。通过兴趣班课程的开展，帮助儿童获得知识和技能，使他们能够像其他儿童一样获得童年应有的教育与娱乐。

兴趣班的课程每周开展一次。在音乐课上，工作人员带领儿童学习音乐知识，选择他们喜欢的歌曲，教授他们如何演唱，并让他们进行分组练习。儿童可以通过对音乐的学习，掌握音乐的基础知识。在美术课上，工作人员帮助儿童学习绘画知识，鼓励和帮助儿童学习用绘画表达自我感受。儿童不仅能学习到画画的技能，同时还能学会如何用绘画表达自我。英语兴趣班分为两个班级，分别针对不同年级的儿童。在低年级的英语兴趣班上，由于大部分儿童没有接触过英语，工作人员从拼写字母开始讲授，并教授英语发音和字母歌。在高年级的英语兴趣班上，工作人员引导儿童观看英语视频，并通过分组比赛的形式，调动儿童学习英语的积极性。儿童可以接触英语音标，练习发音，尝试唱字母歌，这有利于他们英语语感的初步培养，也有利于他们未来的英语学习。在趣味科学课程上，工作人员带领儿童尝试不同的科学实验，帮助他们了解生活中有趣的科学现象，培养他们的动手能力和合作能力。通过做实验的方式，孩子们不仅能够学习到科学知识，提高了对科学的兴趣，还有利于他们的动手能力和合作能力的提升。在历奇游戏课程上，工作人员带领儿童尝试不同的历奇游戏，带领并辅导他们一起通过挑战，培养他们的团队合作精神。在历奇游戏中，儿童要不断地通过努力克服挑战和战胜逆境，这有利于他们抗逆力的培养，同时也有助于他们团队合作精神的形成以及成就感和毅力的提升。

第四节　儿童反贫困社会工作干预的结果评估

结果评估一般是指在一个社会服务项目执行完毕之后（也可能是在某个阶段结束后），通过量化或质性的方法来评价项目是否已达到最初设定的计划目标与预期效果。结果评估有助于我们科学地判断干预在多大程度上实现了预期的改进目标，揭示干预效果、目标实现和非计划中的结果，也是衡量干预项目质量改进的重要标准。总之，结果评估的主要目标是确认服务对象是否得以改变以及改变的程度，明确回答某个干预的具体价值体现在哪些方面。同时，结果评估也有助于改善针对服务对象的干预质量，为干预设计和实施累积知识与经验。

一、评估方法及工具

众所周知，结果评估的黄金标准是随机对照试验（Randomized Controlled Trials，RCTs）。随机对照试验的基本方法是将研究对象随机分组，对不同组实施不同的干预，在这种严格的条件下对照效果的不同。在研究对象数量足够的情况下，这种方法可以抵消已知和未知的干扰因素对各组的影响。但是社会服务往往会由于伦理问题、公共资源无法随机分配等原因，导致随机对照试验无法展开。本章所涉及的干预项目是一个扶贫项目，服务对象具有较强的指向性，无法做到随机选择。进入北彦小学以后，干预团队试图通过对在校生的随机分配，在学校层面实现干预对象的随机选择，但是干预团队也面临伦理困境。由于北彦小学相对封闭，外来资源相对稀缺，尤其是干预团队的所有工作人员均为大学本科高年级的学生或研究生，校长希望能让所有北彦小学的学生享有与大学生交流的机会和资源。因此，在学校层面，我们随机抽取了“让我们做朋友”项目的干预对象，同时为对照组的学生开设了兴趣班课程。这在一定程度上可能会对干预成效的科学判断产生一定的影响，但是这种安排又符合社会服务中以服务对象的需求为基本导向的伦理原则。

对此次干预效果的评估，我们使用了平行混合研究策略（mixed-methods research），分别运用量化和质性的数据收集与分析方法来呈现干预效果。其一，在量化数据收集上，我们运用技能水平活动量表（Skill-Level Activity，SLA）来分别对干预组和控制组实施了前测和后测。SLA 量表通过几个不同的故事和图片，测量受干预儿童对一个特定的人际交往情境的解释，并考察同学们的行为反应。每个故事结束之后，会向调查对象提出 4 个问题，分别对应社会信息加工能力的线索编码、线索解释、目标澄清和选择、评估和决定行为反应这四个核心步骤。其二，我们通过对所有参与干预的工作人员的访谈来深入了解干预过程及其效果的呈现。质性数据收集策略往往需要在相对自然的环境下与调查对象沟通，利于从对方的角度观察和理解他们的行为、态度和动机，而且能获得比量化数据更为丰富且包含文字、声音、思想、情感等在内的多方面的资料，有助于我们得到更深入的理解。我们对参与干预的全体工作人员进行访谈，通过他们的观察、感受和理解来分析干预效果，不仅会让我们更深入地理解干预过程与效果，也能获取更为丰富的资料。在本部分中，我们主要呈现基于质性数据的结果评估分析。

二、基于质性数据的结果评估

在“让我们做朋友”项目开展过程中及结束后，干预团队通过第三方评估对参与该项目的12位工作人员进行了访谈，访谈编码表如表5－4所示。访谈资料显示，北彦小学的学生们在沟通表达和人际交往方面呈现出较大变化，主要表现为沟通意愿增强，交往的表达能力得到提升，年级区隔和性别区隔的隔阂减弱，以及人际冲突明显缓解。上述变化对于儿童人际关系的改善和社会适应能力的提升具有重要意义。

表5－4　受访工作人员信息编码表

序　号	编　　码	性　别	参与时长/次
1	SK－1	女	14
2	ZWR－2	女	14
3	PX－3	女	7
4	ZQ－4	女	14
5	CJX－5	女	14
6	LJ－6	男	13
7	NSJ－7	女	14
8	ZXM－8	女	13
9	GXQ－9	女	14

续 表

序 号	编 码	性 别	参与时长/次
10	FP-10	男	13
11	ZLX-11	男	10
12	GJN-12	女	9

(一) 沟通意愿增强

在“让我们做朋友”项目干预前期，北彦小学学生尤其是低年级学生表现出较低的自信水平和表达意愿，尽管志愿者们充分鼓励他们，反复强调回答内容没有对错之分，但有些学生仍然表现出胆怯情绪，互动频率较低。

小朋友们用方言回答的，有时候我们没听清或者没听懂，请他们再重复一遍，他们却不愿意说了。

——NSJ-7，女，工作人员

有部分小朋友过分活跃，但也有小朋友始终不举手。

——LJ-6，男，工作人员

同时，在表达意愿上，存在比较明显的性别差异，这一现象引起了志愿者的注意。

男孩子比女孩子积极很多，很多女生都不说话。

——ZXM-8，女，工作人员

女孩们更内向，不敢说话；男孩们比较活跃，试图引起老师注意。

——FP-10，男，工作人员

通过“让我们做朋友”项目干预，北彦小学学生的胆怯情绪有所改善，表达意愿明显增强，参与课堂互动和交流讨论的积极性明显提高。

全班同学都积极回答问题，参与度很高。

——ZLX－11，男，工作人员

尤其是之前不太活跃的同学，改变很大，变得更主动了。

——ZXM－8，女，工作人员

这种改变一方面得益于丰富多彩的互动形式，调动了小学生们的积极性，提高了他们的参与度，提升了他们的课堂注意力；另一方面得益于志愿者们耐心、细心、充分的鼓励和引导，进而改变了学生们不自信的情绪和行为，增加了他们之间的互动。

我们的课堂互动形式是很多样的，尽量让同学们发出不同的声音，说出自己想说的话，对于不够自信、没想好怎么表达的同学我们也不会忽视，尽量挖掘他的潜能，比如通过表演情境等方法表达自己，这样还能够增强他们的自信心。

——CJX－5，女，工作人员

通过角色扮演、讲故事等方式引导孩子们将课堂所学习的知识与日常生活情境建立关联，让孩子们在具体情境中对自己的日常生活实践进行反思，也鼓励孩子们积极分享。

——FP－10，男，工作人员

把不爱说话的小朋友和他们的朋友安排在一组，他们就会变得积极起来，虽然不愿意站在台前分享，但开始在组里分享了。

——ZWR－2，女，工作人员

我们会给予处于边缘的小朋友们更多的鼓励，会走到他们身边倾听他们的声音，鼓励他们把自己的想法告诉同组的小朋友，然后逐渐鼓励他们在班内进行分享；对于一些一直处于中心位置的小朋友，我们也会告诉他们要学会倾听别人的意见，强调小组需要每一个成员共同参与，才会帮助大家一起进步。

——ZXM－8，女，工作人员

（二）交往的表达能力得到提升

在“让我们做朋友”项目干预前期，北彦小学学生尤其是低年级学生的表达能力相对较弱。

低年级的小朋友说话声音很小，语言组织也不太顺畅。

——CJX－5，女，工作人员

低年级的小朋友说不清事情，每次分享自己的经历时，总要靠我们连蒙带猜帮他们补全经过。

——ZQ－4，女，工作人员

在“让我们做朋友”项目干预过程中，工作人员发掘学生的优点，采取有效的措施提升学生的表达能力，帮助他们提升问题解决能力，增强社会适应能力。学生表达能力得到提升，其他方面的优点也被挖掘出来。

同学们的答案发散性很强，各种各样，我们总是夸大家很有创造力。

——CJX－5，女，工作人员

有一类“虚假积极”的小朋友，他们习惯于积极举手，但实则完全没想好或者内心根本不想发言以至于说不出话，我们会将这些小朋友分在每组潜在的小组领导者身边，使他们能够在全员认真参与的环境中逐渐学会学习与表达，增加有效的知识输入与输出。

——GJN－12，女，工作人员

（三）年级区隔和性别区隔的隔阂减弱

"让我们做朋友"项目干预的开展采用相邻年级混合的形式。在项目开展初期，低年级（二、三年级）学生出现相对突出的年级区隔情况，高年级（四、五年级）学生则有较为明显的性别区隔情况。不同年级、不同性别的学生各自形成阵营，导致部分学生在一定程度上被边缘化，并出现扮演"阵营领袖人物"的中心化个体。尤其是性别区隔，成为北彦小学学生同辈交往的一个鲜明特点。

高年级的学生性别意识特别强，分组的时候还会偷偷换道具，就是为了不和异性坐在一组。几乎每次都有女生问我可不可以把男生换到别的组，或是单纯按性别分组。

——GXQ－9，女，工作人员

排队的时候，男生和女生会自动分成两列，不会交叉着排队。

——NSJ－7，女，工作人员

在"让我们做朋友"项目干预的开展过程中，工作人员有意识地引导大家形成科学合理的性别观念，循序渐进，帮助大家掌握人际交往行为技巧，在社会情境中发展积极的两性社会行为，有效缓解了性别区隔。

只要不是拉手的亲密动作，大家都能接受了。

——FP－10，男，工作人员

我们试着告诉这群单纯可爱的孩子们，试着丢掉之前的"包袱"，去更好地了解对方，把握好相处的界限，相信性别不会阻碍我们成为朋友。

——GXQ－9，女，工作人员

（四）人际冲突明显缓解

在"让我们做朋友"项目干预开展前期，北彦小学的学生比较缺乏规则意识，尽管共同商议制定了“活动契约”，但是仍会时不时地出现无视规则、违反契约的情况。部分学生表现出较强的攻击性，出现抱怨、攻击等行为。

课堂上的吵闹比较多。

——ZXM－8，女，工作人员

我们的第一节课需要大家一起讨论制定规则。讨论中，一个孩子突然把椅子推倒在另一个孩子身上，于是讨论紧急中止了。

——PX－3，女，工作人员

争抢东西的情况挺严重的，分组用的小道具，有的学生直接抢别人的。

——SK－1，女，工作人员

我们在每周的课程结束之际都会给孩子们发放小礼物，以学习用品为主。但是，如果礼物的外形、花色等差异较大，孩子们之间会出现调换甚至争抢等情况，由此产生不愉快的情绪。

——ZLX－11，男，工作人员

工作人员采取了多种干预措施来解决北彦小学学生的人际冲突问题，包括平衡课堂的趣味性和秩序性、设置“小组长”提升学生的责任感和纪律性等。在“让我们做朋友”干预后期，学生们能够较好地控制和管理情绪，规则意识更加明确，人际冲突得到明显缓解，学生的情绪管理能力得到提升，攻击行为明显减少，从而提升了人际交往能力，建立了更加和谐的人际关系。

在人员分组中，不能只从老师的角度考虑课程是否容易教授、纪律是否易于管理，最重要的是要通过组员的合理分配来达到所有个体都能够参与其中、集体学习进展顺利、班级氛围良好的最佳状态。

——GJN－12，女，工作人员

小朋友们在现阶段暂时缺乏自我解决问题、管理情绪、控制行为的能力，我们可以向更为了解他们的班主任寻求管理课堂的建议，对他们的一些行为进行必要的强制干预，或许要学会糅合“老师”和“带领者”两种角色，才能使项目干预起到更好的效果。

——ZQ－4，女，工作人员

为了培养小朋友们的自主性，我们开始在小组组员中选择组长，这样一来，组长的责任感被激发出来，他们更加积极了，小组也更有纪律性和组织性了。

——ZWR－2，女，工作人员

我们班上有四个男生，最开始的时候完全不能坐在一起，只要挨着就有说不完的话，哪句话不对了就容易起冲突。最后几节课，我们有意识地让他们组成一组，他们表现得很好，争先恐后地回答问题，最初的矛盾状态基本没再出现了。

——LJ－6，男，工作人员

在“让我们做朋友”项目干预过程中，北彦小学的学生们通过对社会信息加工能力的学习和训练，展现出更为积极的社会行为能力和正向的人际交往能力。虽然不同的儿童在社会交往方面的具体表征和主要问题不尽相同，但是通过对社会信息加工能力的学习，他们能够在情境中找出更多线索，并学会了客观地解读这些线索，在行动上也能以更为友好的方式做出回应。总之，通过课程学习和干预过程，参与干预的儿童不仅提升了在线索编码、线索理解、目标的选择与澄清、建立回应的方案、实施行动等不同阶段的社会信息加工能力，也在一定程度上理解了这些环节之间的关联，在行为反应层面呈现出积极、健康的行为取向。

儿童的社会行为习得是一个复杂的社会化过程，包括一系列对社会线索识别、解释、设立目标、选择方法、实施行动的逻辑过程。根据这一行动逻辑，基于社会信息加工理论的预防性行为训练可以有针对性地提升儿童在这一过程中各个环节上的能力。现有文化和政策更看重儿童成长环境的构建，较少关注或者缺乏以专业方法支持儿童自身能力建设的内容。实际上，儿童的社会行为习得过程是可以干预的，预防性干预能够培养其社会信息加工技巧，提升儿童的社会适应性，增强他们对社会线索的正确解读能力，减少敌对归因，形成积极的对策和行为回应。我们不应只限于对儿童偏差行为的事后干预和对特殊儿童群体的支持，而应该注重进行事前控制和针对一般儿童群体的发展性支持，提供更有效的帮助。这种支持可以通过两个途径实现：一是在社会服务层面倡导和发展儿童行为训练（干预）项目，使其在儿童时期培养、掌握较好的社会交往技能和形成良好的抗逆力；二是将儿童社会行为能力培养纳入学校教育体系，设置专门的课程，提升现有德育课程的针对性，完善授课方式。需要特别注意的是，在针对流动儿童、留守儿童、独生子女等特殊儿童群体进行行为干预时，应该尽可能避免标签化。

第六章　儿童反贫困社会工作中的难点

家庭是儿童社会化的重要场所。儿童的生存和发展首先依赖于家庭，家庭和父母的社会经济地位直接关系到儿童成长资源的获取。随着儿童主体性和儿童权利视角的建立，贫困儿童逐渐被看作特殊的贫困群体，儿童贫困被视为与家庭贫困和成人贫困有关联但又具有自身特殊性和复杂性的社会问题。

致力于促进社会公平正义，增进社会福祉的社会工作是我国儿童贫困治理环节的专业力量之一。通过高等院校培养、专业培训提升、职业水平认定和专业督导培训等多种方式，目前我国已经建成了一支庞大的儿童社会服务人才队伍，奠定了儿童社会工作人才队伍建设的坚实基础。[①] 但作为中国儿童福利制度运行体系中的一环，专业化的儿童社会工作服务仍然是一个新领域，亟待取得一些能够提升专业认同的服务效果和成绩。贫困儿童

① 刘斌志、梁谨恋：《论儿童社会工作者的核心能力及培育策略》，载《青年探索》2018 年第 4 期。

群体服务作为其中的细分领域,同样面临着种种困境与挑战。

第一节　儿童贫困识别与界定的难点

社会工作专业服务的规划建立在对服务对象需求分析的基础之上。精准识别贫困儿童是需求分析和服务供给的前提,但对贫困儿童的精准识别和判定在实践中存在诸多困难,主要涉及贫困儿童界定标准的不确定性、儿童贫困本身的多维性和复杂性等问题。

一、贫困儿童界定标准的不确定性

是从家庭贫困的角度来界定儿童贫困,还是将贫困儿童作为一个特殊群体来界定,这在学界存在巨大分歧。在实践中,通过家庭经济状况来识别和界定这一群体更容易实施,但这一方式忽略了儿童贫困与成人贫困的差异,忽略了家庭收入和消费在儿童群体中的不同分配机制。一方面,家庭收入的增长不一定带来儿童福利水平的增加,儿童福利水平还会受到其他非货币因素的影响;另一方面,以家庭为单位来测量儿童贫困,儿童的主体性和儿童权利无法体现。不把儿童视为家庭或社会的附属,尊重儿童的人权和个体独特性,彰显公平正义,是儿童反贫困社会工作应该秉持的专业理念。在社会工作的专业视野下,将贫困儿童看作一个特殊群体是实现儿童权益最大化的前提,也是准确理解贫困儿童的现实需要和制定出适切的服务方案的前提。

在我国儿童福利政策体系和政府工作中,贫困儿童实际上被操作化在儿类需要救助和保护的儿童类型的范畴内，不仅包括因家庭经济原因陷入困境的儿童，也包括因为医疗、健康、照护等不可抗力致贫的儿童。而贫困家庭的标准则由各地根据实际情况划定的低保标准和低收入标准而定。例如，《民政部关于进一步开展适度普惠型儿童福利制度建设试点工作的通知》将儿童群体分为孤儿、困境儿童、困境家庭儿童、普通儿童四个层次，困境儿童又被划分为残疾儿童、重病儿童和流浪儿童三类。在困境家庭儿童中，将家庭状况存在困境的儿童划分为四类，贫困家庭的儿童是其中一类。《民政部关于开展第二批全国未成年人社会保护试点工作的通知》提出以流浪未成年人救助保护制度为基础，将救助保护对象延伸至困境未成年人，包括因监护人服刑、吸毒、重病重残等原因事实上无人抚养的未成年人，遭受家庭暴力、虐待、遗弃等侵害的未成年人，缺乏有效关爱的留守流动未成年人，因家庭贫困难以顺利成长的未成年人，以及自身遭遇重病重残等特殊困难的未成年人。

总体上，目前的贫困儿童救助保护政策仍将儿童置于贫困（困境）家庭的语境下考虑，且被涵盖于困境儿童的范畴。在政策框架和专业理念之间取得平衡，精准识别和界定儿童贫困的服务对象和服务内容，是社会工作者在儿童减贫工作中需要面对的问题。

二、儿童贫困的多维性和复杂性

（一）儿童贫困的多维视角

在传统扶贫制度下，通常从儿童所依附家庭“收入或消费低下”的单一维度看待儿童贫困问题。自多维贫困理论的主要创始人阿马蒂亚·森

(Amartya Sen)从“能力”“功能”“权利”等角度来讨论贫困问题之后，越来越多的学者和组织开始超越对贫困问题单一维度的认识，不再局限于物质资源的匮乏，而从教育、医疗、文化等多维度来看待贫困儿童所面临的困境。

有学者总结了目前国内外构建儿童多维贫困测量体系的两种路径：一种是基于权利视角分为生存、健康、保护、发展和参与等五个维度及其细分指标；另一种是和儿童代表协商得出与儿童生活密切相关的机会清单作为测量贫困的指标体系。[①] 我国学者基于中国家庭追踪调查数据，利用Alkire-Foster多维贫困测量方法[②]，从营养、健康、教育、保障、文化、社会交往等多个维度对我国儿童贫困问题现状进行测量和分析。儿童多维贫困的具体维度、指标、剥夺临界值及权重见表6-1。

表6-1 儿童多维贫困维度、指标、剥夺临界值及权重

维度	指标	剥夺临界值	权重
营养	各年龄儿童标准身高	比如8岁儿童的标准身高与体重分别是130.0 cm和27.33 kg，有一项低于标准值则认为是营养贫困，赋值为1，否则为0	1/10
	各年龄儿童标准体重		1/10
健康	住院次数	大于5次则赋值为1，否则为0	1/10
	是否有残疾	残疾则赋值为1，否则为0	1/10
教育	是否辍学	辍学则赋值为1，否则为0	1/10
保障	是否有社会医疗保险	无则赋值为1，否则为0	1/10

① 杨晨晨、刘云艳：《早期儿童多维贫困测度及致贫机理分析——基于重庆市武陵山区的实证研究》，载《内蒙古社会科学》2019年第3期。

② 阿尔基尔和福斯特提出了计算多维贫困指数的Alkire-Foster方法，选取了健康、教育和生活水平三个维度，并建立了十个细分指标。

续　表

维　度	指　标	剥夺临界值	权重
文化	家长希望孩子念书念完的程度	初中以下则赋值为1,否则为0	1/10
	对儿童生活和学习关怀的频率	选择很少或从不则赋值为1,否则为0	1/10
社会交往	是否与同龄群体和睦	和睦则赋值为1,否则为0	1/10
	是否受同龄人讨厌	受到讨厌则赋值为1,否则为0	1/10

数据来源:李晓明、杨文健:《儿童多维贫困测度与致贫机理分析——基于CFPS数据库》,载《西北人口》2018年第1期,第103页。

数据显示,中国儿童至少存在一个维度的贫困发生概率是76%,存在两个维度的贫困发生概率为35%,存在三个维度的贫困发生概率为7.2%,存在四个维度的贫困发生概率则为0.7%,目前我国尚不存在五个维度及以上的贫困儿童。将贫困维度的三分之一设定为多维贫困的贫困维度临界值①,那么当儿童存在两个或两个以上维度的贫困时,就可以被认定为多维贫困个体。结果表明,在中国贫困儿童群体中,多维度贫困的发生概率为35%。

如第一章所述,当前我国的多维贫困研究仍然滞后,多维贫困测度也尚未正式应用于我国扶贫和救助实践中。② 国内在儿童多维贫困方面尚没有全国性的调查数据,无法进行全国性的整体分析和地域间的比较分析。同时,自上而下的人权视角的儿童多维贫困研究较多,而基于儿童主观经验路径的多维贫困研究还有待进一步探索。儿童的脆弱性与依附性导致儿童作

① 张全红、周强:《中国贫困测度的多维方法和实证应用》,载《中国软科学》2015年第7期。
② 霍萱:《多维贫困理论及其测量研究综述》,载《社会福利(理论版)》2017年第12期。

为一个社会个体与外界进行互动时存在困难，社会互动结果导致贫困的状态复杂多样。作为注重专业关系、人与环境互动关系的专业人员，社会工作者应该从经验路径出发，将逐渐挖掘和积累的有关贫困儿童的主观经验作为理论研究和实务介入的依据。

目前对儿童多维贫困的界定尚未达成共识，这在一定程度上增加了实践中识别和判定标准的复杂性。但多维视角对儿童主体性和多维权利的尊重，符合社会工作者对待贫困儿童群体的价值导向，是在贫困儿童现象认识水平上的进步。社会工作者需要把握儿童多维贫困的群体性特征，以便在同一性的基础上开展工作。在面对每个贫困儿童及其家庭时，同时需要能够对儿童贫困进行多重维度的精准测量与识别，链接和整合资源，联合多元社会力量共同解决儿童多维贫困问题。

（二）贫困儿童需求在不同生命历程的变化性

儿童比成人更容易陷入贫困，对家庭关系的依赖性更强，且童年期经历的贫困在生命周期中具有深远影响。儿童相比成人来说，不同阶段的成长变化特征更为明显，婴幼儿期、学前期、学龄期、青春期的儿童具有不同的需求和能力水平。因受贫困问题的影响，同龄儿童群体会在身体健康、认知能力、学业成绩与情感行为方面产生较大差异。

在贫困家庭中，母亲在妊娠期营养摄入不足会导致儿童出生时体重过低，这在一定程度上增加了儿童营养不良发生的概率。同样，贫困家庭中的父母或其他看护者大多因为文化程度较低，缺乏科学喂养儿童的知识和理念，而忽视儿童不同成长阶段养育方式的转变。另外，贫困会导致儿童获取医疗卫生的机会相对匮乏，生长在贫困家庭中的儿童面临着“小病不用治，大病治不起”的残酷现实，对儿童的身体健康产生了严重的负面影响。生长在贫困家庭中的儿童群体，其心理健康水平明显低于身处非贫困家庭中的儿童，两者在学习焦虑、人际交往、社会排斥、社会适应方面存在显著差异。贫困儿童进入成年期以后，其身体健康水平以及受教育程度等方面的劣势使得他们在劳动力市场中处于相对弱势的地位，容易导致贫困的代际传递，也会为社会未来人力资本积累带来负面影响。

随着儿童年龄的增长，儿童的贫困表征内容更为丰富，对儿童的负面影响也逐渐加重，并侧重于贫困在生活质量上的体现。这种发展意味着随着儿童认知水平的提高，贫困带给他们的更多的是来自主观的负面影响，由此加剧了同辈群体之间的分化。儿童身心发展的阶段性和同辈分化，使得社会工作者在开展贫困儿童服务的过程中，难以采取同等层次的工作方式，必须考虑工作计划的阶段性和持续性。

（三）贫困儿童的分布样态考验社会工作者的地方性知识

我国幅员辽阔，人口基数大，社会经济发展状况在东、中、西部有明显的差异，贫困儿童人口规模大，贫困程度不一。我国集中连片特困地区的儿童约有 4 000 万人，其健康、教育水平明显低于全国平均水平。① 同时，在我国城乡二元结构框架下，社会资源分配不均，经济、文化、基础设施等方面在城市与农村之间存在着差异，分处城乡的贫困儿童呈现出一定的群体差异性。有学者研究发现，城市儿童与农村儿童对于贫困的认知和贫困判定标准存在显著差异，城市儿童更注重贫困在文化和心理上的体现，且对贫困知识的

---

① 国务院常务会议：《让困难家庭孩子拥有美好未来——解读国务院常务会议促进贫困地区儿童发展新举措》，(2014－11－19)[2020－01－25]，http://www.gov.cn/xinwen/2014-11/19/content_2780951.htm。

精细化程度要明显高于农村儿童，然而农村儿童对于贫困的关注则更多地偏向于基本生活的物质拥有。对于贫困的认知程度越高，对贫困知识的精细化程度就越深，就越容易感知到贫困线索，进而对这些线索做出相应的社会行为反应，而这也影响着儿童的社会交往与标签化。在物质条件与社会参与机会上，农村贫困儿童与一般农村儿童相比，在同辈群体压力等各方面的差距明显小于城市贫困儿童与其周围一般城市儿童的差距。①

贫困儿童分布的地域和城乡差异要求社会工作者除了要拥有本专业的学科知识和专业素养外，还要重视、理解、利用地方性知识。地方性知识是基于本地文化和符号意义的知识系统，有“文化地图”之称。社会工作者对于地方性知识的掌握程度影响着他们对贫困儿童的精准识别和服务效果。国家用经济指标衡量和确定贫困与非贫困，而在农村的现实情境中，贫困与非贫困不仅仅体现为一个简单的经济指标，更是一个拥有复杂意涵的符号……如果不从受助目标人群的内部出发去分析精准识别的进程，人们将无法发现在地方性知识意义系统里存在的瞄准偏差新形式。② 地方性知识考验的是社会工作者的文化觉察和敏感性，同时对各地区培养和吸引本地化的社会工作人才提出了要求。

第二节　社会工作专业回应的难点

儿童反贫困社会工作旨在为贫困儿童提供专业化的服务，其实践过程

① 赵蜜：《儿童贫困表征的年龄与城乡效应》，载《社会学研究》2019 年第 5 期。
② 刘斐丽：《地方性知识与精准识别的瞄准偏差》，载《中国农村观察》2018 年第 5 期。

依赖于儿童反贫困政策体系的完善。此外，能够有效回应儿童反贫困的问题，不仅取决于社会工作者丰富的理论研究和实务经验，而且也取决于多维贫困认识框架下对贫困儿童多层次介入的配套资源的完善程度。总体上，政策限制、社会工作者在理论与实务经验上的知识储备不足以及配套资源的不充分构成了当前社会工作专业回应中的难点。

一、政策限制

社会工作者在参与儿童反贫困过程中需要以相应的法规政策为依据为儿童申请救助项目。社会工作者不仅要在当前的政策体系下找到专业性和政策性的平衡，而且肩负着为政策完善提供有效反馈的任务。在我国“行政性非专业社会工作”的传统以及由党和政府推动的现代社会工作专业的发展背景下，儿童反贫困社会工作的政策性导向较为明显，理论阐释和实务操作受政策体系的影响也更大。目前，我国儿童反贫困社会工作的政策限制主要有以下几点。

（一）缺少对“儿童利益最大化”原则的理解和把握

民政部 2010 年统计的中国贫困儿童群体数量为 1 200 万，而 2013 年公布的数据显示绝对贫困儿童数量为 1 100 万，相对贫困儿童群体数量则高达 4 008 万。[①] 面对规模庞大的贫困儿童，在整个社会资源有限的条件下，社会工作者的服务范畴很大程度上依赖于政策的统筹，资源会倾向于政策认为拥有优先权的群体。

① 李晓明、杨文健：《儿童多维贫困测度与致贫机理分析——基于 CFPS 数据库》，载《西北人口》2018 年第 1 期。

虽然儿童利益最大化原则是儿童权益保护的一项基本原则。但是，由于其内涵和外延的不确定性，导致在处理具体儿童事务时存在争议。根据我国的基本国情和文化特色，中国政府在关于儿童工作的立法和司法等各方面的工作中，将保护儿童权利的最大利益原则具体化为“儿童优先”原则加以适用。相比于最大利益原则，儿童优先原则在其可适用的范围内相对明确和确定。① 在儿童优先原则下，儿童教育、儿童健康和儿童福利是我国各级政府在公共政策制定实施过程中“三个优先”的方面。② 儿童反贫困行动包含在我国城乡反贫困行动中，但总体上是作为附属部分存在的，没有占据“优先”或“重点”地位，“儿童优先”原则还没有在反贫困行动中得到有效的体现。③

在社会工作实践中，对儿童利益最大化原则或儿童优先原则的理解和把握依赖于社会工作者本身的价值观，也依赖于处遇的情境和地方性知识，具有较大的主观不确定性。尊重儿童权利的主体性，维护儿童利益最大化的同时，是否意味着舍弃家庭中其他成员的正当权利？同时，社会政策实施和社会工作反贫行动的成效若要建立在儿童优先、儿童利益最大化原则的社会共识上，仍需要社会的集体努力。

（二）缺少专门的儿童反贫困政策体系

儿童贫困经验与成人贫困经验存在差异。我国目前所推行的儿童反贫

① 王雪梅：《儿童权利保护的“最大利益原则”研究（上）》，载《环球法律评论》2002年第4期。

② 中国政府网：《李克强在第六次全国妇女儿童工作会议上的讲话（全文）》，（2016-11-20）[2020-01-25]，http://www.gov.cn/guowuyuan/2016-11/20/content_5135051.htm。

③ 姜妙屹：《试论我国家庭政策与儿童政策相结合的儿童优先脱贫行动》，载《社会科学辑刊》2019年第4期。

困政策大多是以整个贫困家庭作为帮扶对象，专门针对贫困儿童的帮扶政策更多的是镶嵌在“相关政策”之中。涉及贫困儿童的政策则多集中在健康、营养、教育以及医疗卫生等政策领域中，而这些政策的实施更多的是为了满足儿童基本成长发展的需要。如 2014 年国务院办公厅印发的《国家贫困地区儿童发展规划（2014—2020 年）》，主要围绕健康和教育两个核心领域展开对贫困儿童的救助，旨在到 2020 年，使集中连片特殊困难地区儿童发展整体水平基本达到或接近全国平均水平。2016 年，国务院颁发了《关于加强困境儿童保障工作的意见》，其中加强了对困境儿童的分类保障，通过对儿童遭遇的多种困境进行细分，从保障基本生活、保障基本医疗、强化教育保障、落实监护责任、加强残疾儿童服务五个方面开展政策的具体落实工作。

贫困儿童除了拥有儿童群体的普遍性需求外，还有化解人际交往障碍、建构社会支持网络、增强社会融入、矫正偏差行为等特殊性需要，目前我国大多数针对贫困儿童的政策在该群体的这些特殊需要方面鲜有涉及。

（三）儿童减贫的长期性与社会工作职业化发展不足的冲突

2020 年后减贫战略由解决绝对贫困向解决相对贫困转变，走向常规性的减贫治理。我国已经进入中等收入国家行列，不能再沿袭追求温饱阶段的反贫困策略和社会政策，应该促进社会政策从应急型向储备型转变，更加重视致贫原因、贫困对象的变化，预防和消除相对贫困，更关注精神方面的致贫因素，追求长远的、根本性的反贫效果。① 反贫效果不佳的一个重要原因是决策和传递存在问题。反贫是一个系统的、专业的、需要贫困人群积极

① 景天魁：《社会政策的效益底线与类型转变——基于改革开放以来反贫困历程的反思》，载《探索与争鸣》2014 年第 10 期。

参与和配合的长期过程，不是短时间内通过某个项目的实施就能完成的。社会工作的功能和角色可以应对这方面的问题，不应该处于缺位状态。①

在儿童反贫困社会工作实践中，为打通儿童福利服务“最后一公里”，将福利政策落实到基层，改善基层预防机制和干预机制的缺陷，国家尝试设置了儿童督导员和儿童福利主任，构成基层儿童福利服务网络的主体人力资源。他们是准社会工作者，但不是专业化培养体系中产生的专业人员。从2007年开始，团中央、民政部等有关部门已经开始在全国进行青少年事务社工的试点工作，旨在到2020年初步建立20万名青少年事务社会工作人才队伍，但各地的青少年事务社会工作者队伍却存在着人才流失严重的问题。②

在社会工作人才队伍建设政策和社会工作教育不断发展完善的背景下，全国每年有社会工作专业毕业生万人左右，但毕业后真正从事社会工作事业，到社会工作领域工作的比例很小。缺乏专门聘用社会工作者的岗位、岗位功能难以发挥、岗位待遇低、职称晋升体系不明朗等原因造成了专业社会工作人才的流失。③ 在中国社会工作专业化、职业化尚未成熟的阶段，实际参与儿童减贫的社会工作专业人员更为稀少。对贫困儿童的识别和回应更是缺少正式的社会工作介入制度和职业化政策。贫困儿童需求和专业服务供给能力之间存在断层，而回应贫困儿童脆弱性的服务水平也处于较低层次。

---

① 赵一红：《社会工作教育：中美的研究与比较》，社会科学文献出版社2013年版，第57—59页。

② 丁少华：《中国青少年事务社会工作者研究报告（2017）》，社会科学文献出版社2018年版，第318页。

③ 赵一红：《社会工作教育：中美的研究与比较》，社会科学文献出版社2013年版，第91—94页。

二、社会工作者在理论与实务经验上的知识储备不足

(一) 社会工作领域内贫困儿童研究有待加强

在理论研究方面,国内有关儿童反贫困的社会工作研究非常缺乏。在中国知网以“社会工作”和“贫困儿童”作为主题词进行检索,可发现发文量从2012年才开始增加,并且在百篇左右的相关文献中,近80%为硕博论文,文献主题涉及儿童贫困政策及理论研究、社会工作介入研究、多种类型的困境儿童群体研究等,其中社会工作介入研究占比40%左右。理论研究可以从科学的角度为实践提供政策建议和决策依据,因此,学界和实务界应该加强基于专业视角的政策理论研究。与此同时,也应加强对贫困儿童实务介入模式、儿童反贫困社会工作职业规范和从业标准的研究,在开阔国际视野的同时及时总结和发展本土化的儿童减贫经验。

(二) 儿童反贫困实践经验积累不足

在我国当前的扶贫政策体系下,政府制定的规划和政策处于主导地位,社会工作专业力量是重要的辅助和补充。① 政府的扶贫资金大部分倾向于生产性项目,重视行政手段而忽视与社会的合作,社会组织和贫困人口的参与程度低。在这种背景下,目前社会工作力量参与的儿童反贫困实践呈现出分散化、项目化、短期性的特点,成熟的经验和模式较少。实践缺乏有效显著的产出、专业化与职业化程度不足、政府未将社会工作视为儿童减贫的重要内容这三个因素相互影响,从而形成不良的三角循环。社会工作应该

① 宋爽:《社会工作参与扶贫攻坚的要求及介入空间》,载《社会福利(理论版)》2016年第10期。

寻找充分的证据证明其在儿童减贫工作中的专业有效性、严谨的评估实务介入可对贫困儿童产生积极影响，逐渐建立起属于自己的专业公信力。

（三）社会工作教育有待在儿童贫困方向发力

社会工作教育在现阶段面临着两难的局面。一方面，政府和教育者两方都想做好专业建设，培养人才服务更多专门领域；另一方面，教育者中很少有人能够传递真正的实践经验给学习者。实务界中能够系统、科学地传达服务知识的从业者尚属少数。而且，在各院校社会工作课程体系的建设中，缺少专门针对贫困儿童专题的师资力量和课程资源。通过专业教育或培训形成的专业价值观的内化，遭遇伦理困境时的处遇技巧，与贫困儿童相关的专业知识与技术，专业督导对实务工作中挑战的回应等，皆对社会工作者开展富有成效的服务具有重要作用。

三、配套资源的不充分

由于儿童贫困原因的多维性，儿童反贫困社会工作实践需要依赖国家、社会、家庭的多元参与，为贫困儿童链接资源、争取儿童权益的保障。多层面介入不仅考验社会工作者的协调能力，也需要配套措施的完善。受较低的社会认知度、职业形象模糊、风俗文化等的影响，相比警务、医护、律师等传统助人型职业来说，社会工作服务中主动求助的状况较少，人群的需求程度和外显度不高，因此在提升配套设施建设的规模和水平上，其相对于成熟职业体系的投入要少得多。社会工作机构的运营经常面临着资金难以实现可持续性的问题，导致其开展服务的范围、深度、时限都受到影响。同时，社会工作服务的开展、资源的协调常常依赖于已有的“体制化”工作队伍来确立可信任的身份，如基层社区工作者、学校辅导员、志愿者等，社会工作职业本身应具备的资源支撑体系非常薄弱。

缺乏外界的协同支持，社会工作者难以开展贫困儿童的救助工作。政府作为宏观层面的政策制定和执行者，主要为贫困儿童提供政策保障与资金救助，而难以提供精细的个别化服务。国家在推进社会工作专业化、职业化的进程中，应该提供更多的政策支持，完善配套设施，让社会工作有力可使、力尽其用。

第三节　价值与伦理困境

儿童反贫困社会工作的价值观与社会工作的价值观相一致，无法用科学方法来验证，而是一种具有方向性的选择和对理想状况的追求。但是，价值观的相对抽象和行为的具体性导致实践不一定能够带来预期的结果。服务参与主体个人的价值观、中国社会文化的价值观或多或少都会对困难的解决方法产生影响。英国社会工作者协会和“儿童福利不平等计划”于 2019 年发布的《社会工作反贫困实践指南》提出了五项社会工作与贫困相关的价值观，包括支持与促进人的尊严和福祉、尊重自决权、促进参与权、分配资源及挑战不公正的政策和实践，并且指出社会工作者应该以结构性取向来看待贫困者，看到贫困儿童成长和发展中的机会限制，以及公共服务的不足和缺失，而不应该将贫困归咎于贫困儿童的个人特质。[①] 在有关贫困儿童的实践中，社会工作者可能面对以下有关价值与伦理方面的议题。

① BASW, CWIP. *Anti-poverty practice guide for social work*. Birmingham: British Association of Social Workers, 2019.

一、专业价值与政策价值追求的分歧

社会政策为社会工作专业服务的开展提供了合法性、正当性的依据。社会工作者成为政府向贫困儿童进行福利输送的中介和政策输出的执行者。每一项社会政策背后都蕴藏着政府所秉持的价值理念，通常更着重于目标群体的公共利益和社会的长远利益。社会政策的制定要考虑到社会效益的最大化，以及在政策出台后的较长时间内政策效益的利大于弊。[①] 社会维稳是社会政策的基础核心目标。同时，社会政策具有权威性、正当性、不可侵犯性、绝对性的特点，其明确清晰，不掺杂情感层面的考量，具有强执行力，要求有关政府部门必须贯彻落实。

作为以人为本的专业，社会工作拥有一套独特的专业价值理念，更注重对服务对象利益最大化的追求，提供具有情感考量的专业服务。这一点与政府社会政策的价值追求与目标定位存在差异。在针对贫困儿童提供服务的过程中，如果严格按照政府相关政策、法律条例执行工作，不考虑贫困儿童的利益最大化，那么社会工作者则与一般的政府行政人员毫无差别。但是如若不遵循社会政策，完全以服务对象及其家庭为重，则会违反社会运行规则，打破社会稳定状态，威胁社会平衡。

与西方发达国家的社会工作体系相比，我国的社会工作与政治体系联系密切，对行政系统有较强的依赖性。近年来，虽然我国的社会工作在走向专业化、职业化的过程中已经取得了较大的进步，但是与强有力的、自上而

---

① 韩晓莉：《服务型政府政策制定的目标导向和价值观体系》，载《理论月刊》2009 年第 6 期。

下的、行政化的社会政策实施体系相比，社会工作力量还是相对薄弱。为了更好地发挥专业作用，社会工作者必须考虑到政策因素，在提供社会服务时注重将专业理念与社会政策联系起来。①

二、选择性服务的污名化

（一）贫困文化的迷思

贫困文化的概念由美国人类学家刘易斯（Lewis）于 1959 年在《贫穷文化：墨西哥五个家庭一日生活的实录》一书中首次提出。他认为“贫困文化”是一个拥有自己的结构与理性的社会亚文化；是在既定的历史和社会的脉络中，穷人所共享的有别于主流文化的一种生活方式；是在阶级化、高度个人化的社会里，穷人对其边缘地位的适应或反应。这一概念影响了美国 20 世纪 60 年代部分减贫公共政策的出台，但也招致了责备受害者、加深贫困者刻板印象和负面特质等批评。1977 年，美国学者罗德曼（Rodman）指出应该看到这一概念积极性和适应性的一面。② 也有学者指出，贫困文化并不存在，贫困群体中的价值观和行为方式有很大的差异性。③

贫困文化概念的争议和影响给社会工作者在介入儿童减贫过程中，清醒地识别个人观点和专业理念、分辨知识理性和经验意识提供了警惕和启示。理论知识的产生、发展受到时代精神和社会价值观的影响，会成为主流

---

① 王思斌：《社会政策实施与社会工作的发展》，载《江苏社会科学》2006 年第 2 期。

② RODMAN H. “Culture of poverty: the rise and fall of a concept”, *The Sociological Review*, 1977, Vol. 25, No. 4, pp. 867－876.

③ GORSKI P. *The myth of the “culture of povert”*. Educational Leadership — EDUC LEADERSHIP, 2008.

或被湮没。社会工作者应该保持对知识更新的理性，在实践中对已经获取的专业知识和理论保持批判性。贫困儿童群体存在共性的问题，这些共性不应该成为群体标签甚至是对贫困儿童个体的刻板印象，差异性或许是这一群体更显著的特点。在一线贫困服务中，社会工作者对自己经验和价值观的觉察比知识和技术的运用更加重要。

（二）福利污名的困惑

我国的福利污名主要表现在身份污名和程序污名两方面。凡是采取选择性救助方式的资格认定，都难以避免身份污名问题。救助资格审查中的公示程序未保护受助者的隐私，侵犯了受助者的尊严，进而引发社会隔离和排斥。在价值理念上，这是典型的救济而非赋权型的福利模式，具有明显的维生和管控特性。① 污名所带来的羞耻感，可能导致受助者自我认同感和价值感的降低，拒绝接受救助或拒绝寻求专业人士的帮助，为了减少窘境而避免社会交往，在社会工作者面前对自己面对的困难讳莫如深，从而增加需求和影响评估的难度。②

三、避免贫困成为“房间里的大象”

随着多维儿童贫困视角的流行，理论界和实务界开始从物质、教育、医疗、社会交往等多个层面来审视儿童贫困问题。在我国困境儿童的语境下，除了因家庭贫困难以顺利成长的未成年人外，还包括因监护人服刑、吸毒、重病重残等原因事实上无人抚养的未成年人，遭受家庭暴力、虐待、遗弃等

① 王锦花：《城市贫困救助中的福利污名问题探析——以对广州市的调研为基础》，载《岭南学刊》2018 年第 6 期。

② BASW, CWIP. *Anti-poverty practice guide for social work*. Birmingham: British Association of Social Workers, 2019.

侵害的未成年人，缺乏有效关爱的留守、流动未成年人，以及自身遭遇重病重残等特殊困难的未成年人，这些未成年人未尝不面临贫困的限制。不少研究者指出，在将儿童贫困的定义从物质匮乏向服务匮乏扩展的过程中，也需要厘清物质匮乏及其衍生问题之间的关系，教育、健康、社会交往、照护等方面的匮乏并不是家庭贫困儿童的独有特点。社会工作者在服务困境儿童时，不应忽视“物质匮乏”在其中产生的影响，不应避重就轻，让贫困这只“房间里的大象”沦为各种花样繁多的服务形式的背景板。

四、向贫困儿童赋权的祛魅

贫困儿童往往依附在社会弱势家庭中，相比家庭中的成人是更为欠缺权力的群体。同时，社会工作者在和儿童一起工作时，很难避免权力差别的出现。社会工作者可以通过倡导向外界传达贫困儿童的声音和困境。但在倡导的过程中，除了儿童的主观意愿外，也会掺杂社会工作者本身的主观建构。社会工作者可以将儿童作为合作者纳入服务中，通过赋权提升儿童对权力和生活掌控力的意识，减少儿童的无力感和不安全感。赋权本身暗示了社会工作者在经验层级上高于儿童，比儿童本身对自己的需求有更好的洞察力。同时，社会工作者还面临着“帮助本身可能是削权”的困境。被赋权的儿童自身的能力会对赋权效果产生影响，获得的权力也有可能与其他人的权力形成冲突。有学者认为，赋权成为一种用来调和人们无力感的方法，我们的系统过度夸饰了其魅力及操控性。①

---

① ［英］克里斯·贝克特：《社会工作实务理论：整合运用取向》，洪敏琬译，洪叶文化事业有限公司2013年版，第186—195页。

第七章 儿童反贫困社会工作的国际经验与借鉴

儿童反贫困关乎社会正义，而各国政府加强与各方的合作对于消除贫困而言是至关重要的。政府可与民间组织，包括社区组织、自助团体以及私营部门等行动者合作，通过制定政策和推行扶贫计划降低贫困发生率。社会工作则通过提供专业服务、资源筹措和项目评估等方式始终贯穿于这些可持续的扶贫战略之中。参与、助人自助、可持续性与增权是社会工作者在制定减贫战略时经常遵循的关键原则。无论是发达国家还是发展中国家，尽管贫困的表现各有不同，儿童贫困都是社会普遍面临的反贫困核心问题之一。由于政治、经济、历史、文化等方面的不同，发达国家与发展中国家的儿童反贫困社会工作各有特点。

第一节 儿童反贫困社会工作的国际发展趋势

社会工作最早起源于欧美等发达国家的反贫困行动。由此，社会工作的基本服务对象主要是那些长期处于边缘地位或被排斥在外、缺乏资源的群体。通过在世界范围内的广泛实践，社会工作已经积累起较为丰富的反贫困经验，在帮助贫困人口、消除贫困等方面发挥着重要作用。目前，针对儿童贫困的较为成熟的社会工作干预相对集中于发达国家和地区，其政策制定及干预实践已从对贫困儿童群体的关注转变为对其所处广泛环境（家庭、社区）的结构性关注，风险评估、社区发展、政策影响成为当前儿童反贫困社会工作实践的关注热点。诸多国际经验表明，提供促进儿童早期发展的公共服务与有针对性的专业化社会工作干预，对于消除儿童贫困而言至关重要。

一、儿童贫困风险多维评估的广泛发展

在儿童反贫困社会工作实践的微观层面，贫困儿童识别和风险评估是首要环节。在欧盟国家中，有儿童的家庭处于贫困风险的比例是衡量社会包容度的重要指标之一，家庭收入低于全国收入中位数的 60%即被认为面临贫困风险，处于贫困风险家庭中的儿童就是社会政策应予兜底保障的贫困儿童。随着对儿童贫困更深入的理解，儿童贫困逐渐被视为一个多维度的难题，而不再局限于收入问题，多维识贫的必要性显现。其中，受教育、保健等权利的剥夺成为贫困儿童的重要风险之一，在风险评估过程中，社会工作更侧重于关注贫困如何在不同维度“剥夺”儿童。在联合国儿童基金会对贫困儿童基于权利剥夺的定义下，越来越多的社会工作实践使用多维概念来评估儿童贫困风险，即认为儿童贫困不仅体现在物质匮乏上，还表现在健康剥夺、教育剥夺、生活基础设施剥夺、信息共享剥夺等多个方面。如今，贫困识别和风险评估更加全面，儿童社会工作者在对儿童及其家庭进行多维

度的风险评估时，常使用儿童观察技能、基因组图、生态图和其他基于证据的评估工具，并据此切实展开分析，制定实践计划，帮助个体及其家庭了解其处境，并尽可能改变他们的行为和环境。

二、儿童福利与社区发展的一体化干预

传统的反贫困工作与儿童早期干预措施通常都只针对个别家庭和儿童，许多国家逐渐认识到这种方式的局限性，即对个体的过度关注可能忽视了儿童贫困经历的生态环境。儿童所处的多种生态环境包括家庭、邻里、社区机构等，他们在一定程度上共同造成了儿童的发展与教育的不平等。[①][②][③]许多研究表明，打破贫困循环的一个关键方面是直接在照顾贫困儿童的人之间建立丰富的社会联系。基于此，以儿童或家庭为中心的方法，如果能与直接、有目的地针对低收入家庭居住社区的方法相结合，消除儿童贫困的实践将可能更有效、更持久。这种儿童福利与社区发展的一体化干预，强调了社区资本建设与综合社区发展的重要性，需要社会工作者具有进行社区分析、社区规划、社区组织等多种技能，同时也需要联合其他领域的有关人士进行跨界合作，适时开展以社区为基础的健康、营养和早教项目。

建立社区资本和对贫困儿童需求的响应是一体化干预的核心。美国 20

① BRONFENBRENNER U, MORRIS P A. *The ecology of developmental processes*. Edited by DAMON W, EISENBERG N. Handbook of Child Psychology. New York: John Wiley & Sons Inc, 1997.

② TURLEY R N L. "When do neighborhoods matter? The role of race and neighborhood peers", *Social Science Research*, 2003, Vol. 32, No. 1, pp. 61 - 79.

③ VANDELL D L, PIERCE K M. *After-school programs and structured activities that support children's development*. Westport, CT: Greenwood, 2002.

世纪 60 年代中期推出的社区“启智计划”(Head Start)通过对健康、营养和育儿方面的支持,帮助社区儿童摆脱贫困。英国也推行过“早期干预计划”(Sure Start),针对生活在英国最贫困地区的 4 岁以下的儿童,提供延伸服务与定期家访,为儿童及其父母提供个性化支持、早期儿童教育与适当的医疗保健。在加拿大,约 12 个城市的社区倡议旨在通过多部门合作、行动规划、建设社区资产、学习和改变来减少当地的儿童贫困。简言之,社区与个体及家庭共同创造了一个全面综合的空间,能够有效应对儿童贫困的多维问题,提供儿童教育、儿童保护并维护儿童的基本权益。

三、宏观层面的综合政策影响

有学者认为,贫困已经成为实践的“墙纸”,“太大而不能解决,太熟悉而不被注意到”①,正是在缺乏公众支持与增加福利支出的政治意愿下,贫困遁入无形。也正因如此,社会工作需要不断拓展和创新实践框架,这要求社会工作者在实践中嵌入宏观层面的反贫困方法。有鉴于此,许多社会工作者也致力于通过政策倡导与政治行动展开综合性的儿童反贫困社会工作实践。

第二节 儿童反贫困社会工作的国际经验

本节将就美国、法国、英国、北爱尔兰、埃塞俄比亚等国家儿童反贫困社

① MORRIS K, MASON W, BYWATERS P, et al.. “Social work, poverty and child welfare interventions”, *Child & Family Social Work*, 2018, Vol. 23, No. 3, pp. 364 - 372.

会工作实践的内容和特点展开逐一介绍。不同的国家或地区基于不同的历史传统、现实情境和福利制度体系发展出不同的儿童反贫困社会工作实践。学习和借鉴其他国家或地区的有益经验,对于提升我国儿童反贫困社会工作实践的整体水平,拓展我国社会工作介入扶贫济困的广度和深度都具有非常重要的价值。

一、美国:基于资源整合实践的儿童反贫困

据美国人口普查局(United States Census Bureau)2017 年的收入与贫困报告显示,约 3 970 万(12.3%)美国人生活在贫困中,其中包括了 1 281 万儿童。[①] 20 世纪 60 年代,美国社会工作者协会(The National Association of Social Workers, NASW)就将贫困列为首要的社会问题,而贫困已成为儿童健康发展的最大威胁。当下,美国的儿童贫困率高于大多数发达国家,这使得儿童贫困成为美国最紧迫的社会问题之一。美国社会工作建立较早,在儿童反贫困方面积累了丰富的实践经验。社会工作作为一种制度和方法,与社会福利事业的发展紧密相关。概括而言,社会工作者从微观(个人)层面、中观(社区)层面到宏观(社会)层面,以各种方式帮助穷人改善生活。

(一)需要为本的社会工作服务

在美国,多通过一些项目与干预措施来消除贫困对儿童生活的负面影响。根据他们的具体需要提供专业服务,是美国社会工作者帮助贫困儿童

① FONTENOT K, SEMEGA J, KOLLAR M. *Income and poverty in the United States: 2017*. Washington, DC: US Government Printing Office, 2018.

及其家庭的主要方式。对儿童而言，满足其健康成长的需要至关重要，这些具体的需要包括基本的需要，如食物、衣服和住所，以及对社会福利、儿童保健服务等的需要。社会工作者通过儿童福利机构、社会工作机构或其他社区援助组织，为处于贫困处境的儿童及其家庭提供诸如医疗保健、幼托教育等服务。

（二）整合型的社区教育机构

美国的儿童贫困多集中于墨西哥移民区、破落老旧社区等特定的社区。美国儿童社会工作的一个重要实践是发展出了一种整合型的社区教育，即通过汇集促进儿童福利的各种服务和教育机构，整合资源，共同制定解决儿童贫困问题的社区办法。此外，社区工作者还积极开展关于儿童贫困及相关问题的社区教育。例如，处于贫困社区的儿童较易面临街头暴力、吸毒和酗酒、缺乏儿童保健或教育限制等问题。社会工作者通过社区教育致力于避免或减少这些问题，帮助社区链接资源，找到切实可行、可持续的解决方案。总体而言，社会工作者扮演着教育工作者、动员者、说客、政治家、研究人员、社区组织者，以及为处于贫困处境的儿童发声的代言人的角色。

随着近年来美国社会政策的不断变革，越来越多的贫困家庭选择将幼儿托付给早教机构。在低收入家庭中，约有一半孩子的父亲或母亲需要全天工作，故而早教机构的环境成为影响贫困家庭儿童的重要因素①。以"启智计划"为例，美国政府尝试推行一种支持幼儿心理健康的综合性方法。该计划认识到儿童心理健康对儿童的学习能力和学业准备能力十分重要，因

① DOUGLAS-HALL A, CHAU M M: "Parents' low education leads to low income, despite full-time employment", (2007 - 11)[2020 - 06 - 20], http://www.nccp.org/publications/pub_786.html.

而在联邦政府的资金支持下，部分社区设立了综合性早教机构，由幼儿心理健康咨询师和社会工作者一同处理来自贫困家庭的儿童的情绪和行为问题。社区早教机构侧重于为儿童提供心理健康方面的服务，同时加强对父母的培训，以促进社区机构内儿童和家庭成员的情感健康。“启智计划”较好地实现了社区教育服务的整合式发展，具体表现在以下几个方面。第一，专业化人才队伍的整合。心理健康咨询师与机构早教人员一起合作，共同为儿童提供咨询。幼儿心理健康咨询师通常在咨询服务或社会工作方面也接受了多方面的训练或正规教育，有利于实现早期幼儿服务专业化的整合。第二，专业化服务策略的整合。针对贫困儿童比例较高的社区，早教机构除了提供传统的心理健康咨询和课堂教学外，还会由社区工作者进行家庭需求评估，并采用小组工作方法或者个案工作方法与儿童直接接触，以此来处理个案创伤所带来的后果和其他的心理健康问题。第三，社区内其他体系间的伙伴关系构建。社区早教机构与社区内能给贫困家庭提供所需要的资源和服务的系统建立有效的伙伴关系，其中与心理健康和解决家庭暴力问题有关机构的合作尤为重要。这样的伙伴关系包括了问题儿童的及时转介，以及机构员工相互培训交流的机会探索。

（三）政策倡导

目前，美国社会工作在宏观层面的影响也逐渐受到关注，社会工作者通过他们在公共政策与计划制定、管理和社区动员方面的工作致力于推进儿童福利及相关社会政策的发展。其中，一些具体的专业实践包括推动社区组织加入议事委员会，或直接与地方议员合作，讨论社区需要，或就影响贫困群体的具体社会政策提出可能的改革建议等。此外，社会工作者还通过组织社区抗议或筹款活动等影响公共政策制定。在国家、州和地方各级，美国社会工作者积极倡导与支持了一系列促进经济公正的政策项目，包括通过医疗保险、医疗补助、国家儿童健康保险计划、社会保障、食品券等为贫困儿童及其家庭提供临时支持。通过宏观制度框架的改良，社会工作专业在消除儿童贫困方面占有一席之地。

有效的公共政策能够让低收入家庭的父母有稳定的工作收入，并能为他们的孩子提供高质量的幼儿教护和教育机会等。美国本土较为成功的一个政策倡导案例是救助儿童会（Save the Children）的社会倡导，该组织在地方、州和联邦各级建立了"拯救儿童行动网络"（Save the Children Action Network，SCAN），致力于争取社会政策对儿童平等机会的倾斜，以确保美国的每一个儿童都能获得高质量的早期教育和学前照料。自 2014 年成立以来，SCAN 已经发展为一个由每个州 25 万多名支持者组成的草根网络，其将社区、县和州动员起来，为儿童争取更多权益。另一个大规模、长期的政策影响的典范是在华盛顿州西雅图成立的博根项目（Borgen Project），它是一个旨在缩减全球贫困的非营利性组织。博根项目采用政策倡导与社区教育相结合的方式，组织工作者与美国领导人会晤，争取政府为有效的反贫困项目提供支持，并通过社区教育的方式教授公民与政府沟通的基本技巧，提高领导人和政府对全球贫困问题和减贫创新的认识。博根项目致力于提高公众的政治意识，成功证明了倡导与动员在消除全球贫困方面的有效性。

（四）专业研究与实践应用相结合

美国儿童反贫困实践的一个特点是将"学院派"的研究与具体的反贫困"实战"相结合，而社会工作者既是研究者也是行动者。如 1989 年成立的全国儿童贫困研究中心(National Center for Children in Poverty, NCCP),是哥伦比亚大学梅尔曼公共卫生学院的一个分支机构,也是专门研究儿童贫困的公共利益研究组织。NCCP 通过深入研究儿童贫困的成因,将研究结果转化为可采取行动的建议,倡导决策者采用这些建议改善低收入儿童及其家庭的处境。同时,NCCP 推出了许多具有指导意义的评估工具,如针对儿童的风险评估工具,用于评估儿童早期不同年龄段可能遭遇的健康状况不良、教育机会缺失等多种风险。该风险评估工具的设计与推行能够很好地指导社会工作者靶定处于贫困中的儿童群体,同时提出有针对性的政策建议。此外,家庭资源模拟器则较好地预估了"工作支持"(如劳动所得税抵免及儿童护理援助)对家庭预算的影响。该模拟器能让家庭掌握多少收入足以支付一个家庭的基本开支,从而合理规划理财,规避可能入不敷出的贫困高风险。基本需求预算计算器则是由家庭资源模拟器派生出来的一个具体应用,用来预估一个家庭需要多少钱来支付最低标准的生活必需品,从而通过更改基本家庭开支来创建合理的消费计划。

二、法国:消除儿童贫困与社会排斥

根据欧盟统计局(Eurostat)的数据,2015 年法国约五分之一的儿童即约 300 万儿童生活在贫困线以下,儿童贫困率达到了 20%。① 儿童贫困往往伴随着种族歧视与社会排斥问题。不同于之前提到的国家,法国的社会工作在儿童反贫困实践中主要聚焦于两个问题:一是家庭的不稳定性,二是隐形

① JULIEN D: "France: combattre la pauvreté des enfants", (2010 - 01 - 16)[2020 - 06 - 25], http://www.fondapol.org/wp-content/uploads/2018/05/126-DAMON-ENFANTS_2018 - 05 - 15_web.pdf.

儿童贫困。

首先，贫困儿童最初被定义为来自贫困家庭的孩子，他们不仅处于生活水平较低的困境中，同时也面临着未来生存机会的潜在收缩。社会工作者认为，一个来自贫困家庭的孩子在成年后或因缺乏必要的社会、经济或关系资源而将面临更高的风险，处于"社会不合格地位"（a socially disqualified position）。联合国儿童基金会在法国的办事处发现，约80%的儿童的父母处于较为弱势的社会阶层，由职业、住房或情感不稳定导致的家庭不稳定使得儿童的社会关系网络变得脆弱。公众普遍认为，消除儿童贫困是消除代际贫困的必要条件，但实际上，如果贫穷的孩子自己又成为贫穷的父母，这种与贫困的斗争是无效的。因此，关注儿童贫困意味着关注社会结构的不平等与家庭的不稳定风险。其次，在社会排斥风险增加的情况下，许多尚未被界定为贫困的儿童或因其家庭处于较高的风险之中，而连带被裹挟进贫困的潜在漩涡里，成了隐性贫困儿童。通过对儿童贫困的再解读，法国社会工作者并不着力于具体的反贫困实践的框架设定与技巧雕琢，而是力图在一代人的时间里消除儿童贫困。个体脆弱性、家庭结构不稳定性与隐性贫困重塑了儿童贫困的多维性，宏观层面的社会工作介入成为法国消除儿童贫困与社会排斥风险的突破口。

（一）宏观的政策倡导

儿童无法对自己的贫困状况负责，社会也不能自行解决贫困问题。法国社会工作者呼吁政府应当承担更多的责任，必须采取积极主动的政策来消除儿童贫困。基于此认识，政策倡导与政治行动成为法国社会工作者常用的工作方式。比如，法国政府于2017年10月17日开始起草一项消除贫困的国家战略，将预防和消除儿童贫困作为扶贫优先事项。家庭、儿童与老人高等委员会（Le Haut Conseil de la famille, de l'enfance et de l'âge, HCFEA）就这一议题在全社会范围内组织公开辩论，呼吁采取积极的政策来消除贫困。社会工作者贯穿于整个委员会与辩论之中，通过确定贫困或面临社会排斥风险的家庭的特征，评估该家庭及其孩子所面临的困难，并致力于为消除贫穷和社会排斥风险的公共政策提出有效建议。在公开辩论中，委员会提出了以下儿童反贫困政策倡导。(1) 财政援助是法国政府消除贫困的主要工具。委员会提出了替代方案以改革现有财政结构，加强针对贫困家庭的财政福利。(2) 提出贫困家庭需要获得充足的社会支持与社区服务，并倡导政府对社会服务和就业中心进行更大力度的投资，以帮助高度不稳定的家庭摆脱贫困。(3) 建议为正经历贫困的家庭和单亲家庭提供可及的社会支持系统，以便于单亲母亲回归职场。(4) 建议学校层面为所有孩子提供能够支付得起的营养均衡的午餐，并尽可能地为处于贫困线以下的孩子提供免费午餐。(5) 建议简化社会福利机构繁杂的申请，提升社会服务的便捷性。

（二）基于“社会投资”的具体评估干预

“社会投资”是法国儿童反贫困的核心原则之一。它认为对儿童早期阶段进行投资可以降低其在后来演变为贫困群体而进行社会干预的成本，主张预防胜于治疗，即以一种更有利于儿童的方式重新设计社会保障制度。基于此，在解决儿童贫困问题时，谁是贫困（或隐性贫困）儿童变得尤为重要，这需要具体的调查、数据分析和相关研究来锚定贫困人群。法国的有关学者与社会工作者一起承担了这项探索性的研究工作，除了政策倡导外，儿童贫困评估也成为法国社会工作的具体实践之一。

（三）儿童基本权利为本的社会工作服务

在法国，社会工作已成为社会服务输送体系中的重要一环。社会工作者通过一体化的预算和人才培养体系，成为准公务员身份的“社会服务助理”，而社会工作机构类似于中国的事业单位。通过将社会保险与救助相结合，法国社会服务输送体系由政府、部门机关、社工机构组成。具体而言，将公共收入的一部分作为社会福利的资金保障，由政府对资金的分配进行指导，而相应的服务部门与社工机构则提供具体服务。在这样的循环链中，社会工作被普遍定义为为个体的基本权利而服务的专业，儿童反贫困社会工作的开展即从儿童基本权利出发。除此以外，法国社会工作者也分布在其他非政府组织中。法国儿童保护协会（Defence for Children International-France，DCI-France）是国际儿童保护协会在法国的分支机构，负责对当地政府关于联合国《儿童权利公约》及其附加议定的实际履行情况进行监督与评估。通过社区教育，该组织还将儿童权利等知识传播给儿童、年轻人、父母、专业人士以及其他社会行动者。例如，2017 年，DCI-France 开办了名为“儿童权利的人权”的互动展览，使每一个参加展览的人都成为宣传者。

三、英国：强调个性化与特殊性的儿童反贫困

英国是第一个系统地实施和评估旨在减少儿童贫困的政策的欧洲国家，这是由于在英国的一些贫困地区，儿童贫困正迅速成为“新常态”，引起了国家层面的紧急关注。高房价、高租金与福利削减相结合，进一步加大了贫困群体的经济压力，同时也使得超过半数的儿童在贫困社区中长大。

2017—2018 年，英国共有 410 万儿童生活在贫困中，儿童贫困率达到 30%。与 2010 年相比，增加了 50 多万①，他们生活在失业家庭、单亲家庭或难民家庭中，成长条件极为不利，面临如健康威胁、教育机会缺乏等一系列困难。英国儿童社会工作的重点是加强儿童保护、保障其基本权益，社会工作者主要提供具体的专业服务，对整个儿童福利服务起到组织、协调的作用。在儿童反贫困中，英国的社会工作者扮演了具体的服务提供者、协调者和资源筹措者等角色。英国社会工作在帮助困难儿童的实践中有四个特征：开展关系为本的儿童社会工作实践，搭建生命历程视角下的儿童反贫困体系，提供个性化与教会背景的儿童社会工作服务，以及催生网格化的儿童反贫困社会倡导。

（一）关系为本的儿童社会工作实践

不同于法国社会工作将儿童贫困聚焦于对贫困问题的再解读，英国儿童社会工作注重基于关系为本的实践服务（relationship-based practice）：强调每个个体所处环境的独特性，尊重每一个儿童问题的特殊性，从而建立专业关系；而这段关系则需建立在双方自我反思的基础上。关系为本实践取向的回归，是英国社会工作对长期面临的专业危机的一种回应，即在管理主义盛行、财政限制、官僚化的背景下，社会工作者与服务对象之间的关系越来越接近监督和控制，而非充满人文关怀的关系。基于此，英国的儿童社会

① Department for Work and Pensions："Households below average income, statistics on the number and percentage of people living in low income households for financial years 1994/95 to 2017/18, tables 4a and 4b"，(2018-10-25)[2020-06-21]，https://www.theguardian.com/society/2019/may/15/child-poverty-above-50-per-cent-in-10-uk-constituencies.

工作致力于重新聚焦于以预防和家庭支持为导向的实践，积极建立更具创造性和较大弹性的专业关系，提供非歧视性的服务。比如，不同于签订趋向程序化的合同契约，社会工作者被鼓励采取包容而非评判的方式与贫困儿童的家庭接触。对社会工作者而言，理解当下的整体情况和牢记贫困儿童的需要显得尤为重要。英国社会工作者协会（The British Association of Social Workers, BASW）一直致力于推动基于关系的专业社会工作实践，开办了一系列讲座与培训。[①] BASW 还出台了反贫困实践的体系化指南，以指导社会工作者在日常工作中与处于贫困状态的服务对象一起"工作"，并指导社会工作者应考虑哪些问题。具体包括，面对因财政紧缩而导致的服务减少时，社会工作者应如何让第三部门机构参与到反贫困工作中来；社会工作者应如何处理贫困所引致的道德及人权问题等。关系为本的专业实践要求社会工作者学会倾听儿童及其家庭的问题，而不是预先进行贫困（级别）判断；要求社会工作者不仅要了解贫困的缘由与后果，还要深入了解儿童处于不同生命历程阶段可能面临的风险与困难。

（二）生命历程视角：一个反贫困的儿童保育体系

在过去 20 年里，英国在扩大正规学前托儿服务和普及免费早教方面取得了巨大进展。然而，这并没有为贫困儿童的现状带来多大改善。为此，自 2008 年以来，英国政府采取"模块化"的方式，制定了包括九个儿童贫困项目的一揽子扶贫举措，并在各地陆续试点开展，力图构建一个以反贫困为目标的儿童保育体系。超过三分之一的地方政府至少参与了其中一个试点项目，每一个项目都试图在不同层面寻找有效的儿童反贫困方法。这九个试

① The British Association of Social Workers, https://www.basw.co.uk/about-basw.

点项目的主要内容大体包括以下几个方面。

在儿童福利方面，通过提高托儿补贴的标准让更多家庭能够负担得起托儿费用，选择机构托儿方式，在一定程度上能提高家长的就业率；同时，提供儿童发展补助金（Child Development Grant）的现金奖励，以鼓励儿童服务中心等社会机构的积极参与，提升其为0—3岁儿童提供的育儿服务的质量。

在整合型儿童福利方面，推行儿童贫困家庭干预项目（Child Poverty Family Intervention Project），为工作上存在重大障碍（包括心理健康问题、毒品和酒精成瘾问题、家庭暴力和家庭沟通问题等）的家庭提供密集的家庭干预。这些家庭干预由社会工作者、医务人员、心理咨询师等专业人员共同提供。此外，开放针对离异（或分居）父母的专业干预，为单亲家庭提供服务与支持，将父母冲突对孩子的负面影响降到最低。

在社区干预层面，为着眼于当地儿童贫困问题的解决，地方政府联合社会工作者在社区层面设计针对贫困儿童的干预创新活动。

在就业方面，推行学校就业支持计划（School Gates Employment Support Initiative），在学校层面为小学生的家长提供就业支持与辅导，减少因失业而导致的家庭贫困问题；同时，将全职就业中心与儿童服务中心进行资源整合，以帮助失业的儿童家长重返职场。

在住房方面，改善贫困儿童家庭的住房环境。

在税收方面，由英国税务海关总署在儿童服务中心设置税务抵免顾问，提供政策咨询，加强低收入家庭中父母对有关税收减免的了解，改善税务抵免的发放情况。

英国反贫困的儿童保育体系基于生命历程视角，靶定贫困儿童及其家庭不同阶段的关键事件，进行有效干预。九个试点项目结合贫困家庭不同阶段的困境进行有针对性的干预，如最大限度地提供高质量的托儿服务，改善处于贫困状态或面临贫困高风险的儿童的成长环境。同时，灵活、负担得起的托儿服务，可以减轻家庭的压力，帮助父母参加工作、教育或培训，降低家庭的短期和长期贫困风险。此外，还通过一系列项目，消除父母在就业、培训和教育方面的参与障碍。每一个项目提供一个关键路径来降低贫困风险，或通过能力建设（提高就业、促进儿童发展、改善家庭沟通等），或通过政策（减免税收，进行福利补贴），或通过更好的服务（改善住房、减轻托儿负担），采用资源整合和跨领域合作的方式来提供灵活的服务。这九个由地方政府驱动的儿童反贫困试点项目，共同构成了英国儿童反贫困工作的创新框架。

（三）个性化与教会背景的儿童社会工作服务

英国的儿童社会工作主要有两个特点。其一，提供个性化服务。个案工作在英国儿童社会工作实务中尤为常见，强调针对儿童需要的服务没有放之四海而皆准的统一方法，主张针对每个儿童一对一地进行个体需求评估、方案制订和干预介入。许多英国的社会福利服务机构采用志愿者培训与督导配备的方式来开展个案工作。其二，发展教会参与的社会福利机构。英国社会工作机构注重与当地宗教组织的密切合作。自 19 世纪 80 年代以来，英国各种大型慈善团体逐渐创立，其中不乏许多教会参与的慈善组织，它们的助人信念被延续下来，成为社会工作的最初形态。早期的伦敦慈善组织会社充分体现了在当时的英国，福利与宗教息息相关。今天，在英国的每个小镇和城市中，教会仍处于社区之中，拥有其独特的精神地位与功能。

教会参与社会服务的传统延续至今，多以社会组织形式开展社会服务，其传统施舍者角色逐步转变为服务提供者，宗教性质逐步弱化，专业化程度不断提升，并以此补充政府的现代社会保障框架。

其中，英国改善生活组织（Transforming Lives for Good，TLG）就是一个教会参与个性化儿童服务的典范。TLG 是一个基督教慈善机构，旨在通过各区教会帮助困难儿童，为其带来希望。[①] 其介入包括早期干预、教育中心和午餐计划三个项目，每一个项目都由专业的社会工作者、教育辅导者等来实施。

早期干预项目是个性化服务的一个典范，使地方教会能够通过每周在主流学校环境中的一对一支持来帮助困难儿童。早期干预秉承"一个服务工作者，一个孩子，一周一个小时"的原则为校园内的孩子提供介入。早期干预的服务对象是因欺凌、家庭破裂、贫困等因素造成负面影响的儿童，旨在通过提供个性化干预，改善他们的行为与认知，从而改善他们在学校中的教育表现，提高他们的学习水平。项目通过招募和培训志愿者，并使其成为服务工作者，一对一地与儿童进行合作。同时，TLG 为志愿者提供专业的督导与所需的资源，帮助他们成为孩子、老师和家长可信赖的支撑力量。在干预过程中，通过与家庭的定期对话，服务工作者与家庭成员讨论用于帮助孩子的不同策略，通过每周一次的沟通与积极反馈，来实现儿童的行为改变。

此外，TLG 还连续 20 多年致力于在各地教会开设教育中心，为处于教育危机中的弱势和被排斥儿童提供必要的资源和支持；通过教会的 TLG 教

① Transforming Lives for Good，https://www.tlg.org.uk.

育中心帮助社区中的弱势儿童，为他们提供一个安全、有益的学习场所。教育中心仍采用志愿者培训与督导配备的方式，同时，TLG 教育中心的教职员工皆在英国教育局的认证与监管下提供教育服务。TLG 教育中心与教会是合作伙伴关系，每一个教育中心都会配备一名基督教人员、一位具备教师资格认证的校长，以及若干教师。职员与学生的比例为 1∶3，中心通过若干教育计划开展教育服务，主要教授英语、数学、信息通信技术等课程。此外，中心还教授其他一系列课程，使学生获得进一步受教育或就业的机会。教育中心坚持开发年轻人潜力的理念，教职员工向具有独特性格的儿童提供体贴与敏感的关怀，侧重培养其自我意识和道德。如此，儿童在面对未来生活中的困境与挑战时更能表现出适应力和积极的应对力。

午餐计划则是生存扶贫的一个典型案例，属于与教会合作的儿童反贫困社会工作服务。TLG 午餐计划通过教会为贫困儿童及其家庭提供免费的午餐，此外，教会还为那些极度需要帮助的家庭建立社区互助关系。自午餐计划启动以来，教会已在英国 100 多个地方提供了超过 10 万顿饭，一定程度上改善了英国各地贫困儿童及其家庭的生活。

（四）网格化的儿童反贫困社会倡导

在英国，反贫困社会运动历史悠久。其中，儿童反贫困的社会工作倡导作为英国草根运动中的一支重要力量在不断发展。较为成熟的是英国“终结儿童贫困”（End child poverty）草根运动。“终结儿童贫困”联盟成立于 2003 年，旨在汇集儿童慈善机构、儿童福利组织、社会工作组织、教会机构、工会和其他组织等多种社会团体，共同致力于消除英国的儿童贫困。这种网格化的儿童反贫困组织致力于向公众介绍儿童贫困的原因和影响，在公共、私营和志愿部门之间搭建合作平台,并影响政府来促进消除儿童贫困。该联盟领导了一系列广泛的活动,包括 2008 年在特拉法加广场举行的公众集会,以呼吁政府履行终止儿童贫困的承诺,同时推动了《儿童贫困法案》在英国的出台。目前,该联盟发起了一系列反对儿童福利削减的社会倡导,呼吁政府给予儿童福利与基本国家养老金一样的"三重保护"。

四、北爱尔兰:基于"反贫困实践框架"的社会工作

贫困给儿童健康成长及其家庭福祉既带来直接影响,也造成间接影响。尽管并非所有的贫困儿童都会面临虐待和忽视,但贫困与其他风险因素的相互作用会增加他们遭受虐待的可能。贫困会使儿童遭受营养不良、住房条件差、忍冻挨饿和衣不蔽体的负面影响,并可能造成生理和心理的持久伤害。研究证明,贫困对大脑发育的影响在婴儿期很明显,3 岁贫困儿童的认知能力往往比富裕家庭的同龄儿童落后 9 个月。此外,越来越多的证据表明,儿童的心理健康问题包括焦虑和抑郁在贫困地区更为普遍。但值得关注的是,这些负面影响可以通过有针对性的父母干预和扶贫介入来减轻或逆转。因此,尽管贫困会损害儿童,但如果采取适当行动,其影响可以减少。而在儿童反贫困社会工作实践中,所谓"适当行动"的背后往往存在标准不一、道德两难、文化冲突、缺乏专业反思与干预框架等多重困境。贫困是社会工作中的一个社会正义问题,贫困构成了可能对个人或家庭产生不平等影响的结构性因素。它与其他不平等因素(如性别、种族、年龄、残疾)相互作用的方式为反思社会工作实践创造了一种复杂的环境,这种环境能够帮助人们理解和回应社会工作与个人或家庭之间存在的权力关系。在社会工

作实践中，如果不能理解与贫困有关的不平等的复杂性质，则可能对儿童反贫困干预产生直接影响。

基于此，北爱尔兰社会工作发展出了一个新的反贫困实践框架。该框架强调贫困作为社会不平等的社会表征，需寻求实际的支持和指导，以使社会工作在全球经济发展不稳定的情况下对贫困问题重新关注、辩论并就贫困问题展开行动。它为儿童社会工作者提供了标准化的干预指导，使贫困问题成为其实践的中心，它强调社会工作者需在了解和反思贫困影响的前提下开展服务。在具体的实践中，北爱尔兰的反贫困实践框架旨在挑战和授权专业人员如何有效去解决贫困和不平等问题。北爱尔兰卫生部社会服务办公室（Office of Social Services in the Department of Health Northern Ireland，OSS）是反贫困实践框架的发起者。作为北爱尔兰卫生部的分支机构，OSS 由专业的社会工作者组成，在提供儿童社会工作和社会关怀服务方面具有较为丰富的经验。OSS 的主要工作职责为政策协助与社会工作培训：政策协助包括提供专业意见、协助政府制定与推行有关社会照顾服务的政策，以及有关的专业实务事宜；社会工作培训则是对全国的社会工作者培训和资格任职的监督与指导。2018 年，OSS 推出反思社会工作实践项目，旨在支持社会工作者的反贫困实践，激发社会工作实务者之间的对话与反思。该项目不具有正式的政府政策和程序的地位，也没有对实践提出新的要求，而是旨在引起社会工作界内的反思影响，鼓励实务过程中的批判性思维发展。基于此，“北爱尔兰社会工作反贫困实践框架”得以出台。该框架旨在将贫困问题纳入社会工作系统化、标准化实践构架中，从而帮助社会工作者认识到贫穷对他们所帮助的人的影响，并做出专业化回应。同时，OSS 设立了指导小组，来指导、建议和支持反贫困实践框架的开发工作。这一框架非常清楚地指出，社会工作作为一种致力于社会正义的职业，承担着解决贫困、不公正问题的角色与责任。指导小组的成员包括相关政策制定部门、社区代表、志愿者组织，以及部分社会工作机构。该小组作为一个整体，具有相当广泛的经验、专业的知识和观点，促进了北爱尔兰社会工作反贫困实践框架的制定。

该框架的核心是将反贫困工作置于反压迫语境及相关实践下。在此过程中，该框架使用了社会工作者非常熟悉的概念和术语，并邀请社会工作者扩展他们对贫困的理解，即将贫困视为一种社会压迫的表现形式。该框架使用了汤普森（Thompson）关于个人、文化和结构性压迫的模型来举例说明社会工作者如何以及何时需要挑战贫困的压迫。① 具体而言，在个人层面上，社会工作者需要挑战自己的既有观点，即那些经历贫困的人需要更努力地工作，更好地做预算，减少浪费，或降低他们的期望；在文化层面上，社会工作者需要挑战对儿童贫困的固有文化传统与性别歧视；在结构层面上，社会工作者需要在必要的契机下挑战某些不公正的制度。该框架强调贫困以及与贫困相关的不平等的多维本质，以及贫困对儿童及其家庭造成的风险和负面影响。它强调，在实践中，社会工作者需要对贫困做出专业反思和同理，并就如何向家庭提供帮助和支持展开具体指导和必要的资源链接，如对高质量托儿服务的资助，改善养育方式的培训，向家庭提供收入保障与资产建设规划等。反贫困实践框架为社会工作者提供了统一标准的指导，使其

① THOMPSON N. *Anti-discriminatory practice: equality, diversity and social justice*. London: Palgrave Macmillan, 2016.

放心并鼓励他们为减轻儿童及其家庭贫困做出自己的努力。

五、埃塞俄比亚：社区发展与儿童福利综合模式

埃塞俄比亚的儿童反贫困社会工作主要推行社区发展与儿童福利综合模式（The Integrated Community Development and Child Welfare Model，CD－CW）。这是因为贫困往往与儿童虐待密切相关，危险的家庭与社区环境更有可能增加其慢性贫困的风险。基于此，许多学者呼吁对儿童福利采取以社区为基础的综合方法。① CD－CW 是将社区发展与儿童福利相结合的一种培训或实践模式，参与培训的学员大多来自为贫困儿童直接服务的社会组织，或是为减少儿童贫困而开展工作的基层工作者。

CD－CW 模式基于联合国《儿童权利公约》的三项主张而建立。其一，家庭在促进儿童健康成长与发展方面必不可少。其二，贫困阻碍了家庭保护及养育儿童的能力，侵犯了他们充分发展能力的权利。其三，必须建立以家庭和社区为基础的儿童保护以应对家庭贫困。CD－CW 模式结合社区发展和儿童福利实践，旨在培育一批社区发展工作者，通过资产建设、开设儿童创伤干预的培训课程、培育家庭养育能力、增强社区自身发展来减少儿童贫困。

CD－CW 是一种模块化的培训方式，有三个模块的专业培训，分别为团队合作和基于资产的社区发展、基于家庭的社区发展与儿童福利。② 其中，

---

① FREYMOND N，CAMERON G. *Towards positive systems of child and family welfare：international comparisons of child protection，family service，and community caring systems*. Toronto：University of Toronto Press，2006.

② BUTTERFIELD A K，SCHERRER J L，OLCON K. "Addressing poverty and child welfare：the integrated community development and child welfare model of practice"，*International Social Work*，2017，Vol. 60，No. 2，pp. 321－335.

团队合作和基于资产的社区发展培训模块提供了一个团队有效工作所必需的基本技能，以及如何根据个人、家庭和社区的优势与资产来有组织地进行社区评估的方法。该模块强调基于资产建设视角，运用社区优势来进行社区评估，同时考虑社区问题或需求。而基于家庭的社区发展模块，强调社区发展工作者必须了解家庭的资产和生产能力，反思如何加强家庭的生产、管理、保护和发展能力来增强儿童的适应力，进而通过小型家庭企业的发展减少贫穷和防止儿童忽视。该模块要求社会工作者进入社区，确定社区中的家庭类型，如单亲家庭或低收入家庭等脆弱型家庭。团队侧重于探讨可以创造什么样的产品或服务，提供什么样的市场，需要什么样的战略和/或伙伴关系来启动、扩大和维持可能发展起来的家庭“企业”，提出可以通过积极创收的方式来丰富家庭及社区资源。第三个模块则是培育社区工作者在儿童不同发展阶段的干预服务能力，将儿童可能遭受的短期或长期创伤的影响降到最低。在 CD－CW 培训模式中，每一个模块都依次建立在另一个模块的基础之上，这不仅强调了减贫技能的实践，还注重丰富在家庭和社区各级的贫困儿童保护知识。三个模块的培训周期共计 6 个月，各持续 10 天。每 10 天的课程结束后，参与者会回到他们的机构和社区，在 6 周的时间内完成一项申请任务。在具体的实践过程中，撰写工作报告，并在接下来 10 天的培训开始时提交给督导，以获得反馈。CD－CW 模式直接关注社区的资产建设而非局限于现存问题，将家庭视为生产者而非消费者，同时联合不同教育水平的受训者在跨学科、跨部门的团队中合作，其可谓成功地创新出培训学员与社区一道在解决贫困问题、将社区资产用于改善儿童福祉方面的多元合作方式。

第三节　中国儿童反贫困社会工作的反思

中国儿童反贫困社会工作的未来发展需要思考三个方面的问题：贫困儿童的需求、社会工作专业角色的性质和社会福利制度的本质。这三个方面分别对应以下几个问题：贫困儿童及其家庭的真正需求是什么？社会工作在儿童反贫困中扮演什么角色？家庭功能是否能被专业化服务所替代？社会福利制度的本质是什么？

一、贫困儿童及其家庭的真正需求是什么？

我们是否真的了解贫困儿童及其家庭的真正需求？对贫困儿童的了解需要社会工作者从不同的理论视角和实践取向去把握，不同国家的社会工作实践结合当地不同的贫困特征，采用基于本土情况的反贫困理论与视角。一方面，结合当地实际进行儿童反贫困的实践创新；另一方面，也或多或少地对现有理论进行挑战和调整。此外，始终坚持以贫困儿童为中心，学会倾听儿童的心声对于理解贫困儿童的真正需求至关重要，这些心声包括对他们来说贫困不仅仅是钱的问题，儿童会在其生活的直接方面，如营养、保健、水、教育、保护和住房方面遭受剥夺。一些传统的专业价值观，包括对服务对象的尊重、同理、隐私保护、伤害最小化等原则，贯穿着儿童社会工作的整个服务过程。相应地，社会工作唯有坚持贫困儿童在整个反贫困实践中的中心地位，且在服务过程中始终以儿童及其家庭的利益和需求为第一位，保护儿童的基本权益不受侵犯，才能更好地同理儿童的贫困处境，而非以强者的姿态居高临下地去评估。

二、社会工作在儿童反贫困中扮演什么角色？

反思社会工作在儿童反贫困中的角色，明确社会工作在儿童反贫困中的职责定位，有助于厘清社会工作者“何以为之，何以不为”的能力界限。社会工作者不是“万金油”，他们用其专业所长助人，也受专业之限而需要联合其他领域。当下，随着社会不平等的加剧，社会工作者的队伍也在不断扩大，广泛分布于政府部门、社会福利机构、国际慈善机构、社会组织之中。社会工作在贫困领域发挥的作用越来越大，扮演着不可或缺的重要角色。但值得警醒的是，国际经验折射出来的绝不是社会工作单打独斗的救世英雄身影。在众多国家的具体实践中，社会工作者以协作者的身份参与到反贫困工作中，作为直接的服务提供者、资源链接者、政策倡导者，与其他专业领域的工作人员一同改变贫困儿童面临的不平等处境。其中，资源链接者是社会工作者在儿童反贫困中最常扮演的角色之一，即社会工作者要有链接资源的能力，还要有和合作者保持良好关系的能力，有识别贫困儿童问题和需求的能力，继而根据服务对象不同的需求为其链接专业、高效的资源，提供专业化的服务。

三、家庭功能是否能被专业化服务所替代？

身处贫困之中的儿童，具有不成熟性、脆弱性、易受影响的群体特质，使得贫困经历的负面影响更为深远和复杂。在实际生活中，儿童对父母的期待是最大的，早期亲子依恋关系在孩子未来的成长轨迹中拥有持久的标记和影响，因此，无论家庭外部的社会救助和专业化服务多么及时且有效，家庭对于儿童的教养和保护功能是难以被替代的。因此，不可一分为二地看待儿童贫困与家庭贫困，对家庭层面的专业化干预对于贫困儿童的脱贫来说更为直接有效。从国际经验来看，基于依恋关系的家庭支持和社区发展是有效消除儿童长期贫困的可持续性策略。实际上，这一策略是在不打破原生环境平衡的情况下聚焦家庭功能，维系与加固直系纽带，提供来自家庭和社区的持久性社会支持。因此，我国儿童反贫困社会工作需要构建儿童服务的实践框架，通过亲子沟通和亲职辅导，提升家庭发展能力，促进儿童人际交往、自我认同、健康管理、责任等方面的能力发展。

四、社会福利制度的本质是什么？

对社会福利制度本质的发问，实质是在思考福利制度是为谁而服务的。社会福利制度的最初设计初衷是风险分担与平衡财富。即便在当下的西欧社会，社会保险的运行也是以穷人“少缴纳、多优惠”为原则，力图缩小贫富差距。这样的社会福利制度的本质是实现所谓的“福利团结”，构建一个社会安全共同体，团结不同社会阶层的群体来达成互助的共识。

简言之，“福利团结”在于团结一致，提倡在一个安全网内，有能力的人需要照顾社会中有需要的人，如处于贫困处境的儿童。由此，一切儿童反贫困工作，都是基于这一理念来开展的，即众人皆有责任尽一己之力帮助穷人，包括社会工作者在内的不同职业的人员皆有可能跨领域合作，而政府也应担负起对儿童基本权利的保障责任。在人口老龄化、社会结构脆弱化的今天，儿童贫困的风险愈发提升。我国“使老有所终，壮有所用，幼有所长，矜、寡、孤、独、废疾者皆有所养”的传统思想，早已昭示出福利团结的内在含义。政府、社会以及各个社会组织对解决贫困问题的决心决定了当下社会福利制度的本质到底是避重就轻还是福利团结。基于此，社会工作对反贫困问题的参与是对每一个儿童权利保障的承诺行为，而绝不是基于问题视角的救火行为。

第八章　我国儿童反贫困社会工作的地区经验、发展方向和优先领域

儿童与家庭紧密相关，一个良好的家庭环境对于儿童身心健康和顺利成长是至关重要的。一方面，家庭对儿童的意义重大；另一方面，贫困儿童家庭的功能往往遭受了不同方面、不同程度的破坏，通常由政府来承担部分责任，引导家庭、企业、社区、社会组织等一起协作，共同弥补贫困儿童生存与发展的资源短缺。但是，政府支持经常出现两个问题：一是主要以贫困儿童个人为救助对象，缺乏对家庭整体的政策安排与公共服务；二是工作策略通常属于事后补救，缺乏预防性的介入。如果儿童反贫困工作将贫困儿童个人与其家庭割裂，且缺乏预防性的介入策略，那么就难以从根本上改变贫困儿童的脆弱性，也难以阻断贫困的恶性循环。因此，及时增强贫困儿童所在家庭的风险应对能力，促进家庭能力发展，并将事后补救与预防性介入结合起来，实现对贫困儿童的服务增能，应该成为儿童反贫困社会工作未来的发展方向。在这一发展方向的指引下，儿童反贫困社会工作当前的优先领

域应聚焦于社区发展取向的儿童服务,并健全对儿童友好的社会政策。

第一节　我国儿童反贫困社会工作的地区经验

香港在儿童反贫困社会工作中有着丰富的经验。一方面,香港是全球重要的金融中心、商贸服务业中心及航运枢纽;另一方面,香港也是全球经济体中贫困差距最大的地区之一。在经济快速发展的背后,香港的贫困问题持续恶化。与其他发达地区相比,香港的儿童贫困率相对较高。《2017 年香港贫困情况报告》显示,2017 年香港约有 17.7 万名 18 岁以下的儿童身处贫困,儿童贫困率达到 17.5%,这意味着每 5 个儿童中约有 1 个生活在贫困线以下。减少贫困的代际传递成为香港儿童反贫困的工作重心。社会底层家庭所承受的经济压力对孩子的成长会产生深远影响,如果不加以控制,将会导致几代人的贫困。在低收入家庭长大的儿童往往由于获得的教育发展机会较少,很可能在成年后仍然处于贫穷状态。这种"慢性"贫困往往会跨越代际界限,使得贫困儿童陷入贫困的恶性循环。

打破儿童贫困的恶性循环不仅需要改善贫困家庭当下的经济状况,还需要通过心理、教育、社会服务等跨界干预来搭建早期儿童干预的综合预防体系,而香港社会工作在其中发挥了重要的专业作用。与内地相比,香港社会工作发展起步早,经验成熟,社会工作机构渐具规模,专业化的人才队伍不断扩展。在儿童反贫困方面,香港社会工作渐已形成自己的模式与经验。(1) 以独立于政府与企业的非营利性组织形式运行。在儿童反贫困社会工作中，香港的非营利性社会服务机构发展最为活跃，它们积极参与政府的扶贫项目，提供个性化的专业服务，并争取来自社会各界的广泛认可与支持。例如，成立于19世纪70年代的东华三院作为早期本土的社会福利机构，一直秉承“救病拯危、安老复康、兴学育才、扶幼导青”的理念，在医疗、教育及社会服务等方面投入并重，旨在综合生存扶贫、教育扶贫与合作扶贫。至2022年，东华三院共有357个服务单位，其中包括5家医院、60个教育服务机构、292个社会(公共)服务单位等，由医务工作者、心理辅导师、教育工作者与社会工作者为贫困儿童及其家庭提供医疗救助、教育服务及社区工作等多元服务。(2)以伙伴关系搭建与政界、商界、国际组织的合作模式。时至今日，香港社会工作机构积极推进与政府、企业、国际组织的跨界合作，积极介入经济、教育等各个领域的反贫困工作，努力做到有效整合社会资本，促进贫困儿童及其家庭的资本累积与社会融入。总体上，为降低贫困的代际传递风险，香港的儿童反贫困社会工作聚焦于以下三个重点方向。

一、打破父母层面的贫困恶性循环

儿童贫困等同于其家庭的贫困，这是由于儿童早期成长阶段所需的资源来源于其家庭，且父母的教养方式对儿童的未来成长至关重要。一般而言，经济富裕的父母拥有更多的资源来培养孩子，有能力送孩子参加更多的课外活动，如钢琴课、羽毛球课和夏令营；而经济困难的家庭则很难为孩子提供类似的资源。为此，香港福利部门与社会工作机构合作，积极开展了一系列儿童反贫困实践。

第一，鼓励并帮助有工作能力的人积极就业，自力更生。第二，为了减轻低收入工薪家庭的经济负担，香港特别行政区政府于2016年启动了“低收入在职家庭津贴”(Low Income Family Allowance，LIFA)，并于2018年4月1日更名为“在职家庭津贴”(Working Family Allowance，LFA)，使津贴与工作挂钩，保障贫困儿童家庭的基本收入。第三，公屋计划在减少儿童贫困方面的成效较为显著。社会底层家庭因规避高额房租或房价而选择较差的住宿环境，这会影响孩子的学习和生活需求。为此，政府通过改划土地、兴建公屋等措施，改善贫困家庭的住房问题，令各地区2017年的贫困率下降了4.2个百分点，大约有42 700名儿童间接脱贫。① 这些为家庭提供服务的方式在打破贫困的代际循环方面较为有效。在一定程度上，当家庭环境改善时，父母会通过正规教育、学习辅导与课外活动来投资孩子，而这些投资或多或少会转化为儿童未来成长的累积资本，提升其在劳动力市场中的竞争力，降低陷入慢性贫困的风险。

二、基于机会均等的儿童早期干预

机会均等不仅体现为确保所有儿童拥有平等地接受正规教育的机会，同时也体现为提高所谓“弱势学习者”的教育成就。换言之，为社会底层家庭的儿童提供更多早期干预，使其在成长过程中充分获得全面发展的机会也是机会均等的重要表征。基于此，重视儿童早期发展是消除贫困代际传递的重要途径，香港儿童反贫困实践尤其注重两个方面的儿童早期干预。

一方面，正规教育一直是使儿童及其家庭摆脱贫困的关键因素之一。

① Office of the Government Economist Census and Statistics：“Hong Kong poverty situation report 2017”，(2018-11-19)[2020-06-22]，https：//www.povertyrelief.gov.hk/eng/pdf/Hong_Kong_Poverty_Situation_Report_2017(2018.11.19).pdf.

香港特别行政区政府通过实施财政援助、教科书援助等计划使每一个儿童拥有平等的机会接受正规教育。另一方面，加大政、社、企跨界合作，整合资源并向困境儿童倾斜。2008 年，香港特别行政区政府成立儿童发展基金(Child Development Fund)，结合社区、企业及政府三方资源进行跨界协作，旨在促进贫困儿童的长远发展，消除贫困代际传递。该基金支持非政府机构及学校推行服务计划，鼓励儿童规划人生、养成储蓄习惯、累积无形资产，引导他们以积极的态度面对生活、提升抗逆力、扩大社交网络等。截至目前，已有 32 个非政府机构及 50 所学校参与了基金计划，如乐群社会服务、香港小童群益会、香港路德会社会服务处等。值得关注的是，在政府进行干预而总体贫困率并没有显著下降的情况下，政府及社会需要拓展贫困评估的方式，以便更好地了解实际情况。其中，社会工作者不仅是策划者、服务提供者与支持者，同时也是反贫困项目的评估者。2015 年，香港大学社会工作系受劳动及福利局委托，对儿童发展基金的计划进行成效评估，协助政府了解该基金计划是否对减少贫困代际传递的长远目标发挥作用，并提出了有针对性的建议。

三、以社区为本的多维度社会工作介入

儿童反贫困的香港社会工作以社区[①]为平台进行了政府参与、社区服务、社区教育、社企联动、资产建设的多维度介入。

(一) 政府参与的社区合作模式

政府参与的社区合作是以社区为平台，由政府牵头、多方合作的一种社

① 这里的社区是功能性社区(functional community)，是指有共同生活方式、信仰、背景、利益或功能的一群人。功能性社区强调集体身份。

会服务模式。在服务过程中，政府负责政策制定、资金保障与监督管理，企业创造实习与就业机会、负责资金整合，包括社会工作机构在内的社会组织则提供专业的社会服务，从而形成各展所长的跨界合作。社区投资共享基金就是一个较为成功的典型案例。2002年在香港正式成立的社区投资共享基金，在社区层面推进多方合作的社会资本发展计划，推动市民及社会各界参与，积极发挥守望相助精神、提升社区凝聚力，从而让贫困儿童及其家庭能够得到更广泛的支援。基金资助了许多社会资本发展计划，其中"蓝天计划"是幼儿园老师与社会工作者的一次跨界合作，通过结合两个不同的专业，社会工作者得以在教育领域拓宽困境儿童及其家庭的支持网络，提升亲子关系，一定程度上提升了家庭教育给予儿童成长的正向影响力，为儿童创造了一个健康而舒适的成长环境。在这些被资助的计划中，消除贫困代际传递的关键在于扶贫伙伴关系的大格局搭建，以及基于社区的社会资本累积。一方面，在儿童反贫困实践中，政府、企业和社会工作者明晰各自的职责边界、角色定位与能力范畴，通过决策互动与业务互补，提升了服务效率与专业化水平；另一方面，社区支持网络推动了邻里间守望相助，网格中各个行为主体资源共享，给予贫困儿童教育辅导和未来成长的机会，强化了社区的社交联系。

（二）社区服务与社企联动——赋权与增能

社会工作的关键目标是赋权与增能，使儿童能够调动并激发自我发展的潜能，增强其抵御贫困风险的能力；同时也致力于社区教育，增强社会企业和业界对儿童贫困的了解与反贫困的支持力度，促进跨界别的扶贫合作。目前，香港各社区内设有多个政府资助、专业社会工作机构承办的青少年中心(以下简称"中心"),为青少年提供成长与发展方面的指导及个案辅导。中心主要为低收入家庭的儿童提供亲子协调、住房救助等方面的专业帮助。此外,许多社会福利组织发起了社区参与项目,如"星期天学校"(Sunday School),为来自弱势家庭的儿童开设工作坊,提供有关人类发展、环境保护与戏剧等方面的活动。当前,香港社会工作致力于社区方案的推行,专注儿童成长过程,培养成长型思维。例如,积极为低收入家庭的儿童开设课外活动,设法丰富贫困儿童的生活经验,满足其成长发展的需要。

2011 年,香港社会工作者发起了"学校起动计划"(Project Wecan)。作为"企业在社区"(Business-in-Community)的创新项目之一,"学校起动计划"旨在为学习上处于劣势的中学生提供机会与关怀①,构建完善的社会网络,增强其弱化的社会资本。该项目采用"领养一所学校"的模式,以学校为开放平台,倡导企业、社会组织、大学成为每个学校的长期合作伙伴,提供资金或志愿者支持。参与项目的团体组织将成为"学校起动社会网络"的一部分,成员可以在此分享与学生合作的成功案例研究、最佳实践和课程。项目中的生涯规划、职场体验、企业参观、计划奖学金等活动以企校合作的形式,支持那些需要额外帮助以激发其潜力的儿童,提升其未来成长与抵御贫困风险的能力,从而减少贫困的代际传递。

(三)基于资产建设的社会工作介入

香港的社会工作机构多基于资产建设视角来关注与干预儿童贫困,优化及巩固贫困儿童的内外在资产。儿童的内在资产包括健康、自尊、正面情绪及学习能力,同时也包括理财知识、生涯规划等;外在资产则指社会资本,

---

① Project Wecan, http://www.projectwecan.com.

即社会网络的搭建。其中,“救世军”社会工作机构发起的“梦想同行”教育及理财计划,则是专为贫困家庭的儿童而设立的一种资产建设项目①,旨在培育儿童的理财知识,鼓励儿童订立个人目标及储蓄计划,提升儿童对生活的规划性并建立成功感和希望感。项目的具体实践是让参与项目的儿童制订储蓄计划,每月进行储蓄并在限定时期内储备至某个金额,对于完成储蓄计划的儿童,项目会给予与储蓄金额 1∶1 比例的捐款,协助他们实现个人目标。香港小童群益会则通过一系列活动帮助贫困儿童累积内在资产,如“推动学校1718”“结伴成长计划”等。②香港小童群益会自 2005 年起开展的“推动学校1718”行动,携手扶弱基金,协助来自低收入家庭的儿童,通过一系列的目标导向项目,使得贫困儿童享有更多学习机会,提升自信及发挥潜能。而“结伴成长计划”则是在培养儿童的抗逆力方面取得了突出的成效,机构联系了香港大学的校友与救助家庭的儿童建立为期一年半的师友关系,通过社区探索活动、义工服务,即暑期多元化学习,来增强儿童应对困难与压力的技巧和能力。

第二节　我国儿童反贫困社会工作未来的发展方向

儿童贫困是多维的,儿童的能力发展是多个过程叠加的结果。在这些过程中,家庭过程、学校融入和社区发展,直接影响儿童能否培养足够的能力,去获取竞争性的开放社会所提供的人生机会,最终跳出贫困。为了有效

① The Salvation Army, http://www.salvationarmy.org.hk/services.
② The Boy's and Girl's Clubs Association of HongKong, https://www.bgca.org.hk/.

预防、消除儿童的能力剥夺，儿童反贫困社会工作须突出干预框架的整体性，在提升家庭发展能力的导向下，为贫困儿童实现服务增能。

一、服务增能与家庭能力发展是方向

家庭成员的发展能力培养是家庭发展能力建设的基本途径，因此家庭的发展能力资源对于个人或家庭来说都至关重要。家庭不仅是家庭成员人力资本投资的重要主体，也是家庭成员社会资本积累的重要载体。其中人力资本投资主要体现在教育、培训、劳动力流动等方面，而家庭整体所拥有的社会网络为家庭成员社会资本的积累提供了重要的途径。只有大力投资于儿童，才有可能消除儿童贫困。虽然贫困儿童家庭的功能遭受了不同程度的破坏，但是无论是在中国还是在其他国家，无论是在过去还是在当代，家庭功能对于个人、家庭乃至社会而言都是不可或缺的，家庭功能既是家庭社会价值的具体体现，也是每一个人生存与发展的重要条件。即使是贫困家庭，其家庭功能的实现水平和运行效率也决定着家庭各类效用的生产水平，进而影响到包括贫困儿童在内的每个家庭成员的生命质量、生活质量和发展质量。因此，投资儿童，家庭是最为重要的一个投资载体。想要实现对贫困儿童的服务增能，促进家庭发展能力建设是一个基本的前提条件。当前，我国儿童减贫面临难得的历史机遇。一方面，儿童贫困的潜在影响特别是贫困的代际传递尚未完全变成现实，这使我们有可能通过儿童发展干预遏制、阻断贫困的代际传递，防止儿童贫困影响的扩散。贫困儿童的能力发展面临许多来自现实的挑战，即随着儿童能力的普遍提升，需要投入更多的资源用于消除儿童贫困。政府通过雄厚的财政力量推进儿童减贫事业，这为缓解、消除儿童贫困提供了现实条件。为抓住这个机遇、促进儿童减贫，在现阶段，资源与服务必须向低龄儿童倾斜，向贫困儿童倾斜，向儿童的能力发展倾斜，优先保障贫困儿童的营养、照料和早期教育需要，着力打破严重制约贫困儿童能力发展的瓶颈，促进其能力发展。另一方面，上述目标的实现，需要将贫困儿童置于整个家庭发展之中来评估和审视，才能充分理解和认识儿童的需求，进而为他们构建一个良好的家庭环境，并基于家庭对个人发展的不可替代性，充分利用不同资源，共同作用于儿童发展，才能在真正意义上实现对贫困儿童的服务增能。

因此，从中长期的角度看，要有效应对儿童贫困，必须大力发展面向家庭的社会服务，实现从物质救助到服务增能的转变，以专业服务增强贫困儿童的发展能力，这就要求引入社会工作等专业服务力量。这是因为，第一，在全面建成小康社会决胜阶段，我国的贫困问题已经从绝对贫困向相对贫困转型，而应对相对贫困最有效的策略是消除对儿童的能力剥夺。第二，我国已经建立了最低生活保障制度和医疗救助、教育救助、住房救助等救助制度，且随着保障水平的提高，贫困儿童的基本生活需要已经得到有效的保障。在这种情况下，社会救助制度应向更高的层次发展，促进贫困儿童的能力发展。第三，随着公共服务均等化的推进，我国的医疗卫生、教育等公共服务的可及性已经大大提升，为包括贫困儿童等在内的所有儿童的能力发展提供了广阔的平台。然而，贫困儿童能否充分利用这个平台带来的机会，用好公共服务资源，提升自己的能力，往往跟其对未来的希望和信心密切相关。[①]

---

① MAHOLMES V. *Fostering resilience and well-being in children and families in poverty: why hopes still matter*. Oxford: Oxford University Press, 2014.

这种希望和信心的生成、维持和增强，离不开社会工作者等专业人员提供的服务支持，因为贫困儿童、留守儿童等困境儿童所在家庭的家庭功能很可能存在缺陷，而父母良好的教养行为能大幅提升减贫的效果。[①] 换言之，只有专业服务在扶贫济困中真正立足，才有可能真正实现增能减贫的目标。

家庭发展能力是家庭凭借其所获得的资源满足每一个家庭成员生活与发展需要的能力，是指家庭成员共同努力、相互支持以实现家庭目标的综合能力，包括家庭交流、凝聚力、领导力、适应性和独立性。从更为聚焦的层面上讲，家庭发展能力包括家庭成员的社会适应能力、市场竞争能力、收入能力、抵御风险能力、家庭情感凝聚力、人口再生产能力等，这些家庭发展能力与家庭功能有着密切联系，也可以说，家庭发展能力是保证家庭功能正常发挥的能力。具体而言，家庭发展能力包括以下几个方面[②]：(1) 家庭经济能力，即家庭获取收入以支持家庭成员生存和发展的能力；(2) 家庭支持能力，即家庭在日常生活、抚幼、养老、教育、心理慰藉、照护等方面的能力；(3) 家庭学习能力，即能根据家庭成员个人学习、成长和职业发展需求以及外部环境变化的需求，帮助家庭成员完成个人生命周期不同阶段的主要任务和目标，促进家庭成员成长的能力；(4) 家庭社会交往能力，包括家庭获取社会资本以及和外界环境良好互动的能力；(5) 家庭风险应对能力，包括家庭对内部和外界社会环境变化的反应能力、调节能力和应对能力。在家庭发展能力结构体系中，任何一个方面能力的弱化或丧失都会导致家庭发展整体能力的下降。

---

① LAMY C E. *American children in chronic poverty: complex risks, benefit-cost analyses, and untangling the knot*. New York: Lexington Books, 2013.

② 吴帆、李建民：《家庭发展能力建设的政策路径分析》，载《人口研究》2012 年第 4 期。

对于贫困儿童及其家庭而言，家庭的发展能力受到了不同程度的破坏，难以为家庭中的儿童及其他家庭成员提供基本的物质保障，难以以各种投入来确保儿童的健康成长并使其享有充足的发展机会与资源。在很大程度上，贫困损害了家庭的功能，主要表现为那些无力承担其功能的家庭或因家庭功能失范而使家庭成员无法担负其责任，因此必须由政府来履行职责，从政策和公共服务层面关注难以从家庭获取保护、保障或支持的家庭成员。但是，若要政府的功能积极发挥作用，则须满足两个基本前提。一是在情感支持、良好家庭氛围营造、家庭抗逆力形成等方面，家庭应承担起相应的责任。即使缺少基本的物质保障，如果能增强家庭的发展能力，为贫困儿童营造一个积极的家庭氛围，便能在很大程度上促进贫困儿童的健康成长。政府责任的承担必须承认、理解并推进家庭对于贫困儿童的积极作用。二是政府对贫困儿童的支持和介入不应将儿童个人与其家庭割裂开来，而是要将儿童置于整个家庭情境中评估他们的困境和问题，实现家庭对贫困儿童身心健康发展的最大程度的支持，这也是打破贫困儿童的脆弱性和贫困代际传递的有效途径。总之，外部支持政策和公共服务的目标并不是替代家庭，而是实现对儿童的增能，而儿童增能的实现取决于家庭复原力程度和家庭抗逆力水平。对于原生家庭贫困的儿童社会工作介入，应该通过基于整个家庭的服务增能在根本上实现贫困儿童的发展。

二、基于家庭发展能力的专业服务

现代社会具有一些共性的家庭功能，主要包括满足家庭成员的物质生活和照料需求；生育和养育子女；实现子女的社会化；家庭成员的社会控制，以保证家庭内部及族群的秩序；保持家庭的士气和活力，以确保家庭主要任务的实现；支持和维持家庭作为一个整体所需物品与服务的生产和消费。[①]虽然贫困家庭在物质资源和消费方面的能力都受到了破坏，但是家庭成员之间的情感交流，一个充满爱的家庭氛围的营造，以及遇到困难时家庭抗逆力对个人的积极影响等家庭功能无法完全由社会替代。而且，如果过度依赖外部支持，缺乏能力发展导向的服务，即使通过经济援助能够暂时缓解和摆脱贫困，儿童及其家庭的脆弱性依然存在，再次陷入贫困的风险依然很高。因此，家庭如何面对贫困，如何理解贫困带来的不利影响，如何在逆境中积极寻求发展的资源和机会等，都需要社会工作者在制定针对贫困儿童的介入策略时进行主动思考。社会工作者不应仅局限于短期视角下贫困儿童经济困境的改变，而是应该通过包括经济资源、教育资源等在内的外部资源的援助和支持，最终作用于家庭能力的建设与发展，从长远的发展视角探索能给予贫困儿童及其家庭的积极影响和改变的服务介入策略。

从需求的角度看，虽然不同的贫困儿童及其家庭的情况有所不同，对资源和公共服务需求的侧重点有所不同，但在大体上可概括为安全需求、健康需求、保障需求、消费需求、情感需求、照料需求和发展需求等。社会工作者在专业化服务输送中要充分考虑家庭需求，避免只孤立地关注贫困儿童个体。除了重点关注贫困儿童之外，还应该使资源和服务全面覆盖家庭中的所有成员，建立以社区为主要平台的公共服务体系，整合政府、社会组织和企业等各种力量和资源，促进家庭发展能力建设。这意味着社会工作者不

① ZIMMERMAN S L. "Reassessing the effect of public policy on family functioning", *Social Casework*, 1978, Vol. 59, No. 8, pp. 451 - 457.

仅要关注家庭需求并积极回应，更要以能力发展为导向构建服务支持体系。

第一，提升贫困儿童及其家庭的物质生活水平，提升家庭成员的收入水平和消费水平。物质生活保障资源是家庭最为基础性的资源，是家庭成员得以生存和发展的根本保障，其旨在确保家庭成员衣、食、住、行等基本需求的满足，主要体现为家庭的收入水平和资产状况。物质生活保障是改善贫困儿童及其家庭困境的基础。贫困儿童的家庭往往首先表现为物质生活保障资源严重匮乏，这就需要社会工作者通过资源链接保障家庭成员的基本物质生活，并基于专业服务着力于促进家庭成员参与市场活动、提升收入水平。一方面，可以通过物质生活保障资源的支持，满足家庭成员的衣、食、住、行等基本需求，并对风险进行提前防范和规避；另一方面，可以基于预防性视角介入家庭，开展家庭防范风险专项计划，在家庭遭遇风险时，通过专项基金和帮扶计划帮助家庭渡过难关。对于那些遭遇风险导致家庭成员患病、伤残或因其他状况而致使生活困难的家庭，向其提供一次性或多次性的生活补贴，确保贫困儿童基本生活资源的满足。

第二，促进和提升家庭对贫困儿童生命质量的保障能力。家庭用以维系和支持家庭成员健康水平的资源，既涉及消费质量、居住条件和家庭环境卫生、医疗资源可得性、医疗保险等保障家庭成员生理健康的物质条件与资源，也涉及家庭成员之间的情感交流、沟通与支持等维护家庭成员心理健康发展的各种资源。多维贫困的认知框架要求儿童反贫困的服务内容从单一的经济补助转变为非货币化的福利服务，要求社会工作者进行多维度介入并提升贫困儿童的生命质量。因此，以促进家庭发展为目标，营造良好的发展环境，为贫困儿童的生理和心理健康提供支撑成为基本要求。具体而言，通过专业服务介入，鼓励家庭成员彼此分担家庭责任，倡导家庭成员之间建立平等的关系，改善贫困儿童的生活环境，为他们的社会参与提供支持。良好的家庭环境是促进贫困儿童的生理心理健康发展、提升生命质量的重要依托和保障。家庭关系的建立主要取决于家庭成员的利他特质，以及对家庭责任承担的实现程度。贫困儿童及其家庭的功能往往受到损坏，和谐关系的构建不仅依赖于家庭成员之间的情感联系，也需要外部支持。通过专业服务对和谐家庭关系进行倡导，通过具体制度安排对家庭功能进行支持，营造家庭成员健康成长和发展的良好环境。社会工作专业服务对家庭成员生命质量的改善主要体现在减轻成员负担、营造良好环境、满足福利需求三个方面。即使处于生活逆境中，家庭凝聚力和家庭情感纽带的建设，也能促进家庭成员在彼此之间建立一个良好的互动关系，进而帮助他们积极、正面地共同解决家庭困难。

第三，促进家庭发展能力资源的积累和储备。贫困儿童的家庭在发展能力资源方面是十分欠缺的，提升贫困儿童及其家庭的发展能力，保持家庭的活力和社会参与是社会工作介入的重点。一方面，通过制度安排提升家庭发展能力，新的历史时期，在以改善民生为目的的各项经济与社会政策安排中，家庭应该成为其中的关键环节之一，具体涉及健康、教育、就业发展，应进一步直接投资于家庭中的贫困儿童，为他们的顺利成长和发展创造条件。另一方面，家庭发展资源的积累主要通过教育和就业来实现。帮助家庭成员就业不能单纯停留于增加就业机会或运用制度手段激励他们就业和创业，而是要更重视就业能力培养，进以实现人力资本的积累。这就需要社会工作者运用服务增能等方法，如对贫困儿童及其家庭成员开展职业技能培训，提升人力资本储备；帮助家庭对接就业资源，增加家庭成员劳动参与的机会；在进入劳动力市场后，通过服务实现职业发展过程中的能力发展支持等。

第三节　我国儿童反贫困社会工作的优先领域

在家庭能力建设的发展导向下，要更充分地促进儿童的能力发展，预防儿童的能力剥夺，需要重视儿童及其家庭的能力建设，这就需要利用好社区的平台来介入贫困儿童及其家庭。发展社区取向的儿童服务体现在两个方面：一是以社区为平台，调动社区的资源为贫困儿童及其家庭提供服务；二是贫困儿童的家庭功能受限，通过促进社区自助和提升社区抗逆力水平来为贫困儿童及其家庭提供支持。此外，也要积极推进宏观政策层面的儿童友好型社会政策的形成，实现儿童反贫困社会工作从物质救助到能力发展的根本转向。

一、发展社区取向的儿童服务

贫困儿童的服务增能要基于家庭发展能力建设，而家庭发展能力建设的提升离不开社区这一平台。如前所述，对贫困儿童来说，父母或监护人在回应其需求时，最容易忽视的往往是次优先级的需要，而这些次优先级的需要的影响会随着时间的推移而叠加。因此，专业社会服务需要重点补齐的恰恰是这样一个缺口。为此，需要专业人员提供日常化的专业服务特别是定期服务，更需要面向儿童的专业服务从微观的个体服务转向以社区为基础的服务①，从个体的介入方式转向以社区为平台的介入策略，更好地实现服务增能和家庭能力的发展。实现这一策略的措施主要在于：强化社会支持网络，与当地的各种机构合作，为服务对象和当地居民创造有效参与的渠道；与当地居民建立有效的联系，并以整体的观点来看待儿童贫困问题。只有这样，才能有效应对贫困给儿童及其家庭、社区带来的压力和挑战。

越是在贫困儿童聚集的地区，能够给贫困儿童、留守儿童等困境儿童提供支持的社会资源往往越稀缺。在这种情况下，单纯依靠行政化的体系或行政命令，难以动员或维系足够的社区资源去满足贫困儿童的需求。比如，就留守儿童的监护问题而言，国家诚然可以出台硬性规定，要求外出打工的父母做好留守儿童的监护安排。但是，这种做法并不能解决留守儿童父母照料中断的问题，外出打工的父母为孩子确定的监护人，可能无法尽责，也未必有利于儿童的健康发展。与此相对照的是，专业的社会工作者等专业服务人员可以采取柔性的方法，有效缓解父母照料中断给孩子带来的不利影响。在父母外出打工之前，可以对父母进行教育，向他们说明稳定的、持续的照料对儿童发展的重要作用。此外，社会服务机构可以为留守儿童及其家人提供咨询、辅导，帮助留守儿童理解父母为什么要外出打工，疏解其对父母产生的负面情绪，从而将父母照料中断对留守儿童造成

① BACKWITH D. *Social work, poverty, and social work*. Berkshire: Open University Press, 2015.

的伤害最小化。[1] 此外，专业的服务团队还可以通过资源链接，与学校、社区联动，帮助学龄前儿童和学龄儿童获得相应的支持，进而有效减少父母外出打工导致的父母照料中断对儿童情感、心理及学习、人际交往等维度的影响。再有，专业的服务机构可以运用专业的工作方法，去调动社区的资源，提升社区服务的质量，促进留守人员之间的互助，从而改善留守人员聚集地区的社区环境，使原来作为风险因素的社区变成一个充满关爱的社区。

要实现上述目标，就必须搭建一个有力的社区服务平台。然而，我国当前的社区服务发展仍存在以下两方面的突出问题。其一，农村社区服务机构的覆盖率偏低。《社区服务体系建设规划(2011—2015 年)》提出，社区服务设施综合覆盖率应达到 90%，要基本建成以社区综合服务设施为主体，各类专项服务设施相配套的综合性、多功能的社区服务设施网络。然而，根据《城乡社区服务体系建设规划(2016—2020 年)》的数据，截至 2015 年年底，农村社区综合服务设施覆盖率仅达到 12.3%。其二，社区服务人员的专业技能水平有待提升。社区服务是对人的服务，单纯靠硬件较难实现社区服务的目标，而需要专业人员以专业的方法和技能帮助服务对象解决问题。要帮助服务对象，社区工作人员须具备一系列素质，比如，了解社区居民的需要、减轻管理工作的压力，具有资源链接、评估服务对象需求并制定服务计划、开展各种活动的能力等。

① GHEAUS A. *Children's rights, parental agency, and the case for non-coercive responses to care drain*. Oxford: Oxford University Press, 2014.

回应上述问题的思路包括以下三个方面。一是购买社会服务，选择有内在激励的机构即积极为社会底层人员提供专业服务的社会组织来提供服务。二是落实《城乡社区服务体系建设规划（2016—2020 年）》的要求，拓宽城乡社区服务人才的来源渠道，把城乡社区服务人才队伍建设纳入当地人才发展规划，引导优秀人才向城乡社区服务领域流动，鼓励高校毕业生、退役军人、返乡农民工等优秀人才到城乡社区工作，加大社会工作者等专业人才的使用力度。三是健全城乡社区服务人才的培养和使用制度，做好城乡社区服务人员任职培训、在职培训和专门培训，支持和鼓励城乡社区服务人员参加社会工作等各种职业资格考试和学历教育考试，提高社区工作者的素质和专业化水平。

作为专业的社会服务人员，社会工作者在介入留守儿童的实务工作时，需要特别注意以下几点。

（1）坚持生命历程视角，重视困境对儿童的累加影响。

（2）注重建立专业关系的重要性。社会工作者应与服务对象建立专业关系，并全面评估服务对象的处境。

（3）以生态系统理论为指导，即聚焦于服务对象所在的家庭、社区和学校的资源；拓展家庭的资源；拓展社区的资源，如提供咨询服务、儿童照料等社区服务；注意利用学校等正式机构的资源。

（4）实施以社区为导向的干预策略（community oriented approach）。换言之，将“三留守”问题视为一个系统性的问题，强调集体介入而不是一对一的个案工作方法。比如，鼓励社区互助，有助于充分利用困境人员的优势，提升社区居民的抗逆力，实现增能。

这种以社区为导向的工作策略类似于"定向普惠"(targeted universalism)①,即专业社会服务项目针对留守儿童、留守妇女和留守老人聚集的地区,以普惠的方式向这些地区的所有儿童、女性及老年人提供服务。在理念上,鼓励社区的居民参与到服务项目中来,培养社区居民对服务项目的"主人翁"意识。在服务方法上,强调以一种整体的方式给有需要的"三留守"人员提供卫生保健、教育和照料等服务。比如,对留守儿童,可以开展外展服务、家访;提供育儿支持和家庭支持;帮助儿童实现高质量的玩耍、学习和儿童照料;提供初级社区保健以及有关儿童健康和发展的咨询服务,给有特殊需要的儿童提供必要的支持,给父母提供技能培训等。

从儿童发展的角度看,社区和邻里环境对儿童的行为、儿童的学业表现有重要的影响。在对包括留守儿童等在内的困境儿童的专业服务中,非常重要的一条原则就是要充分发掘、利用个体和社区的应对机制与抗逆力,促进社区自助和社会支持。② 特别需要强调的是,对贫困儿童来说,在家庭功能受限的情况下,更需要社区和学校来弥补家庭功能的不足。然而,在目前的情况下,农村社区尤其是留守儿童、贫困儿童聚集的社区和学校,均面临众多问题,社区基础薄弱。因此,更需要政府采取有力的措施,去提高这些社区和学校的能力,使其能够有效地回应贫困儿童、留守儿童亟待满足的需求。在当前,可以优先强化留守儿童、贫困儿童聚集的农村社区的专业社会服务,并以这些地区的社区工作为抓手和突破口,逐渐完善我国农村社区的

① BACKWITH D. *Social work, poverty, and social work*. Berkshire: Open University Press, 2015.

② MAHOLMES V, KING R B. *The Oxford handbook of poverty and child development*. Oxford: Oxford University Press, 2012.

社会服务体系。

二、健全对儿童友好的社会政策

鉴于儿童贫困的特殊性，对儿童贫困的界定和测量应有别于成年人贫困和家庭贫困。然而，无论是在研究层面还是在政策实践层面，不少人往往是从家庭收入贫困的角度来理解儿童贫困的，即把生活在贫困家庭中的儿童视为贫困儿童。

儿童贫困与家庭贫困有着密切的关系。在收入一定的情况下，多一个未成年子女会降低家庭人均资源拥有量。同时，抚养孩子需要投入大量的时间和精力，影响父母尤其是哺乳期妇女的就业。这样，有儿童的家庭就比没有儿童的家庭更有可能陷入贫困。出于这个原因，即使是在儿童福利体系很完善的欧盟国家中，儿童的贫困风险往往也高于总人口的贫困风险。因此，社会救助应向贫困儿童倾斜，贫困儿童在救助对象中的比例应比贫困儿童在总人口中的比例高。

尽管如此，在界定儿童贫困时，如果以家庭贫困为先决条件，则儿童的特殊需要未必会受到重视。在不同的社会经济环境中，致贫因素存在很大的差别，老年人、零就业家庭等其他群体的贫困问题可能会更突出，使得社会救助对象中的儿童占比反倒偏低。图 8－1 显示了 2007—2017 年我国城乡低保制度的救助对象中儿童占比的变动情况，其中实线代表总人口中 14 岁以下儿童所占的比例。从图中不难看出，在城市低保制度救助对象中，儿童占比持续下降，从 2009 年的 27.6％降至 2017 年的 16.6％，降低了整整 11 个百分点。与此相比，在农村低保制度救助对象中，儿童占比则始终在低位徘徊,最高时也仅为13%,低于14岁以下儿童占总人口的比例。如果考虑到农村儿童占农村人口的比例要高于14岁以下儿童占总人口的比例,其实际差距还要更大一些。

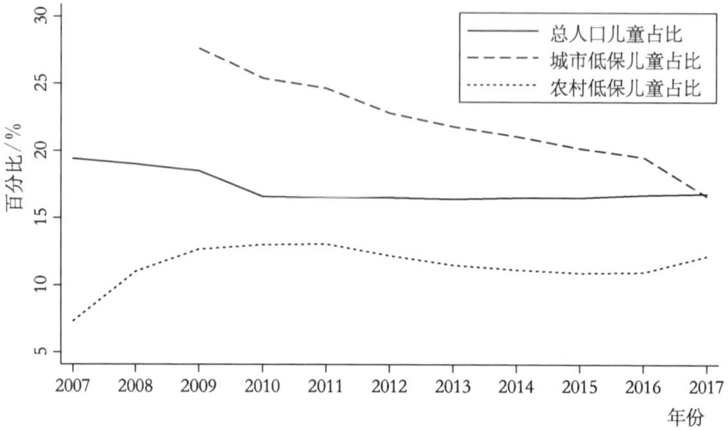

图8-1 儿童占低保救助对象的比例

数据来源:14岁以下儿童占比来自《中国统计年鉴》,城乡低保数据来自民政部网站各省分季度社会服务统计数据。

我国城乡低保制度救助对象中儿童所占比例明显偏低主要有两个原因:一是儿童的父母往往比较年轻,这部分人虽然生活困难,但不太容易获得低保救助;二是在集中连片贫困地区,贫困人口占比较大,有限的救助资源只能向老年人、残疾人、大病重病患者等最困难的人群倾斜,这样,有儿童的家庭因为其父母相对年轻,而不太可能获得优先救助。

儿童的生活机会是嵌入在家庭中的,儿童贫困的多维性要求在贫困认定时应更多地考虑儿童的特殊需要。然而,以家庭为单位来界定儿童是否贫困,将家庭低收入作为认定儿童遭受剥夺的先决条件,可能会使贫困儿童难以获得充分的保障。在认定贫困儿童时,除了看家庭的收入和消费水平外，还要看家庭低收入、服务供给不足对儿童带来的影响①，更多考虑到儿童贫困的多维性，充分重视除收入以外的其他维度的剥夺对儿童生活机会的影响。

从资产建设的角度来说，贫困儿童不仅是贫困家庭中最重要的、最有增长潜力的资产，也是政府消除贫困代际传递、投资未来的重要资产。从这个角度上来说，促进贫困儿童减贫，不仅是帮助贫困家庭脱贫的关键抓手，也是投资国家和社会未来的重要手段。

应对转型期的儿童贫困问题，在宏观政策层面需要实现根本的转向，即从忽视家庭到重视家庭、重视家庭的能力建设。《我们为什么需要新型福利国家》一书中指出，“我们今天面临的最大挑战，是反思我们的社会政策实践，是否使劳动力市场和家庭成为福利的优化者，以确保未来的成年工人能变得有尽可能高的劳动生产率”②。这一观点的核心是让个体、家庭和社会做好准备，以适应变化的就业模式和工作环境等社会经济转型，适应各种新的社会风险和人口老龄化的现实，而不是简单地“修补”过去消极的社会政策造成的种种损害，比如失业、社会排斥和贫困等。该书中还指出，过去针对家庭主要劳动力(breadwinner)的福利供给模式存在惰性，这种惰性日益影响着越来越多的人的生活机会，包括就业、收入、教育成就以及代际公正等，最终使这些人的生活未能达到理想的水平。随着新型服务经济的兴起，社会碎片化、技能老化问题突出，贫困的发生机制出现了根本的变化，由此，

① SPICKER P, LEGUIZAMÓN S A, GORDON D. *Poverty: an international glossary*. London: Zed Books, 2006.

② ESPING-ANDERSEN G, GALLIE D, HEMERIJCK A, et al.. *Why we need a new welfare state*. Oxford: Oxford University Press, 2002.

这种消极的、以就业为中心的保障方式难以为继。

更重要的是，由于新的社会风险主要是由年轻一代承担的，因此，国家应该实施以儿童为中心的投资战略，国家的社会投资应该转向家庭服务、积极的劳动力市场政策及儿童早期教育，重视儿童早期发展，提高教育水平和职业培训力度，推广终身学习，积极推进家庭和谐政策，实现就业与家庭生活之间的平衡，以促进人力资本的长期发展，提高劳动生产率，提升知识经济时代的就业率。

重视家庭、重视家庭能力建设的核心是重视儿童。从消极的角度来说，不重视儿童，不向儿童投资，其结果就是造成儿童贫困，加剧贫困的代际传递，增加政府的公共支出。这些支出包括：(1) 救济支出。由于贫困儿童长大后更容易失业、收入低或是形成单亲家庭，他们陷入贫困的比例也较高，因此需要政府救济。(2) 儿童贫困导致的犯罪等反社会行为带来的治安成本。(3) 儿童贫困导致的健康问题而增加的医疗卫生支出。因此，只有敢于在儿童身上投资，才能真正消除儿童贫困；只有消除儿童的贫困，才能真正消除贫困；只有消除对儿童的能力剥夺，才能真正消除未来的贫困。

从积极的角度来说，对包括贫困儿童在内的儿童的投资是我国应对知识经济挑战的重要投资领域。在人口加速老龄化的背景下，劳动力日渐成为稀缺资源，国家更应从建设人力资源强国的战略高度出发，以切实有力的措施促进包括贫困儿童等在内的儿童的能力发展，让更多的儿童成长为有用之才，为经济发展输送更多更优秀的劳动者，为国民经济的长期可持续增长提供强大动力。

参 考 文 献

一、英文书籍

[1] BACKWITH D. Social work, poverty, and social exclusion[M]. Berkshire: Open University Press, 2015.

[2] BASW, CWIP. Anti-poverty practice guide for social work[M]. Birmingham: British Association of Social Workers, 2019.

[3] BOWLES S, GINTIS H, GROVES O M. Unequal chances: family background and economic success[M]. New York: Russell Sage, 2005.

[4] BRADSHAW J. The taxonomy of social need[M]// MCLACHLAN G.

Problems and progress in medical care. London: Oxford University Press, 1972.

[5] BRONFENBRENNER U, MORRIS P A. The ecology of developmental processes[M]// DAMON W, EISENBERG N. Handbook of child psychology. New York: John Wiley & Sons Inc, 1997.

[6] BRONFENBRENNER U. The ecology of human development: experiments by nature and design[M]. Cambridge, MA: Harvard University Press, 1979.

[7] CAUTHEN N, FASS S. Measuring income and poverty in the United States[M]. New York: Columbia University, 2008.

[8] CIDA (Canadian International Development Agency). Child protection[M]. Quebec: Canadian International Development Agency, 2004.

[9] CPRPC(Childhood Poverty Research and Policy Center). CHIP Briefing 1: children and poverty[M]. London: Childhood Poverty Research and Policy Center, 2004.

[10] DAHRENDORF R. Life chances: approaches to social and political theory[M]. Chicago: University of Chicago Press, 1979.

[11] DENZIN N K, LINCOLN Y S. The sage handbook of qualitative research[M]. Los Angeles: Sage Publications, 2011.

[12] ERIKSON R, GOLDTHORPE J. The constant flux[M]. Oxford:

Clarendon Press, 1992.

[13] EVANS J L, MYERS R G, ILFELD E M. Early childhood counts: a programming guide on early childhood care for development[M]. Washington, DC: The World Bank, 2000.

[14] ESPING-ANDERSEN G, GALLIE D, HEMERIJCK A, et al. Why we need a new welfare state[M]. Oxford: Oxford University Press, 2002.

[15] FEENY T, BOYDEN J O. Children and poverty: a review of contemporary literature and thought on children and poverty[M]// Children and poverty series, part I. Richmond: Christian Children's Fund, 2003.

[16] FIELD F. The foundation years: preventing poor children from becoming poor adults[M]. London: HM Government, 2010.

[17] FILMER D, SCOTT K. Assessing asset indices. Policy research working paper[M]. Washington, DC: The World Bank, 2008.

[18] FONTENOT K, SEMEGA J, KOLLAR M. Income and poverty in the United States: 2017[M]. Washington, DC: US Government Printing Office, 2018.

[19] FRASER M W, NASH J K, GALINSKY M J, et al. Making choices: social problem-solving skills for children[M]. Washington, DC: NASW Press, 2000.

[20] FREYMOND N, CAMERON G. Towards positive systems of child

and family welfare: international comparisons of child protection, family service, and community caring systems [M]. Toronto: University of Toronto Press, 2006.

[21] GHEAUS A. Children's rights, parental agency, and the case for non-coercive responses to care drain[M]// MEYERS D T. Poverty, agency and human rights. Oxford: Oxford University Press, 2014.

[22] GILL O, JACK J. The child and family in context: developing ecological practices in disadvantaged communities [M]. Dorset: Russell House Publishing, 2007.

[23] GORDON D, NANDY S, PANTAZIS C, et al. Child poverty in the developing world[M]. Bristol: The Policy Press, 2003.

[24] GORSKI P. The myth of the "culture of poverty"[M]. Educational Leadership, 2008.

[25] HAREVEN T K, BARKER-BENFIELD G J. Transitions: the family and the life course in historical perspective[M]. Amsterdam: Elsevier, 2013.

[26] JENSON J M, FRASER M W. Social policy for children and families: a risk and resilience perspective [M]. Los Angeles & London: Sage Publications, 2016.

[27] KELLY G, LISSAUER R. Ownership for all[M]. London: IPPR, 2000.

[28] LAMY C E. American children in chronic poverty: complex risks,

benefit-cost analyses, and untangling the knot[M]. New York: Lexington Books, 2013.

[29] LEISERING L, LEIBFRIED S. Time and poverty in western welfare states: United Germany in perspective[M]. Cambridge: Cambridge University Press, 2001.

[30] MAHOLMES V. Fostering resilience and well-being in children and families in poverty: why hopes still matters[M]. Oxford: Oxford University Press, 2014.

[31] MAHOLMES V, KING R B. The Oxford handbook of poverty and child development[M]. Oxford: Oxford University Press, 2012.

[32] MALLON G P, HESS P M. Child welfare for the twenty-first century[M]. New York: Columbia University Press, 2005.

[33] MIDGLEY J. The theory and practice of developmental social work [M]// MIDGLEY J, CONLEY A. Social work and social development: theories and skills for developmental social work. Oxford: Oxford University Press, 2010.

[34] MILLS C W. The sociological imagination[M]. Oxford: Oxford University Press, 2000.

[35] MINUJIN A, NANDY S. Global child poverty and well-being: measurement, concepts, policy and action[M]. Bristol: The Policy Press, 2012.

[36] NASW(National Association of Social Workers). Code of ethics of

the national association of social workers[M]. Washington, DC: National Association of Social Workers, 2008.

[37] PANTAZIS C, GORDON D, LEVITAS R. Poverty and social exclusion in Britain: the millennium survey [M]. Bristol: The Policy Press, 2006.

[38] PAYNE R K. A framework for understanding poverty[M]. 4th ed. Aha Process, Inc. 2005.

[39] RICHMOND M E. The long view[M]. New York: Russell Sage Foundation, 1930.

[40] ROYCE E. Poverty and power: the problem of structural inequality [M]. 2th edition. Lanham: Rowman & Littlefield, 2015.

[41] SAEGERT S, THOMPSON J P, WARREN M R. Social capital and poor communities[M]. New York: Russell Sage Foundation, 2001.

[42] SEN A. Development as freedom[M]. Oxford: Oxford University Press, 1999.

[43] SHERRADEN M. Can the poor save? Saving and asset building in individual development accounts[M]. Abingdon: Routledge, 2017.

[44] SPICKER P, LEGUIZAMON S A, GORDON D. Poverty: an international glossary[M]. 2th edition. London: Zed Books, 2006.

[45] THOMPSON N. Anti-Discriminatory practice: equality, diversity and social justice[M]. 6th ed. London: Palgrave Macmillan, 2016.

[46] TREVITHICK P. Social work skills: a practice handbook[M]. Buckingham, Philadelphia: Open University Press, 2005.

[47] UNICEF (United Nations International Children's Emergency Fund). The state of the world of the Children 2005 — childhood under threat[M]. New York: UNICEF, 2005.

[48] UNICEF (United Nations International Children's Emergency Fund). Child-centered risk assessment: regional synthesis of UNICEF assessments in Asia[M]. New York: UNICEF, 2014.

[49] UNGA (United Nations General Assembly). Promotion and protection of the rights of children, report of the third committee [M]. New York: United Nations, 2006.

[50] VANDELL D L, PIERCE K M. After-school programs and structured activities that support children's development [M]// GARNER R. Hanging out: community-based after-school programs for children. Westport, CT: Greenwood, 2002.

[51] WATKINS R, MEIERS M, VISSER Y L. A guide to assessing needs: essential tools for collecting information, making decisions, and achieving development results [M]. Washington, DC: The World Bank, 2012.

[52] WERNER E E, SMITH R S. Overcoming the odds: high risk children from birth to adulthood [M]. New York: Cornell University Press, 1992.

二、英文文章

[1] BAKER-HENNINGHAM H, BOO F L. Early childhood stimulation interventions in developing countries: a comprehensive literature review[J]. IZA Discussion Paper, 2010: 5282.

[2] BERNS D A, DRAKE B J. Combining child welfare and welfare reform at a local level[J]. Policy & Practice, 1999: 26 - 34.

[3] BLACKSTOCK C, TROCMÉ N. Community-based child welfare for aboriginal children: supporting resilience through structural change[J]. Social Policy Journal of New Zealand, 2005, 24(12): 12 - 33.

[4] BROWNELL C A, NICHOLS S R, SVETLOVA M, et al. The head bone's connected to the neck bone: when do toddlers represent their own body topography? [J]. Child Development, 2010, 81(3): 797 - 810.

[5] BURGESS E W. The social survey a field for constructive service by departments of sociology[J]. American Journal of Sociology, 1916, 21(4): 492 - 500.

[6] BUTTERFIELD A K, SCHERRER J L, OLCON K. Addressing poverty and child welfare: the integrated community development and child welfare model of practice[J]. International Social Work, 2017, 60(2): 321 - 335.

[7] CHAMBERS R. Editorial introduction: vulnerability, coping and police[J]. Institute of Development Studies Bulletin, 1989, 20(2): 1-7.

[8] CRICK N R, DODGE K A. A review and reformulation of social information-processing mechanisms in children's social adjustment [J]. Psychological Bulletin, 1994, 115(1): 74.

[9] CRICK N R, DODGE K A. Social information-processing mechanisms in reactive and proactive aggression [J]. Child Development, 1996, 67(3): 993-1002.

[10] CUNNINGHAM H. A historical sociology of childhood: developmental thinking, categorization and graphic visualization[J]. Children & Society, 2009, 23(4): 310-311.

[11] DEARING E. Psychological costs of growing up poor[J]. Annals of the New York Academy of Sciences, 2008, 1136(1): 324-332.

[12] ELDER G H. Family history and the life course[J]. Journal of Family History, 1977, 2(4): 279-304.

[13] EVANS G W, SCHAMBERG M A. Childhood poverty, chronic stress, and adult working memory[J]. Proceedings of the National Academy of Sciences of the United States of America, 2009, 106(16): 6545-6549.

[14] FRASER M W, GALINSKY M J, SMOKOWSKI P R, et al. Social information-processing skills training to promote social competence

and prevent aggressive behavior in the third grades[J]. Journal of Consulting and Clinical Psychology, 2005, 73(6), 1045 - 1055.

[15] FRIBORG O, HJEMDAL O, ROSENVINGE J H, et al. A new rating scale for adult resilience. What are the central protective resources behind healthy adjustment? [J]. International Journal of Methods in Psychiatric Research, 2003, 12(2): 65 - 76.

[16] GOVENDER K, MOODLEY K. Maternal support and adolescent self-esteem[J]. Journal of Children and Poverty, 2004, 10(1): 37 - 52.

[17] HERRMAN H, STEWART D E, DIAZ-GRANADOS N, et al. What is resilience? [J]. The Canadian Journal of Psychiatry, 2011, 56(5): 258 - 265.

[18] HOLZER H J, SCHANZENBACH D W, DUNCAN G J, et al. The economic costs of poverty in the United States: subsequent effects of children growing up poor[J]. Institute for Research on Poverty, 2007, 1105(6): 32.

[19] HULME D, MOORE K, SHEPHERD A. Chronic poverty: meanings and analytical frameworks[J]. Social Science Electronic Publishing, 2011, 106(D16): 18015 - 18027.

[20] JÄNTTI M, BRATSBERG B, RØED K, et al. American exceptionalism in a new light: a comparison of intergenerational earnings mobility in the nordic countries, the United Kingdom, and

the United States[J]. IZA Discussion Paper，2006：1938.

[21] MCNUTT J. Is social work advocacy worth the cost? Issues and barriers to an economic analysis of social work political practice[J]. Research on Social Work Practice，2011，21(4)：397 - 403.

[22] KUMPFER K L，PINYUCHON M，DE MELO A T，et al. Cultural adaptation process for international dissemination of the strengthening families program[J]. Evaluation & The Health Professions，2008，31(2)：226 - 239.

[23] LEMERISE E A，ARSENIO，W F. An integrated model of emotion processes and cognition in social information processing[J]. Child Development，2000，71(1)：107 - 118.

[24] MAGADI M. Risk factors for severe child poverty in the UK[J]. Journal of Social Policy，2010，39(2)：297 - 316.

[25] MASTEN A S. Ordinary magic：resilience processes in development[J]. The American Psychological，2001，56(3)：227 - 238.

[26] MCLEOD J D，SHANAHAN M J. Poverty，parenting，and children's mental health[J]. American Sociological Review，1993，58(3)：351 - 366.

[27] MORRIS K，MASON W，BYWATERS P，et al. Social work，poverty，and child welfare interventions[J]. Child & Family Social Work，2018，23(3)：364 - 372.

[28] NOBLE D J, MARTIN K, QIN L, et al. What could cognitive capital mean for China's children? [J]. PsyCh Journal, 2017, 6(2): 153 - 160.

[29] NOLAN B, WHELAN C T. Using non-monetary deprivation indicators to analyze poverty and social exclusion: lessons from Europe? [J]. Journal of Policy Analysis and Management, 2010, 29(2): 305 - 325.

[30] OSMAN M M, BAKRI N I M, BACHOK S, et al. Assessing social welfare department service delivery system towards vulnerable and disadvantages group in Malaysia: case study of Perak[J]. Procedia Environmental Sciences, 2015, 28: 418 - 426.

[31] PERRY E J. Studying Chinese politics: farewell to revolution? [J]. The China Journal, 2007(57): 1 - 22.

[32] RODMAN H. Culture of poverty: the rise and fall of a concept[J]. The Sociological Review, 1977, 25(4): 867 - 876.

[33] SAMPSON R J, MORENOFF J D, EARLS F. Beyond social capital: spatial dynamics of collective efficacy for children[J]. American Sociological Review, 1999, 64: 633 - 660.

[34] SAMSON M, FAJTH G, FRANÇOIS D. Cognitive capital, equity and child-sensitive social protection in Asia and the Pacific[J]. BMJ Global Health, 2016, 1(Suppl 2): i19 - i26.

[35] SEN A K. Well-being, capability and public policy[J]. Giornale

Degli Economisti e Annali di Economia, 1994, 53(7/9): 333 - 347.

[36] SHAHTAHMASEBI S, EMERSON E, BERRIDGE D, et al. Child disability and the dynamics of family poverty, hardship, and financial strain: evidence from the UK[J]. Journal of Social Policy, 2011, 40(04): 653 - 673.

[37] SHEFFIELD A E. The "situation" as the unit of family case study [J]. Social Forces, 1931, 9(4): 465 - 474.

[38] SIPORIN M. Ecological systems theory in social work[J]. Journal of Sociology & Social Welfare, 1980, 7(4): 507 - 532.

[39] SUNDELL K, FERRER-WREDER L, FRASER M W. Going global: a model for evaluating empirically supported family-based interventions in new contexts [J]. Evaluation & The Health Professions, 2014, 37(2): 203 - 230.

[40] TOWNSEND P. Deprivation[J]. Journal of Social Policy, 1987, 16(2): 125 - 46.

[41] LÓPEZ TURLEY R N. When do neighborhoods matter? The role of race and neighborhood peers[J]. Social Science Research, 2003, 32(1): 61 - 79.

[42] VATSA K S. Risk, vulnerability, and asset-based approach to disaster risk management[J]. International Journal of Sociology and Social Policy, 2004, 24(10/11): 1 - 48.

[43] ZIMMERMAN S L. Reassessing the effect of public policy on

family functioning[J]. Social Casework，1978，59(8)：451－457.

三、中文书籍

［1］［英］克里斯·贝克特. 社会工作实务理论：整合运用取向[M]. 洪敏琬，译. 台北：洪叶文化事业有限公司，2013.

［2］丁少华. 中国青少年事务社会工作者研究报告(2017)[M]. 北京：社会科学文献出版社，2018.

［3］风笑天. 现代社会调查方法[M]. 4版. 武汉：华中科技大学出版社，2009.

［4］姜妙屹. 城市儿童贫困现象研究：以天津市为例[M]. 北京：光明日报出版社，2012.

［5］陆士桢，任伟，常晶晶. 儿童社会工作[M]. 北京：社会科学文献出版社，2003.

［6］陆益龙. 定性社会研究方法[M]. 北京：商务印书馆，2011.

［7］［美］迈克尔·哈灵顿. 另一个美国[M]. 郑飞北，译. 北京：中国青年出版社，2012.

［8］吴帆. 社会服务评估实用教程[M]. 北京：高等教育出版社，2018.

［9］［英］凯西·卡麦兹. 建构扎根理论：质性研究实践指南[M]. 边国英，译. 重庆：重庆大学出版社，2009.

［10］于晶利，杨奎臣. 青少年社会工作实务[M]. 上海：格致出版社，上海人民出版社，2012.

［11］赵一红. 社会工作教育：中美的研究与比较[M]. 北京：社会科学文

献出版社,2013.

［12］ 中国发展研究基金会. 中国儿童发展报告 2017：反贫困与儿童早期发展[M]. 北京：中国发展出版社,2017.

四、中文文章

［1］ 陈晨,陈卫东. 中国 5 城市儿童参与状况调查报告[J]. 中国青年研究,2006(7)：55－60.

［2］ 陈向明. 资料的归类和分析[J]. 社会科学战线,1999(4)：223－229.

［3］ 唐钧,王承思,蔡京睿. 城市贫困家庭儿童生活状况与需求：来自上海市的调查[J]. 中国人口科学,2000(5)：71－77.

［4］ 东波. 农村“留守儿童”社会支持网络模式探微[J]. 学术交流,2009(5)：133－135.

［5］ 关信平. 当前我国反贫困进程及社会救助制度的发展议题[J]. 陕西师范大学学报(哲学社会科学版),2019,48(5)：28－36.

［6］ 关信平. 当前我国城市贫困的新特点及社会救助改革的新方向[J]. 社会科学辑刊,2019(4)：81－89.

［7］ 管向梅. 香港学校社会工作制度及其启示[J]. 社会,2004(4)：47－49.

［8］ 韩晓莉. 服务型政府政策制定的目标导向和价值观体系[J]. 理论月刊,2009(6)：85－87.

［9］ 霍萱. 多维贫困理论及其测量研究综述[J]. 社会福利(理论版),2017(12)：5－9.

[10] 贾玉娇. 反贫困的中国道路：1978—2018[J]. 浙江社会科学，2018(6)：17-26，155.

[11] 姜妙屹. 试论我国家庭政策与儿童政策相结合的儿童优先脱贫行动[J]. 社会科学辑刊，2019(4)：96-103.

[12] 金昱希. 贫困儿童与家庭的公共服务需求状况及其影响因素分析[J]. 社会福利(理论版)，2017(12)：10-20.

[13] 蒋金富. 政府向社会组织购买公共服务的中西方模式比较研究[J]. 湖北社会科学，2012(4)：17-20.

[14] 景天魁. 社会政策的效益底线与类型转变：基于改革开放以来反贫困历程的反思[J]. 探索与争鸣，2014(10)：10-15.

[15] 李晓明，杨文健. 儿童多维贫困测度与致贫机理分析：基于CFPS数据库[J]. 西北人口，2018，39(1)：95-103.

[16] 李迎生，郭燕. 推动社会工作精准介入反贫困实践[J]. 中国人民大学学报，2018，32(5)：92-103.

[17] 刘斌志，梁谨恋. 论儿童社会工作者的核心能力及培育策略[J]. 青年探索，2018(4)：24-36.

[18] 刘斐丽. 地方性知识与精准识别的瞄准偏差[J]. 中国农村观察，2018(5)：14-28.

[19] 刘晓玲. 城市贫困儿童社交困境及其政策建议[J]. 特区实践与理论，2018(4)：94-98.

[20] 刘玉兰，彭华民. 儿童抗逆力：一项关于流动儿童社会工作实务的探讨[J]. 华东理工大学学报(社会科学版)，2012，27(3)：1-8.

[21] 卢利亚. 农村留守儿童社会支持网络模式研究[J]. 湖南师范大学社会科学学报,2012,41(6): 83-87.

[22] 秦敏,朱晓. 父母外出对农村留守儿童的影响研究[J]. 人口学刊,2019,41(3): 38-51.

[23] 秦睿,乔东平. 儿童贫困问题研究综述[J]. 中国青年政治学院学报,2012,31(4): 41-46.

[24] 史普原,李晨行. 派生型组织: 对中国国家与社会关系形态的组织分析[J]. 社会学研究,2018,33(4): 56-83,243.

[25] 宋爽. 社会工作参与扶贫攻坚的要求及介入空间[J]. 社会福利(理论版),2016(10): 32-35.

[26] 唐丽霞,赵丽霞,李小云. 有条件现金转移支付缓贫方案的国际经验[J]. 贵州社会科学,2012(8): 87-93.

[27] 唐美静. 社会支持网络理论下的农村留守儿童社会支持探究[J]. 社会工作,2014(1): 128-134,155-156.

[28] 田国秀,曾静. 关注抗逆力: 社会工作理论与实务领域的新走向[J]. 中国青年政治学院学报,2007(1): 130-133.

[29] 王锦花. 城市贫困救助中的福利污名问题探析: 以对广州市的调研为基础[J]. 岭南学刊,2018(6): 107-113.

[30] 王浦劬. 政府向社会力量购买公共服务的改革意蕴论析[J]. 吉林大学社会科学学报,2015,55(4): 78-89,250.

[31] 王思斌. 积极促进我国学校社会工作的发展[J]. 中国社会工作,2018(28): 61.

[32] 王思斌. 社会政策实施与社会工作的发展[J]. 江苏社会科学,2006(2):49-54.

[33] 王雪梅. 儿童权利保护的“最大利益原则”研究(上)[J]. 环球法律评论,2002(4):493-497,431.

[34] 文军. 社会工作干预研究[J]. 社会工作与管理,2018,18(5):5.

[35] 吴帆,李建民. 家庭发展能力建设的政策路径分析[J]. 人口研究,2012,36(4):37-44.

[36] 吴帆,郭申阳,[美] 马克·弗雷泽. 社会工作服务介入儿童行为发展效果评估的实证研究[J]. 社会建设,2016,3(6):6-17.

[37] 杨晨晨,刘云艳. 早期儿童多维贫困测度及致贫机理分析:基于重庆市武陵山区的实证研究[J]. 内蒙古社会科学(汉文版),2019,40(3):58-66.

[38] 岳伟,涂艳国. 我国主体性教育研究 30 年回顾与展望[J]. 中国教育学刊,2009(6):20-23, 41.

[39] 张长伟. 艾滋病致孤儿童的社会支持网络探析:以河南省为例[J]. 中国青年研究,2008(10):73-76.

[40] 张浩淼. 拉美国家贫困儿童的救助经验及其启示[J]. 学术界,2013(6):221-228,288.

[41] 张全红,周强. 中国贫困测度的多维方法和实证应用[J]. 中国软科学,2015(7):29-41.

[42] 赵蜜. 儿童贫困表征的年龄与城乡效应[J]. 社会学研究,2019,34(5):192-216,246.

[43] 周文坤. 如何撰写服务目标：以随迁长者城市融入项目为例[J]. 中国社会工作,2017(21)：46-47.

[44] 周湘斌,常英. 社会支持网络理论在社会工作实践中的应用性探讨[J]. 中国农业大学学报(社会科学版),2005(2)：80-85.

五、其他资源

[1] 国家统计局. 2018 年国民经济和社会发展统计公报[EB/OL]. (2019-02-28)[2019-04-20]. http://www.stats.gov.cn/tjsj/zxfb/201902/t20190228_1651265.html.

[2] 国家统计局. 扶贫开发成就举世瞩目 脱贫攻坚取得决定性进展[EB/OL]. (2018-09-03)[2020-01-25]. http://www.stats.gov.cn/ztjc/ztfx/ggkf40n/201809/t20180903_1620407.html.

[3] 国家统计局. 2018 年《中国儿童发展纲要(2011—2020 年)》统计监测报告[EB/OL]. (2019-12-06)[2020-01-20]. http://www.stats.gov.cn/tjsj/zxfb/201912/t20191206_1715751.html.

[4] 国家统计局. 中国统计年鉴 2019[EB/OL]. (2019-11-20)[2020-01-26]. http://www.stats.gov.cn/tjsj/ndsj/2019/indexch.htm.

[5] 国务院常务会议. 让困难家庭孩子拥有美好未来：解读国务院常务会议促进贫困地区儿童发展新举措[EB/OL]. (2014-11-19)[2020-01-25]. http://www.gov.cn/xinwen/2014-11/19/content_2780951.htm.

[6] 中国政府网. 李克强在第六次全国妇女儿童工作会议上的讲话(全

文)[EB/OL].(2016-11-20)[2020-01-25]. http://www.gov.cn/guowuyuan/2016-11/20/content_5135051.htm.

[7] 民政部.2017年3季度各省社会服务统计数据[EB/OL].(2017-11-02)[2019-09-05]. http://www.mca.gov.cn/article/sj/tjjb/sjsj/201711/201711241654.html.

[8] 民政部.2018年民政事业发展统计公报[EB/OL].(2019-08-15)[2020-02-01]. http://www.mca.gov.cn/article/sj/tjgb/.

[9] 四川省人民政府.四川省人民政府办公厅关于印发省直有关部门落实凉山州特殊困难儿童救助帮扶措施工作方案的通知[EB/OL].(2012-04-23)[2019-12-26]. http://www.sc.gov.cn/10462/10883/11066/2012/4/26/10207838.shtml.

[10] 斯坦福大学贫困与不平等研究中心.生命历程[EB/OL].(2018-04-17)[2019-10-30]. https://inequality.stanford.edu/cpi-research/area/life-course.

[11] CONNOR S, BRINK S. Understanding the early years: community impacts on child development[EB/OL].(1999-8)[2020-10-20]. http://www.publications.gc.ca/collections/collection_2012/rhdcc-hrsdc/MP32-28-99-6-eng.pdf.

[12] JULIEN D. France: combattre la pauvreté des enfants [EB/OL].(2010-01-16)[2020-06-25]. http://www.fondapol.org/wp-content/uploads/2018/05/126-DAMON-ENFANTS_2018-05-15_web.pdf.

[13] HOLZMANN R, JØRGENSEN J. Gestion du risque social: cadre théorique de la protection sociale. Document de travail sur la protection social[EB/OL]. (2000-02-01)[2019-10-30]. http://documents. banquemondiale. org/curated/fr/160391468779951687/Gestion-du-risque-social-cadre-theorique-de-la-protection-sociale.

[14] OFFICE OF THE GOVERNMENT ECONOMIST CENSUS AND STATISTICS. Hong Kong poverty situation report 2017[R/OL]. (2018-11-19)[2020-06-22]. https://www. povertyrelief. gov. hk/eng/pdf/Hong_Kong_Poverty_Situation_Report_2017(2018. 11. 19). pdf.

[15] PEBLY A R, SASTRY N. Neighborhoods, poverty and children's well-being: a review[R/OL]. (2003-02-21)[2020-01-22]. https://www. russellsage. org/sites/all/files/Pebley%26Sastry. pdf.

[16] RATCLIFFE C. What affects the future success of poor children [EB/OL]. (2015-09-08)[2020-01-18]. https://www. urban. org/urban-wire/what-affects-future-success-poor-children.

[17] UNDP. Children and poverty[EB/OL]. (2004-03-10)[2019-08-19]. http://www. ipc-undp. org/pub/IPCPovertyInFocus2. pdf.

[18] UNICEF. Putting children first: accelerating progress towards the sustainable development goals[EB/OL]. (2016-2-18)[2020-10-30]. https://www. unicef. cn/reports/putting-children-first.

[19] UNICEF. A world free from child poverty[EB/OL]. (2017 - 03 - 05)[2020 - 10 - 20]. https://sustainabledevelopment. un. org/content/documents/2434Child_Poverty_SDG_GuideCompleteMarch_2017. pdf.

[20] UNICEF. Integrated approaches to early childhood development: 0 - 3 years[EB/OL]. (2017 - 09 - 11)[2020 - 10 - 23]. https://www. unicef. cn/reports/integrated-approaches-early-childhood-development-0 - 3 - years.

[21] UNICEF. The state of the world's children 2019: children, food and nutrition growing well in a changing world[EB/OL]. (2019 - 10 - 10)[2020 - 10 - 20]. https://www. unicef. org/media/63016/file/SOWC-2019. pdf.

[22] UNITED NATIONS. Convention on the rights of the child[EB/OL]. (1989 - 11 - 20)[2020 - 10 - 25]. https://www. unicef. org/child-rights-convention.

[23] WOELD BANK. World development report 2000/2001: attacking poverty[EB/OL]. (2000 - 09 - 30)[2019 - 12 - 21]. http://documents. worldbank. org/curated/en/761811468315336698/World-development-report-2000 - 2001 - attacking-poverty.

内 容 提 要

本书旨在对当前中国儿童反贫困实践的成果与挑战进行反思，以理解和厘清社会工作在儿童反贫困中的功能、介入策略和发展方向，系统性地呈现儿童反贫困社会工作的理论框架和实践路径。本书有三个重点：其一，梳理儿童反贫困社会工作的理论分析框架，如宏观层面的社会发展视角、社会融入视角、生态系统理论，以及微观层面的生命历程理论和抗逆力理论；其二，从实践框架、介入路径、工作程序和具体方法上呈现儿童反贫困社会工作的一般实践路径，结合中国本土案例探讨儿童反贫困实践中社会工作干预的重点、难点、方法和技术；其三，基于儿童反贫困社会工作的国际经验，结合中国本土实践，明确中国儿童反贫困社会工作未来的发展方向和优势领域。